岩　波　現　代　文　庫

〈個〉の誕生

キリスト教教理をつくった人びと

坂口ふみ

Fumi Sakaguchi

学術 460

JN054382

岩波書店

はじめに

一般の通念として、人間の「個としての個」の自覚は近代にはじまると考えられている。しかしこの通念は、かなり偏向した考えだと思われる。当然のことながら、人は誰でも、どの時代でも、個としての個の意識や感覚を持って生きていた。それが社会の表層の思想やイデオロギーのようなものになってあらわれるかどうか、は別のレベルの問題である。そしてそれがどのような形をとるかも。

この支配的・表層的レベルをたとえばヨーロッパの歴史で考えても、ふつう個の自覚がないといわれるギリシアの哲学や思想にも、抒情詩や悲劇・喜劇のうちに、またソクラテスやプラトンの「たましい」への深い思いにも、あきらかに個としての個の洞察がある。ただ、思想・哲学の主流といわれる人びとがそれをむしろ「普遍」と呼ばれるものの方へ結びつけ、その方に視線を定めていたことは否めないだろう。それゆえにこそヨーロッパ合理主義が、学問が、可能になったのであった。

それに対する「個としての個」へのもっぱらな眼ざしが、思想の表舞台で、普遍をめざす眼ざしへの意識的な対抗として尖鋭に自らを形づくっていったのは、けっして近代ではなかった。そのはるか以前、西暦紀元のはじめから六世紀ぐらいまでの哲学的努力は、ひたすらそれをめざしていた。それを導いたのは、キリスト教という当時の革新的な宗教であった。

「個としての個」は、ほんとうは「個」とは言えないだろう。ラテン語で「インディヴィドゥウム」と呼ばれ、日本語で「個」と翻訳されることばは、直訳すれば「不可分なもの」という意味だが、これはじつは単に「普遍でない」というネガティヴな規定でしかない。つまり、ソクラテスならソクラテスそのものを語ることばがあったとして、そのことばは、他の同類なものにわかち持たれないというだけの意味である。（それに対し「人間」は他の人間たちにわかち持たれうる。）だから、それは個が個であることのポジティヴな規定ではない。もちろん、ことばというものは共通なものを語るのが本領だから、もともと、個としての個などというものはことばでは語れるはずもないものである。この時代の人びとはそれをかりにヒュポスタシスとか、ペルソナとか名づけたのだった。

私はその物語を書いてみたいと思った。これはジャンルの入りまじった書物になる。しいて分類すれば、エッセイのようなものだと思う。

この本のジャンルの混在は、この本のテーマからおのずと結果したものである。「個」の理論などというものは、もともと奇妙な混淆体である。あらゆる理論をのがれる唯一で具体的なものの理論である。そこで私はそのテーマにあわせて、きわめて私的な体験と、もっとも一般的抽象的な理論や公的制度との間にある、ある連繫をも、この本の中に盛りこみたいと思った。私がここで取り扱う、ヨーロッパ誕生前夜の歴史自体が、そのような連関を特徴としている。宗教、政治、思想、文化、社会が、これほど大規模に、緊密にからみあった時代はめずらしいだろう。驚くべき長い時間、広い地域を風靡しうるようなキリスト教の思想が形をなしたのは、やはりそれらすべてが働き合ったからであろう。

一般に、この重要なローマ末期・ビザンツ初期の時代は、西欧でも、まして日本では、注目されることが少なすぎると思う。人びとは、近代西欧の観点からの歴史の見方に馴れ過ぎているのではないだろうか。それは、たとえば古典的なギボンの名著の題目に見られるように、この時代を「ローマ帝国衰亡(decline and fall)」の時代とのみ見る見方である。この時代はしかし、それにもまして、新しい文化共同体の発生の時期、ヨーロッパ世界の誕生の時代ではなかったろうか。後期のビザンツが東欧、ギリシア、ロシア等の基礎であることはよく知られているが、初期ビザンツ帝国が東は小アジア、パレスチナ、エジプトから、西はブリテン、ガリア、イスパニアに至り、アフリカ北部をも含む広大な世界であり、のちの東欧・西欧・イスラムすべての母胎であったことは、ヨーロッパの歴史を見る時に十分注目されているとは言えない気がする。

若い頃のヨーロッパの生活の中で、私は、とくに何人かの友人を通して、この地の文化を愛するようになった。この文化の本質をかいま見るために、中世を研究してみようと思い、私はいっとき、十三世紀頃の思想や文化を勉強してみたが、ヨーロッパがわかったような気にはいっこうにならなかった。歴史の糸を過去へたどって、ヨーロッパ以前に至り、ヨーロッパ成立直前の、ローマ末期・ビザンツ初期の時代に足を踏み入れて、はじめて私は視野がぱっと開ける思いがした。もとより、さして周到な専門研究に立ち入ったわけではなかったが、それでも、ヨーロッパの散乱した多岐なイメージが、ある程度一つのかたちとして見えはじめ、その細部のそれぞれが、全体のイメージのどこかある部分の展開として見えてきた。それと共に、この時代の広大なヘレニズム文化を媒介として、ヨーロッパの文化と私たちの文化も、ある歴史的に共通の地盤を持っていて、まったく異質でも、無縁でもないことが、見えてくる気がした。

そこで私はとりあえず、これまでの心の旅の大まかな地図を書いておきたいと思った。私の旅の道づれは、さまざまな職業・年齢・国籍の友人たちであり、その中でもとくに、ひとりの早く死んだ友であった。

目　次

*引用中の傍点強調と〔　〕の補記は、いずれも引用者によるものである

序章　カテゴリー

カテゴリー

夏の信州の山小屋は、ここでよく夏を一緒に過した亡友のことを思い出させる。たとえば、――あるとき私はひどく怒っていた。何に対してだったかもう忘れてしまったが、多分誰かの、少し奇矯な攻撃性か何かに対してだったような気がする。「あれはきっとインフェリオリティ・コンプレックスだ」と私は言っていきまいていた。その私の声に対して、アンナから帰ってきた予期しない答えに、私は耳をうたがった。「私もそうだ《ダス・ハーベ・イヒ・アオホ》」。いつもだったら、私が何かに憤慨すればすぐに乗ってきて、舌鋒鋭く同調する彼女が、ぼんやりした目で自分の前を見つめて、ポツリとそう言った。

私はあっけにとられた。アンナとインフェリオリティ・コンプレックス？　これほど似つかわしくないとりあわせはなかった。彼女は一流の東洋学者で（本人は二流の上か一流の下と言っていた）、専門家の間ではよく知られた人である。東洋の宗教の一部門について、手堅い実証性と透徹した洞察を持つ論文をいくつも発表している。専門の二カ国語は、読むのが主で、話すことはそれほどたくみではなかったが、英独仏の三カ国語は学問から日常の冗談に至る領域をまったく同様に使いこなしており、こうしたことはヨーロッパ人の間でも、そう多くはない事例だった。

私は彼女をしかし、何よりもその人間に対する鋭い関心と、ユーモアと、美的感覚のために愛していた。共に美しいものに驚嘆し、共に遊び、共に笑い、共に怒るのに、彼女ほど気のあう友人はめったになかった。それに私は彼女によってずいぶん自分の知らない自分に気づかせてもらった。

「話題が気に入らなくなると、あんたはブラインドをおろすね」と彼女は言った。「ほら、またブラインドだ。何が気に入らない?」と彼女はよく追及した。そうやって私は、自分がなぜ、何を嫌うのかに気づかされた。本人も気づかず、かすかな気配でしか感じられないような、心の扉の閉じる音を、彼女はその都度はっきりと聞くらしかった。私の心をいまだに痛ませるのは、そういった種類の、繊細で的確な触れ合いの記憶である。日本の友人たちは柔らかな、ものごとをつきつめない包摂性を持っている。それも好ましいものではあるが、こまかく、鋭く、自他を分節しながら触れてくる魂の感触は、独特なものであった。それは、ゲルマン系の彼女自身が、ラテン系の国で暮らすうちに新鮮な驚きと共に学んだものだと、彼女は述懐したことがあった。

人間に対する関心の鋭さはしかし、彼女の人生をいきいきとさせると共に、たくさんの傷をも与えた。人の情愛をかぎりなく求め、しかも敏感にその情愛の質や重みを見抜かずにいられない彼女は、それゆえに、なかなか生きるに難い人でもあった。「私の心の安定は、何とかすかなものに支えられていることか。友人からの一本の電話で、私は簡単に鬱になる」と彼女は言った。「あんたはいったい、あらゆる人間に愛されなければ気が済まないのか？」と少しあきれて言う私に、彼女は一瞬たじろいだが、ニヤリと笑って「そう《ヤァ》」と言った。いたずらの現場をおさえられた子供のようなその笑顔は、忘れがたいものであった。

そういう彼女の内面を知らず、学者としての彼女としかつきあわない人たちは、よく彼女を恐れたり、嫌ったりしていた。彼女は鋭い舌鋒を持っていたし、その明晰な頭脳は、いくらか性急に、議論の弱点や、時には人の性格の弱点をも、容赦なくえぐり出さずにいなかったから。彼女は自分のすみやかな判断を、まちがっていたと思えばまたすみやかに撤回することをためらわなかったから、彼女の批判を恐れる必要は実はまったくなかったのだけれど。

「若い人たちはどうもみんな私をこわがっているみたいだ」。日本にいる外国の東洋学者たちのある会合から帰ってきた彼女が言った。ちょうど彼女は食卓で、夕食のために固い黒パンを切っていた。ドイツ製の、刃わたり三十センチあまりあるひどく重いナイフだった。その手をとめてナイフを宙に浮かせたまま、うったえるように言う彼女に、私はこらえきれずにふき出した。彼女も私の視線をたどって、私の胸につきつけられたかたちになっていたナイフと私をみくらべ、パッと顔をかがやかせて笑い出した。ナイフをかまえなおして私をおどす彼女に、「そりゃあ怖いよ」と私は言った。

ごく親しい友人のうちにも、彼女を恐れていると言う人があった。彼女はよく変化する人だったから、若い頃の彼女ははるかに容赦ない人間だったのかもしれない。そんな彼女の中に、ポッカリと開いていた不確かさの洞穴を、その友人は気づかなかっただろうか？

ユダヤ系の血をひく人によくあるそうだが、彼女は人とつきあい、人びとを組織することにもある才能を持っていた。数年前から彼女の研究所ではじめられた、新しい学術雑誌の編集は、彼女のその能力に大きく依存していた。しかし、たくみな社交性と華麗な攻撃性の裏にも、時として深い劣等感がひそむことがある。

「劣等感」と一口に言っても、そのことばで一括される心のあり方のそれぞれには、一つ一つ異なる人と環境の歴史がひそんでいる。彼女のいわゆる劣等感がどんな程度の、どんな性質のものだったかは、私にはほのかに推測がつくだけだ。しかし彼女からその後なんどもそのことばを聞くにつれ、その「複合(コンプレックス)」の一要素に、私たちの世代の、一見まったくそうみえない女性たちの根深くにひそむ共通の病いめいた一面が、あるのかもしれないと、私は次第に思いはじめた。

いろいろな友人たちがいる。いくら他人から認められ、評価されても、けっして自分の作品を十分評価できない絵描きもいた。もちろん、それはかぎりない自負の反面でもあり、芸術家にありがちなことである。しかし、そこにも、ある異常な不安、異常な自信なさの影があった。あるいはまた談論風発、知的な議論をこよなく好み、私たちが肩の凝らないおしゃべりへと話をそらすのを軽侮の目で見ていたあるドイツの友人が、結婚したとたんに、「彼の才能の方が私より上だから」と、望みを託されていた古いインド語の研究を投げ捨てて主婦に徹してしまったのも、私たちを驚かせた。はじめから野心めいたものを持とうともしない友人たちの中にも、ある抑えられた鬱屈を感じることがままあったのは、私の思いちがいだったろうか？　しかし彼女らの放棄には、はた目にも、なにかほっとした解放感のようなものがいつも伴っていた。通念に逆らうことは、激しい逆風の中を歩くようなことだから。そしてアンナを見ていて私は思ったのだが、風に逆らって歩くとき、敏感さは――過敏さというようなものは――致命的である。ほとんど罪悪みたいなものである。しかし、才能はしばしば過度の敏感さと手をたずさえている。

二歳ぐらい年下の、才能にめぐまれた知人がいた。大学時代、テニスのラケットをかかえてキャンパスを歩く彼女とあいさつをする程度の知り合いでしかなかったが、女子学生が一パーセントに満たない学部では、お互いに顔だけはよく知っていた。数学の分野に進んだ彼女が精神病院で過していると風のたよりに聞いたのは、学園を出て二十年もたってからだった。いつ、どこで、なぜ、どういう風に、ということは一切知らない。しかし、まったく女性の先蹤のなかった分野で、しかも自分ひとりの能力だけに向き合わされる数学という分野で、自分の内にも外にもありつづける不信と不確かさが、一つの苦悩の要因にならなかったとは思えない。若者に特有の不確かさ、それに加えて歴史の重荷。

私たちの時代はまだ(さいわい、それはまったく変わってはきたが)、女性の無能力がかたく信じられていた時代だった。そして私たちはまだ、それに反駁する例を、ほとんど持っていなかった。女性には文化・学問への能力や創造性は皆無であり、指導力も判断力もあるはずがないという意見が、親からも教師からも世間からも声高に語られ、語られないときでも、それは当然の事実として、意識さえもされずに人びとの心の中に住んでいた。一般に、差別する側はほとんどつねにその差別に関して無意識である。しかし差別される側にとっては、その無意識こそ、こちらでは強烈に意識せざるをえない壁であり、胸もとにつきつけられた刃であり、恐ろしいリアリティーである。ここには完璧に非対称な構造がある。あらゆる差別についてこのことはあてはまるだろう。

悪いことに、差別の声は、どんな場合にも、差別される者の内側からもひびく。なぜなら、差別する側もされる側もみな同じ文化と社会の中に育っているのだから。その声は、残念ながら何千年かの歴史の裏づけを持ち出し、反論するものとして私たちは当時、自分たちの苛立たしい欲求と希望以外の何も手に持ってはいなかった。物質的・社会的・心理的条件が人間をどれだけ制約するかということに盲目であるならば、そのような無能力を女性の「本質」「本性」と語るのはたやすいことだった。またそのような仕組み、どんな場合でも「自分より本質的に劣った者」を傍らに持つということは、いろいろ便利なことがあるのはたしかだった。私たちはそういった「本質論」を飽きるほど聞かされたものだった。これはとくに女性問題にかぎったことではないし、また日本にかぎったことでもない。たとえば女性の能力評価の点でいわゆる先進国と後進国との区別は、たかが知れたものである。また、そういう区別でくくれるものでもない。一九八〇年代も終りごろ、ドイツのある大学で講演したアンナのところへ、講演後ひとりの女子学生がたずねてきて、「女にも東洋学ができるということがはじめてわかりました」と言ったという話をきいて、私は笑わずにはいられなかった。しかし、こういう状況は個々にはまだ至るところにある。その通念が、以前のようにがっしりと不動の一枚岩ではないというだけである。人種差別の問題、階層やカーストによる差別の問題も、構造としても状況としても、女性の問題によく似ている。あらゆる分野でそうした差別が、おそらくもはや一枚岩ではないというだけでも、大きなことであるが。

カテゴリーは、人の命をさえもてあそぶ。いずれにしても、人間は互いに殺し合っている。心理的凶器はその一部、カテゴリーはさらにその一つに過ぎない。それにアンナの例などはぜいたくとさえ言われるかもしれない。彼女の生活のレベルに達する前に、多くの男女がさまざまな差別によってすでに切り捨てられている。彼女自身も知的優劣で人を切り捨てる面を持っていたから、人に恐れられていたのだった。

しかし、ここで私が言いたいのはただ、人間の間に(人種であれ、階級であれ、能力であれ、ジェンダーであれ)通念の区別の壁ががっしりと立てられているとき、壁の両側に住む人間にとって世界は多くの観点でまったく別の姿を示し、何かの事情でその壁を横切ろうとする者は、ちょうどものが上下逆さまに二重映しに重なって見えるような、眩暈《めまい》に似た体験をするということだ。そして壁を越えてもう一つの世界にはいってしまった者は、ちょうど馬が人を支配する国に迷いこんだガリヴァーのような、奇妙な「逆さまの世界」の体験をしつづける。そこでは徳は悪徳となり、悪徳は徳となる。友は敵であり、敵は友である。しかも同時に、すべてはもとのままでもある。自分が逆の世界にいるというだけなのである。多くの人がまだそれぞれの壁の中の世界に安住しているときに、逆さまの世界から来た人間には、自分たちの二重の世界は時には息苦しいまでに住みにくくなる。言葉づかいの一つ一つ、身ぶり、表情、習慣・道徳から制度に至るまで、逆の価値基準と逆の習わしが安定しているところでは、その世界の人間にとっての安定した住みよさの程度が、まさしく、他の世界から来た人間にとっての住みにくさの程度である。ジェンダーの問題については、第二次大戦後に外から押しつけられたとさわがれる法律だけが、しっかりと私たちの味方だった——親でもなく、教師でもなく、社会や友人でもなく。

　仕事をしている女性たちは多かれ少なかれ両性具有者《アンドロギュネー》である。ポジティヴに言えば、彼女たちは二つの価値を併せもっている。それは人間としてより美しいかたちだと思われる。しかしその裏側では、人はつねに引き裂かれている。片方の価値にコミットしているときには、かならず他の価値に対する罪悪感を持っている。アンナのように学問の世界で仕事をし、業績をあげ、ブリリアントであることは、同時にいわゆる「女性的徳・生き方」の要求に対するつよい罪悪感を伴うことが多い。もちろん逆の場合も逆の罪悪感・不全感が生ずる。

　多くの女性が、アンナも含めて、東洋と西洋の壁をやすやすと乗りこえて生きている。それは一つには、東西の文化ギャップなどというものは、人の具体的な核にまで時々刻々容赦なく迫り、分裂させる、性の文化の壁にくらべては、まことにとるに足りないものと感じられるからではないだろうか？　その壁はちょうどマジック・ミラーのように、女性の側からしか見えなかった。なぜなら、その壁のこちら側の人びとは、自分の本当の体験を語ることばを与えられていなかったからである。女性たちはしばしば、男のつくった文学や思想を通して、男の目でしか自分を見なかった。事情は次第に変わってはきた。しかしまだ、アンナのように、他の世界に、ある点で適応し過ぎてしまった人間には、その他の点での「逆さま」がそれだけひどく身にこたえるという構造は残っていた。

当時、女性が文化や制度の領域に参入するためには、まず男性以上の業績を示さなければならなかった。ある程度の能力を持つ男性なら、「見込み」で地位と職を与えられ、そのことによって自分の能力を開発する場を与えられたが、同じ能力を持つ女性に対しては、当然のことながら深い不信と拒否が向けられた。アンナの才能と好みは、嬉々として自らの能力の証明をしてみせるという種類のものだった。夜半まで私たちとおしゃべりをしても、私たちが寝に行ってから、明け方まで彼女は仕事をしていた。「頭の中に考えがいっぱいで、それを書きつけておきたいから」と言い言いしていた。食事にも、健康にも、もともと興味がなかったから(私はよく、それは彼女の少しばかり頑迷なまでにカトリックだったお母さんの精神主義を受けついだものだ、とからかった。彼女を怒らせるにはそれが一番効果的だった。しかし、そこにはある真実もあったと思う)、若い頃は長い間インスタントラーメンなどばかり食べていた。それがもともとは強靭なところもある彼女の健康をすっかりそこなってしまったとしても不思議ではない。四十代ぐらいになって、ひどい症状を呈するようになってからは、ずいぶん気を配るようになり、「私の宗教は食物だ」などと言っていたけれど、いったんそこなわれた健康は戻らなかった。それに、健康や食事への配慮よりは、彼女を夢中にさせる仕事の方がどうしても優先したし、たえまない、半ばは自分が自分に課するストレスを柔らげる場もなかった。日本における「ガイジン」というカテゴリーの与える有形無形のストレスも、無視できないものに私には見えた。

「私が男でさえあったら、ガイジンであっても私はこんなに苦しまなくてよかった」と晩年の彼女は口ぐせのように言っていた。それには多少の誇張があるかもしれない。しかし彼女の生活と、彼女の男性の同僚の生活とをはたで眺めくらべていた私には、そこにもかなりの真実があったように思われる。多少とも愛し合い、夫の健康、食事、掃除などに心を配り、助けることを、多少とも義務と感じてくれる妻のような人が、若いときから傍らにいてくれたら、彼女は異文化圏のストレスにももう少し堪え、まだまだ多くの仕事を残し、ある人びとをひどく怒らせ、しかし他の人びととの生活をもちまえの魅力で明るくしてくれたろう。

たくさんの恋人たちは別としても（男の恋人たちは、女性を讃嘆し、愛するけれど、女たちが多くの場合にするように女性の日常と生命を支えはしない。ここにもはっきり非対称なあり方があって、生活する人間としての女性には大きな問題である)、彼女にも十年ほど生活のパートナーがいた。ある意味では理想的な人だったとも言えるだろう。かなり年下で、いわゆるヒッピー世代で、りっぱな学歴と能力がありながら、職につくことをいさぎよしとしない種族の人だった。彼が彼女の家の同居人になって、その器用な料理やマッサージの恩恵には、客となった私たちもしばしば浴したものだった。アンナは感情の起伏は激しかったが、一緒に暮らしていておもしろく楽しい人だったから、もし彼と彼女の性が逆だったら、これはべつに問題のない、ありふれた結婚であったかもしれない。それは、恋人というよりは姉弟めいた、ちょっと不思議な関係ではあったけれど。

「疲れて帰ってきて、家にあかりが灯っていて、Kがテレビの軽いドラマなんぞを見ている。そして食事がある。何という安らぎだろう」と彼女はときどき言っていた。この「至福」はしかし、当時の男の人にとってはごくあたりまえのことだった。彼らふたりの生活を見ていて、私は男と女という通念が、どれだけ大きな働きをするかの例を見る気がした。仕事をしている女性にとっての、考えも及ばない「至福」は、当時同じ仕事をしている男性にとっては文字通り日常茶飯事であった。Kは、主義として社会の固定観念に反抗する人であったけれど、家事を主な仕事として甘んずることはやはりできなかった。彼に委ねられたのは、一日一回ちゃんとした食事をつくるということだったけれど、それでもやはり心理的に負担に過ぎるようだった。彼は次第に鬱々としだして、家のなかは暗くなっていった。もちろん、年齢の差や、彼が思うような仕事を見つけられないことや、彼女が社会的にも交際範囲においても知的にも、彼をかなり大幅に凌いでいたことや、その他私の知らないたくさんのこまかな原因もあったろう。体の弱い彼女との生活も、重荷であったろう。しかし通念やカテゴリー意識がそこここで、彼にあってさえも、微妙でしかし強い働きをしていたこともたしかであった。

彼らの生活は十年の共同生活の後に破綻し、その後彼女の健康はさらに急速に悪化していった。それに追いうちをかけるように、ちょうどそのころ彼女の研究所のヨーロッパ本部の所長が代り、なぜか彼女とひどく合わない人だった。彼女の最後の二年ほどは、私も体調を崩して会うことが少なかったから、電話での彼女の一方的な弾劾しか聞いていない。実情はよくわからない。しかし男性の同僚もひどく腹をたてていたほどだから、かなり理不尽なことがあったらしい。その同僚は所長のことを「彼はミゾジーン(misogyne 女ぎらい)なんです」と語っていた。これも、もちろんかなり感情的な発言ではあったが。仕事への熱中とアイディアは変わらずいきいきしていたが、肉体的には彼女は疲れはてていた。アメリカの病院の彼女との最後の電話で、彼女は「私にこんな大勢の友人がいるとは思わなかった。世界中からお見舞いのカードがきている」と喜んでいたが、しかし最後のせりふは、相変わらず短気な怒りをぶちまけて、「何故われわれだけがこんなに苦しまなければならないんだろう」と言っていた。

結局、彼女は多くの技術を必要とする「生きる」という難しい事業に、うまく適応できなかったのかもしれない。しかし彼女ほどの好み、才能、性格を持った人間がもし男だったら、というより、ジェンダーによる差別と役割の意識がこの社会でもう少し希薄であったら、おそらくこのような盛りの年に死ななくともよかったのではないかという思いは、友であった者にとってはやはり痛切なものである。彼女は唯一の例ではない。多くの肉体的・精神的に早世した友を、私は折にふれて思い浮かべる。

こういったことは、あらゆる差別に共通のことである。カーストとか人種とかの差別は、ジェンダーの差別に似てはいるがもう少し単純な構造を持ち(ジェンダー間にある互いの欲求と愛という特別な要素がない)、それだけにもっと激烈であるかもしれない。アメリカの黒人について、劣等性、知的・道徳的無能力、はては苦痛を感じる能力が少ないなどという都合のよい「本性」がどれだけ発明され、本気ですべての人によって信じられていたかも、まだ過去というにはあまりに生なましい。

そういうあまりに明らかな集団的類別と差別を別にしても、貧富、身分、出生、環境、能力、容姿、年齢などにかかわる細かな、いわれのない差別は世の中に満ちみちている。文化や教育自身がそういう差別を生み出し続けている。そしてそれらの差別は、大きなグループによるものであれ、個人の意見によるものであれ、時には他人には想像しがたいほどの根深い痛みを人びとに与えるものである。もとより、多数によってわかち持たれている差別ほど、より恐ろしい。それに対するとき、人は巨大な一枚岩に面したに等しく、萎えるような無力と絶望を感じないわけにはいかない。しかし、学校、家庭、職場など閉じたグループでの固定した価値観は、たとえそれぞれが少数者のものでも、そのグループに縛られている個人には、同じように恐ろしいものとなりうると思う。

＊

こうした差別と、それの基となる区別は、しかし、人間の生活、文明と文化そのものとわかちがたく結びついている。文化と文明は、一括し、抽象し、そしてその一括されたものを他と区別し、相互に関係づけ、秩序づけ、そして階層づけたりすることで成り立っている。文化や文明の基礎である人間のことばの能力そのものが、基本的に、一括し、そして区別するカテゴリー化の力を出発点にしている。ことばは複雑な事象を整理して有限な数の概念とその組合わせに還元してしまう。そういうことばの助けを借りて、人は事象を分類し、秩序づけ、価値づけ、それらの分類と秩序を共通の基礎として社会・法・共同体を造る。人はその恩恵のうちで、人として生きうるのである。

ギリシアのプロメテウスの神話は語る。神々が死すべき生き物どもを元素から造られたとき、それを助けたタイタン族のエピメテウスは、動物のさまざまな種族にさまざまな能力を与え、それらが絶滅しないように装備してやった。ところが彼はあらゆる装備や能力を動物たちのところで使いはたしてしまって、人間の番になったときは何も残っていなかった。そこでこんどはプロメテウスが、鍛冶の神ヘパイストスと知恵の神アテナのところから技術知と火を盗み出して人間に与えた、と。しかし、とプラトンの『プロタゴラス』篇のプロタゴラスは続けて語る。人間は技術知だけは与えられたが、国家社会をなすための知恵は与えられないでいた。そこでばらばらに住んで、獣たちの餌食となり、それを避けようと寄り集まって国家を造ろうとしたが、例の知恵を持たなかったためにふたたびばらばらになって滅亡しかけた、と。

そこで、ゼウスはヘルメスをつかわして、国家社会を造るための諸徳性を人間に与え、かくて人間は生きのびることが可能になった、というのである。このミュートス(神話)はいろいろな仕方で解釈できるものだが、たしかなことは、それらの、社会を成り立たせる徳の中心をなすのは正義であるということだ。正義はしかし何よりもすぐれて、区分し、裁断し、測り、秩序をつけることをその仕事とする。それなしには人間の社会も生存も成り立たない。社会と生存の前提になるのは、区別と量的・質的な測りと序列づけである。アリストテレスは正義をふたつに分けて、「人びとの間に分割されうるかぎりのものの分配における正義」と「人と人との関わり合いにおいてその関係を正しく規制するもの」に分け、それらをそれぞれ比例と算術的比例として語っている。[1] アレクサンドリアのフィロンのことばを借りれば、ロゴスはまず「切断者(τομεύς)」なのである。均等と調和をめざすとしても、それは区別と切断と測りの上に立ってのことである。

隣人

しかし歴史の中には、そういったすべての区別、差別、測り、価値判断を、根こそぎ否定しようという、いくつもの試みがあった。政治的にせよ、思想的にせよ、革命と呼ばれるものは、すべてそういう意図と動機を持っている。二千年前、ローマ帝国の東の一隅に生まれたイエスという人の教えもまた、そのような思想革命のラディカルな一例だったと思われる。そのラディカルな思想の生まれた土壌には、ローマによる辺境ユダヤの支配や、ユダヤ民族自体の中でのサドカイ人やパリサイ人と呼ばれた祭司や律法学者の支配や、その抑圧や差別に反対するエッセネ派はじめ、クムランのような多くの集団や宗派があったろう。しかしイエスの教えは、そういう時代や国土の条件を考えてもなお、あらゆる既成の価値・制度・文化を否定する徹底性においてきわ立っていたと言えるだろう。少なくともそう解釈されうる「芥子種《からしだね》」を、彼のことばの断片は秘めている。

イエスの思想が、よく言われるように本当に時空を超越して純粋素朴なものであったのかどうかはわからない。彼も人の子である。当時の思想傾向の風を受けとめていなかったはずはない。彼の素朴さはおそらく、いわば歴史的な素朴さというべきものではないだろうか。彼が深くその中に立っていたイスラエルの伝統も、いわば新しい自由思想家を生みやすい状況にあった。パリサイ派の人びとは、かつてユダヤ民族にヘレニズム化をおしつけたセレウコス朝の圧政に反抗した「ユダヤ戦争」の旗手、解放の闘士たちであったが、その宗教的情熱と自由への情熱が、律法の文言への情熱に変じ、空疎な律法主義に堕しかかっていたことは、福音記者たちの証言に生なましい。それに反抗したさまざまな動きが勢いを得てきた時代の子として、イエスは理解されうる。つまり、それは既成の律法やその解釈や学問を捨て、「素朴さ」に帰ることをうながす時代でもあったのだ。しかし、エッセネ派やクムランの集団について証言されているように、ときに過激な禁欲主義に走るものが多かったその時代の反抗のうち、イエスの主張はきわめてヒューマンなものである点で目立っている。律法の知識・文言に対抗して呈出された彼の「素朴さ」「純粋さ」のうちに、どこか古典古代の人間主義の匂いを感ずるのはあやまりだろうか？　彼の故郷ガリラヤは、エルサレムからは遠くへだたり、むしろヘレニズム文化圏に近接し、もっともヘレニズム化が進んだ、異文化の香りのたかい地であ

ったことは新約学者たちの指摘するところである。(2)

当時のローマ帝国の思想の主要な支え手であったヘレニズム思想自身も、ギリシア哲学を基としながらも、盛期アッティカの思想や初期ストアのそれに比しては、あるゆるやかさ、善くも悪しくも人間的な様相を示しているように思われる。プラトンやアリストテレスの、人間を尊重はしつつも、超越者に支えを持つ厳格な知と学問性をめざす厳しさからも、初期ストアの道徳的厳しさからも、いくらか懐疑的な距離が目立つ。そこに出てくるのは、懐疑論であり、きわめて人間的な知である蓋然的知の尊重である。ごく普通の人間に可能な知のかたち、つまり思いなしや、それに基づく決断の自由が尊重される。カルネアデス、パナイティウス、エピクテトゥス、ポシドニウス、アエネシデームスなどの名前がそれを物語っている。形式的にも、一方ではたしかに盛期アッティカ哲学への懐古が学問を支え、「スコラ的」なプラトン、アリストテレスの注解が行われるが、他方、より好まれ、一般的だったのは、ディアトリベー(閑話・談話。語源はひまつぶし)と呼ばれる自由な、例や擬人化をよく用いる論述の形式と、また伝記的、自伝的、告白的なもの(マルクス・アウレリウスなど)だった。福音書の、自由なまた伝記的な語り口は、まぎれもなくこの時代の一般的な思考のかたちを反映していると言えるだろう。ロシアの文芸学者バフチーンが、福音書をラブレーと並置し、メニッペア的・カーニバル的だと語るのは少し言い過ぎだとしても、その形式のくだけた自由な俗調とたとえ話の具体性にも、またその精神である既成の価値の転覆にも、ラブレーの時代とのある共通性がないとは言えないかもしれない。ここにあるのはある意味ではデカダンスの時代であり、厳しい求道の緊張はゆるんで、そのかわりあるがままの人間を認める心的風土である。このような心的傾向が宗教的に純化されたかたちをとるとき、旧約の義の宗教からイエスの愛の宗教への転換の土壌となりえたのではなかろうか。

イエスにとって幸せな者とは、富んだ者でも、王侯でも貴族でもなく、祭司でも学者でもなく、「心の貧しい者」「悲しむ者」「柔和な者」(マタイによる福音書五章3—5節、ルカによる福音書六章20節、以下、マタイ、マルコ、ルカ、ヨハネと略記)、「幼な子のような者」(マタイ十八章3節、マルコ九章37節、ルカ九章48節)であった。ユダヤ民族にとって生死をかけた重要性を持った律法の文言も、彼にとっては本質的な重要さを失った。ましてやローマの支配や文化や富も。「野の百合は労せず紡がない」(マタイ六章28節、ルカ十二章27節)のである。

このようにあらゆる文化・制度のそれ自体としての価値を徹底的に否定することが、イエスの教えの特徴である。しかもその否定が、同時代の反体制的宗派の多くがそうだったような、また数世紀後のローマ世界が古代文化を否定してキリスト教化するためのバネとしてそれを必要としたような、厳しい禁欲のかたちをとっていないのが、イエスの思想のさらに目をひく特徴である。それは既成のものを否定しつつもおおらかに温かい。

のちにキリスト教を受け入れたヨーロッパ世界は、それ自体の文化・制度を不可避的に発達させながらも、その底にどこかでイエスの否定と相対化を生き続けさせてはこなかったろうか。ヨーロッパ文化にまだ魅力があるとすれば、その一つの要素は、この、あらゆる建物の土台にひそむ温かな否定、人間のための否定が、どこかに見え隠れしているためではあるまいか。

イエスの否定が、否定自身のためでないことは言うまでもないだろう。否定によって彼が浮き出させ、救おうとしたものこそが重要である。彼がそこに求め、説いたものを簡単に要約してしまうことは難しい。彼自身の要約を見よう。「『心をつくし、精神をつくして、あなたの神である主を愛しなさい』。『隣人を自分のように愛しなさい』。律法全体と預言者は、この二つの掟に基づいている」(マタイ二十二章37―40節、マルコ十二章29―33節、ルカ十章27―28節)。この重いことばをどう解釈したらよいのだろう。少なくともいくつか明らかなことがある。「隣人」として、人がとらえられていることである。「隣人」とは何だろう。そこには何の条件もない。あらゆる属性、地位、身分、能力等々の区別は捨象されている。おそらく、目がみえること、耳が聞こえること、四肢が揃っていること、また、伝統的に人間の本質だとされている理性さえも、それがもし単なる論議や計測の能力ならば、条件とはされていない。隣人の唯一の条件は、私に近いということ、私が関わるということである。唯一そこで現実的で重要なのは、その関わり、愛と規定された関わりである。

第二に、神の愛と隣人の愛が並べられ、密接に関わらされていることである。これは何を意味するのであろう。ユダヤ系の思想家レヴィナスの、「神性は隣人を通じて顕現する」(3)という説明は正しいのではあるまいか。私の関わる人、そこに私は世界のうちでもっとも深い淵に触れるからである。私自身さえも、人との触れ合いの中で存在をはじめ、存在にめざめはじめる。人への関わりは、根底において、あらゆる条件を絶した、しばしばただ「在る者」としか語られない、あるいはそれとさえも語られない神への、関わりそのものなのかもしれない。

人への関わり以外のどこで私はもっとも鋭く私を超えるものに触れるのか。その、人の核心は、私の向うものは、したがってつきつめればあらゆる属性、あらゆる既成の価値の衣、あらゆるカテゴリーを超える、たかだか「純粋な存在」とも言うべきものであろう。しかし、その「属性を超えたもの」は、属性と細部を生かし、そのすみずみにまで顕現する。細部の生と変異は、そのものの生と変異である。

人への関わりが、このように神への関わりと似たものとして考えられるとき、それは普通の社会的・文化的関わりとはまったく異質なはずである。キリスト教が「女と奴隷の宗教」とよく言われるのは、けっして偶然ではない。文化的・社会的権利を奪われたものをもそれは十全なものとして、いやむしろ文化や社会のカテゴリーに目をくらまされないゆえにより十全な存在として、尊重し愛する思想だからだ。

現代の差別の問題が、いまだに人種や、民族や、また女性の問題などに顕著であることを見れば、二千年経っても人間の考えることはあまり変わらないようにみえる。そして、キリスト教思想のさきの要素が、多くの変化と歪みと発展を経ながらも、何らかの仕方で、いまだに世界のめざす方向の一つになっているのもそのためだろう。たとえば人権の思想、個性の思想、自由の思想、それらは、少なくともそのもっとも尖鋭なかたちにおいては、このイエスの逆説を柱として明確となってきたものである。

迂回（一）——隣人からキリストへ

隣人への愛を説き、あるがままの人間の核心への愛を教えたのは、たしかにイエスであったろう。しかしその教えが、キリスト教というかたちをとったのは、いわば大きな回り道ではなかっただろうか。

隣人への愛という理想、あるいは直観、を表現するかたちは無数にある。それを、仲介者キリスト、贖罪者キリスト、神人キリストというかたちで表現していったのは、そして中世スコラの大きな体系にまで至らせ、近代・現代のものの考え方の基礎を（よかれあしかれ)造っていったのは、歴史のなせる業である。イエス自体には当然こんな考えはなかった。したがって隣人愛の思想は、歴史上のキリスト教のかたちをとる必要は、必ずしもなかった。スコラで完成されるようなキリスト教思想は、単純な理想の奇妙に複雑な表現形である。近代啓蒙思想の洗礼を受けた人びとのそれへの反感は、その意味では当然である。

しかし、思想は歴史と文化の中で生まれ、それに培われて存在している。そしてふたたび歴史と文化を形づくる一要因にもなっている。隣人への愛も、福音書のうちですでに、さまざまな他の要因、一神教、終末論、奇蹟、復活等々と結びついて存在している。そしてユダヤ教とヘレニズムとローマとの、文化と歴史の混淆のうちで変形し、生成してゆく。私たちに回り道と見えるものも、歴史の必然とも見ることができるだろうし、その文化と時代の衣が、私たちが核と思う隣人愛自体に、独特の支えと、独特の色合いとを与えてもいる。ただ、そのどの面がどこまで本質的に重要かを問うことは、いつも私たちに課せられていると思う。

歴史の必然は、論理的必然とは性質がちがう。私たちはそこここに、何人かの天才的な人びとが、決定的なある方向づけを与えているのを見る。もちろん、彼らをとりまく歴史と文化に養われ、支えられながら。パウロもそういう人だったように思える。彼を中心にして、彼の時代の中で、イエスの語った愛の教えは宇宙論と化し、歴史神学と化した。

ひとりのガリラヤ人イエスは、死んで甦る神として宇宙再生の要となり、天から地へ来たり、地から天へと帰って人類を救う救世主として、神と世界の媒介者、歴史の転換の要ともなった。パウロのヴィジョンは、当時全世界的に、もとよりローマにも、ひろまっていた農業神・大地神の死と復活への信仰と、プラトニズム系、グノーシス系の宇宙観と、イスラエルの歴史のうちにあった救世主のイメージとを重ね合わせた。イスラエルの救世主はこのときすでに「見るべき面影もなく」軽蔑され、見捨てられ、人びとの痛みと病いを負って苦しみ、裁かれ、命を取られる者として、イザヤ書に描かれていた。「彼の受けた傷によって、私たちは癒され」、「彼は自らを償いの献げ物とした」のだった(イザヤ書五十三章)。それにより人びとはとりなされ、神との平和を得、「魂と命を」得る(同)。

パウロによれば「キリストと共に死んだ」者は「キリストと共に生きることにもなる」。「罪はもはやあなたがたを支配することはない」(ローマの信徒への手紙六章8・14節)。なぜならイエスの「贖い」のあと、人類の歴史は新しい段階に入り、恵みの下にいるのだから。これが「御子をさえ惜しまず死に渡された方」(ローマの信徒への手紙八章32節)の愛の業なのである。

これは隣人愛の教えの壮大な展開であり、しかし大きな変貌でもある。私たちに求められていた愛に対し、その根拠として、支えとして、あまりにも巨大な物語が呈出されたという感は否めない。その物語の巧みさ、効用、また歴史的必然性もまた否めないとしても。この基礎の上には、どんな大きな体系も成立可能であった。しかし、愛の教説自体のためにそれがどれだけ必然的で不可欠であったかは、また別の問題である。ここでは、私たちの隣りなる人に直接注がれていた視線は、イエス・キリストへと迂回させられる。イエスという独特な隣人を通して、ということはパウロによれば、愛を説き実践した神の子を通し、神を通して、神の創った宇宙を通して、私たちは隣人をふたたび見ることになる。

これはたしかに、「あなたの神である主を愛しなさい」というイエスの第一の掟が、「隣人を愛しなさい」という第二の掟に先んじて置かれていることとの、一つの解釈と言えるだろう。これは、愛の質の洗練への、要求であり、警告であると考えられよう。多様で捉えがたい具体者、隣人のうちに何を見るべきか、何を愛すべきかの図示でもあろう。神人という仕組みは、その一つの巧みな図解でありうる。私たちの個々の触れ合いは、宇宙と歴史とそれを超えるものとの、大きな統一的な愛と正義のドラマの一要素となる。それはイエスの説教の完成であり昇華であったろうか。それとも画一化であり戯画化だったろうか。おそらくその両方である。

神人というメタファーの意味するものは、人のうちにはるかな善の存在を信じ、隣人のうちにたえず神の片鱗をさぐる「感情の習練」へのいざないであろう。これは、個のうちに普遍を探り、第一の原理への連なりを探る知的習練と、きわめてよく似てもいるし、事実、手をたずさえることも多かった。このような情的習練は、プラトンの、エロスを通じての美への上昇とも親近性を持っている。このような情的習練への要請が、ヨーロッパ文化の基本的な魅惑を形づくっていることはたしかなように思える。十二世紀に花開いたトゥルバドゥールの新しい愛の歌に見られるような精神。ある、はるかなものに連なる雅び。そしてまた、その他きわめて多くのヨーロッパ的なもののうちに、たとえば地上の小さな物の中に宇宙の法則を探る探究にも、ドイツ観念論の自我の絶対化にも、フランス革命の人権の思想にも、あるいはまたごく日常の人への眼ざしの中にも、神人のメタファーの影は認められる。

しかし他方、隣人から宇宙原理へのこの迂回によっては、肝心の、隣人への眼ざしが逸らされ、うつろになる危険もあったはずであり、事実あったと思われる。これは総体的に見れば、有益である場面も、無益でかつ危険である場面もありうる回り道であったと思う。私たちにできることは、そこから自分にとって最善のものを読みとる善意を持つことだろう。回り道にもかかわらず生き続け、保たれ続けているものを。あるいはまた回り道のゆえに保たれ、うながされたものもあったろう。

ある歴史と文化の複合体の中で、私たちにとって重要と感じられる一つの直観が、どのような表現形態を取っているか、なぜそのようなかたちを取らなければならなかったかを見てとることは、私たちがその文化と付き合い、その文化の中で問題の直観に付随している多くのものと付き合う上で、基本的に大切なことだと思われる。

その基本的直観とはどのようなものだったろうか？

迂回（二）――キリストからキリスト教思想へ

ヨーロッパの文化・思想は、ギリシアとキリスト教という二つの根を持つとは、誰もが言うことである。ギリシアといっても単純ではない。ホメロス、ミレトス学派、サッポー、パルメニデス、ピタゴラス、ヒポクラテス、ヘラクレイトス、ソクラテス、プラトン、それにアリストテレスとそれ以降のヘレニズム思想、ストア、エピクロスと主要な名のいくつかをあげてみるだけでも、その思想的プリズムは、多彩な光を放っている。叙事、抒情、自然哲学、論理と存在論、倫理、イデア論とディアレクティケー、医学と天文学、数学、幾何学等の諸学、それにアリストテレスの多様な諸学の集成と形而上学・論理学、ヘレニズムの東洋的影響を持つ神秘主義。さらにはニーチェが早くも指摘したように、プラトンがマニアと呼んで重視するエクスタティックな神秘性と、明晰な形相性、論理性の混合。

しかしその多様性の中に、ギリシアが後世に与えたもっともギリシア的なものは、常識的な結論だがやはりそのかっきりとした概念性、規定性、そしてそれらを結びつける明晰な論理の法則、およびそういうものを、このゆたかで不定形な生と世界のうちで見いだしてゆく方途を与えたことだろう。

この貴族主義的な世界の倫理は、徳、卓越性(アレテー)をめぐるものであった。ソクラテスが、自分も他人もそれを自らのものにしうるために、まず知的に明確に捉えようとしたのも徳であったし、それがプラトンの見いだしたイデアという概念的実在の原型でもあった。人のなすべきことは、徳と善と知恵を追求し、魂をそれへと形づくることであった。ちょうど、当時地中海のもう少し東寄りの一画で、政治的には苦しい生活を送りながら、のちに世界に大きな力を持つ古い精神的遺産を守り続けていたユダヤの人びとが、律法を何よりも重要なことと考えたように。人がただ「在る」ことは、そのどちらの文化においても、それだけで価値があるとはけっして考えられなかった。人は卓越性のゆえに価値あり、神の意志と律法に従うゆえに価値があった。

人はたしかにさまざまな価値を求めねばならない。ある価値をたて、それに合わぬものを裁き、つねにさらに高い価値を探究し、世界を分割し、分類し、そうやって理解し対応しうるものとし、秩序を見いだし、人びとの間にも序列と階層と秩序を造り――それらはかがやかしい人間の理性の業績である。ギリシアの文化には、そのような方途をはじめて見いだし、探究する人びとのみずみずしい感激があって、私たちをこよなくひきつける。しかし、それらがひとたび固定し、絶対化してくると、それは人の生命を圧迫しはじめる。そこにはいつも逆方向のせめぎ合いがある。知は流動する現実のうちに真実を捉え、明瞭に固定することを求め、秩序は人びとの間の争いや非効率な動きを、統一と安全と生産へと形づくる。それは偉大な業績である。しかし、所詮人の見いだしたものにすぎないそれらの真実や秩序につきまとう見落しと欠陥は、つねに声をあげて叫び続ける。

あらゆるカテゴリー、価値基準、階層、能力、貧富などを度外視した、人のうちの核のようなもの、個人がかけがえない個人として存在するその場所にこそ光をあてることを説く教えが意味を持つのは、そういう場においてである。それは、より本質的なものを生かすために、文化と秩序の所産すべてを疑問視する。ヨーロッパの初期の歴史の中で、その役目を果たしてきたのはやはりキリスト教であった。そのインパクトは、既成のキリスト教自身をも破壊するものとして、後代に伝えられた。

歴史の中で、制度となったキリスト教の流した害悪は大きい。とくに、被害者であったヨーロッパ外の世界の一員としての私たちにはそれがよく見える。ヨーロッパ内部でも正統と制度を守ろうと必死であった教会の異端狩り、魔女狩りの犠牲者の数は多いし、そこまで行かなくとも、硬化した制度の抑圧に苦しんだ人びとは数知れないと思う。近世にはいって非ヨーロッパ世界と接触したヨーロッパが、キリスト教の名のもとに、どれだけ抑圧と支配と搾取を進め、ときには掠奪、虐殺にまで至ったかは、私たちには忘れることのできないことである。また、ヨーロッパの法律が、十九世紀半ばに至るまでキリスト教徒でない住人、とくにユダヤ人を公然と差別・抑圧し続けたことを見れば、キリスト教が一方ではフランス革命の人権思想を準備する要素と共に、他方では、ヒトラーを準備する要素をも含んでいたことは明白である。

しかし、それはあらゆる硬化した制度と思想の陥る運命でもあろう。キリスト教は思想として、制度として自らを固定しながらも、たび重なる改革の動きによって、ある程度その生命を延長することができた。むしろそれは驚くべき長命の制度・思想だったと言えるだろう。それはその思想と制度の中で、腐敗と枯渇への監視の精神と機構が、ある程度機能していたから可能だったのである。しかしそれにも限界があった。どのような思想や動機であっても、それが固定した権力機構のかたちをとって長い間支配すれば、必ず盲目になり、腐敗し、抑圧する。私たちにできることは、つねに権力が固定しないように監視できる、心と制度を保持しておくことだけであろう。一神教の一種であるキリスト教は、思想形態としても、たしかに権力を集中させやすいかたちを持っていた。

それが安定と長命の原因でもあったし、恐るべき抑圧の原因ともなった。

しかし、思想・制度となったキリスト教の否定的な面に目を奪われることは、キリスト教を盲目的に讃美することと同様に、ヨーロッパ文化への理解を歪めるのではないだろうか。あらゆる制度化・概念化によって見るかげもなくされながらも、他方では逆にその概念化・制度化によって守られもして、原始のキリスト教のインパクトは、さまざまな仕方で生きながらえているように思える。近代のはじめ、教会制度や因襲やスコラ哲学に叛旗をひるがえさせた原動力もまた、実は深くキリスト教的なものではなかったろうか。西欧近代の一つのスローガンでもある、個の尊厳と人権の思想は、まさにキリスト教がある面では古代を補い、ある面では反撃しながら明確化したものだった。近代はそれを用いて、制度化したキリスト教自体、また硬化したキリスト教的思想体系自体を破壊し、また総じてあらゆる社会的・思想的疎外に対して戦う武器ともしたのだった。それは現在でもそのような武器としての有効性をまったく失ってはいない。

イエスの教えは、バフチーンをひきあいに出すまでもなく、とりようによってはきわめて破壊的な面を持つ。何のレッテルもない人としての人への愛を救おうとすれば、多くのものを壊さなければならない。イエスの説いた隣りにいる人への愛は、律法や知恵を鋭く批判するものだった。キリスト教を「学説」にし、「制度」にするということは、それ自体かなり矛盾した仕事であった。しかし文化と社会の中で存続するためには、自己を主張するためには、それらを取り入れることも、危険だが必要でもあった。初期のキリスト教の形成にあたった指導者たちにとって、何世紀もの間、「福音」、つまりイエスのよきおとずれ、と「文化」、つまりギリシアの人びとがパイデイアと呼んだ、人びととの文化的・社会的教化に必要な学芸との関係をどう考えるかが、大きな問題であった。十字架は「この世の知恵をおろかにする」(コリントの信徒への手紙一、一章20節ほか)ものであった。この世の知恵はむしろ十字架の真実を覆い隠すものであった。その問題は歴史の中で何度も再燃し、現在でも問題であり続けている。教団の学問所を破壊させ、ひたすら貧しさと受苦のイエスの生をまねようとした聖フランチェスコの宗教改革、神のスコラ的・理論的説明から信仰を浄めようとした近代の宗教改革。純粋理性の限界をはっきりと画いて、実践的な問題をその上に置いたカント。

この問題を何度でも再燃させるのは、イエスの教え自体のうちにある文化への批判性、破壊性である。それはまた、あらゆる宗教の中にある要素だろう。このような破壊性は、仏教ではめだって前面に出てきている。絶対なものは、空、無などと好んで否定的な表現で語られるし、禅の語録に有名な「師を殺し、仏を殺し」というような表現に、その精神は少々どぎつく、しかしはっきりと現われている。しかし、イエスの教えは、愛ということばを使うゆえか、それよりは優しく、どこまでも「人」の姿を積極的なものとして残す。仏教風に言えばそれは人間中心性、擬人性の残る不徹底な思想だろうし、事実、その人間中心性が人間主義の傲慢へとつながることもあったろう。とくにその「人間」が、白人種やヨーロッパ人や「正統キリスト教徒」だけを意味すると考えられたりする場合、この思想のもたらす害悪と残虐は、極端なものとなりえた。

しかしもちろんイエスの説いた「愛」は、抽象的とも言えるほど純化されたもので、本来はそのような差別化にこそ対立するものだったことは、上に述べたとおりである。あらゆる属性を相対化する愛であるならば、それはほとんど人間と他のものの差をも相対化する。「山川草木悉有仏性」と言われるのに近い、「存在への愛」としか言えないような透明なものであるだろう。それは友愛や、恋愛や、親子の愛とは大きなへだたりのある、仏教の「無」にも通ずる、いわば冷たい愛だと言えるかもしれない。

しかし、キリスト教はどこまでも「愛」という語を捨てない。ということは、そこに、あらゆる人間の属性を超えた根底に、「関係性」が浮き上がってくるということではないだろうか。たとえ手足をも、いわゆる「理性」をももたない人間であろうとも、そこには、愛し愛されるという、関わり合うという、可能性だけは前提されているわけである。「人間」の核心として、このような「関わり合う能力」を置く思想は、やはり深い洞察を含む思想であると思われる。どのような心身の障害をもつ人であろうと、ある「関わりをもつ能力」をもっており、それがふれあうに困難な表面の下に見えるとき、私たちにどんなに深い喜びを与えるかということは、そういう人たちと接する者が日々体験することである。

関係性を存在の根底に置く考えは、仏教の思想の中心にもある。すべての存在は縁起の法の結節点であって、実体はなく、我もなく、他もないというのがその思想の基本であろう。しかし、キリスト教は、けっして我や他者を消しつくすことはなく、さらにそこで愛という語を使い続け、いかに遠いといっても、友愛や親子の愛や、恋愛とのアナロジーを否定しなかった。そしてイエスという、「範型的に愛する人」の具体的なおもかげを、教えの中心から消し去ることをも、けっして許さなかった。

おそらくそれが、キリスト教に対する人びとの評価を分けるところだろう。私は個人的には、この思想を、その多くの欠点や危険にもかかわらず、好んでいる。人は結局、人をもっとも近く感じ、もっとも関心を持ち、もっとも愛するものであり、人との関わりを他のものとの関わりに先行するものと捉えることは正しいことのように思えるからだ。冷徹なスコラ哲学の鉄のような体系の中心に、そして恐るべき階級組織を持つ教会の中心に、ひいては近代のさまざまな抽象化する学の根底にも、このすべてを相対化する生身の具体的な「愛する人」が座っていることは、逆説でもあり、救いのようでもあり、悲劇のようでもある。しかし、ヨーロッパ・キリスト教世界の人びとは、中世・近代・現代を問わずどこかでそのことを意識している場合が多い。そして、そのようなあらゆる文明・文化の産物を相対化する意識は、人間にとって好ましいものであると思われる。

その相対化する意識の中心をなすのは、イエスであり、彼の説く隣人への愛であり、隣人としての人である。そしてそれがもう一段抽象化されたものが、「個としての存在」の概念であると思われる。

純粋な個としての個、かけがえのない、一回かぎりの個の尊厳、そういったものが思想的・概念的に確立したのは、近代よりはるか以前のことだったと思われる。遅くとも紀元五、六世紀の、あのローマ帝国末期の教義論争のなかで、それははっきりとした独自の顔をあらわし出している。中世を通して生き続けたその顔を、近代はふたたび新たなかたちでとりあげたのである。

近代は「個」のめざめの時代だったとよく語られてきた。政治的・社会的にはたしかにそれは新しい局面を与えたかもしれない。しかし、思想としての「個」の思想は、ひょっとしたら、西欧の近代ではもうすでにひからびて、変形してしまったものではなかったろうか。あのローマの教義論争の時代には、近代の個よりは少し茫漠とした、しかし、まだ「意識」に還元されきってはいない、それゆえいかにもみずみずしく、生命にあふれた「個」の概念が生きてはいなかったろうか。西欧のキリスト教が「思想」と化する長い歴史の中で、その個は明確化はしてきたが、原初のみずみずしい生命力は失っていったように思われる。その原初の水脈を、少し掘りおこしてみたいと思うのだ。

どんな属性をも相対化して、人の核心なるものに光を当てる、それがキリスト教の大きな業績だったとすれば、光を当てたそのことによってその核心なるものが固定し、生命と流動性とそれに結びつく関係性を失っていったことは、その裏の面でもあったろう。しかし、それにもかかわらず、この捉えがたいものにあえて光を当て、固定して捉えられるものにし、(同じことだが)概念化したことは、そうしなかったよりはよいことのように、私には思われる。概念化は必然的に流動性を失わせ、本来静的ではないものを静的に固定する。しかし、そのことによって明らかに目に見えるようになり、捉えられるようになることは、大きなプラスである。今まで目に映らなかった「人格」というものの、「個の存在」というものが、見えてくるということは、やはり人の世界や他人への関わりを変える。その概念がどんなにすみやかに空洞化しても、その内実をふたたび他のことば、他の概念機構で表現しようというやむことない努力が、いくらかでもその現実の相に焦点を合わせて見続けさせるだろう。それを、はじめから捉えられないものとして、あきらめるよりは、この方がよいと私には思われる。ヨーロッパの文化にくみするかくみしないかの分れ目は、その文化の特徴であるギリシア性、論理性、概念性にくみするかくみしないかということであろう。それにくみするということはしかし、概念化・論理化にとらわれてしまうことではなく、かぎりなく概念の網をつくり直し、新たにし続けるという、かつてソクラテスが説き起した営みにくみするということだろう。人間とか、個とか、自我とかについても、このことはあてはまる。

第一章　いくつかの日付

1　教義論争の意味

四世紀から六世紀にかけてローマ帝国をゆるがせたキリスト教の教義論争を、私は思想的に大変重大な事件だったと考える。しかしこれらは、近代以降の啓蒙的思想や哲学からは、ひどく愚かしくて蒙昧なものとみなされてきている。

教義論争というのは、キリスト教が事実上ローマ帝国の国教になりはじめた初期ビザンツの時代に、教義の統一の必要がさしせまったものとなり、帝国と教会の権威において、三位一体論とキリスト論を二つの柱とする基本的教義が全教会・全帝国に布告されたことをめぐる論争のことである。したがってこれは典型的に体制的な出来事である。

福音の純粋さ、イエスの教えの純粋さを守ろうとする人びとにとっては(近代のプロテスタントをも含めて)、これはすでにキリスト教の堕落の甚だしさを示している局面である。イエスの純粋で単純な教えは、ここでは抽象的概念を使った「教理、ドグマ」

になってしまっている。これは著しい「福音のギリシア化」であり福音の汚染である。しかも、これは個人の心の問題であるべき信仰を、教会と帝国という、巨大な機構の問題に化してしまっている。このどこに原初の福音が残っているのか——近代的に考えられた信仰にとっては、これはほとんど許しがたいことである。

他方自律的な知に誠実であろうとする近代の哲学にとっても、これは一顧にも価しない蒙昧である。概念を使い、論理のようなものを使って議論しているけれども、その論拠はドグマに固く縛られている。このどこに理性の自律が、誇りがあるか。

教義の問題は西欧の思想史のいわば鬼子であり、継子である。そのようなものとして、カトリック教義史以外の一般の西欧の思想史や哲学史では疎外されてきた。それはこれが、一方に福音・信仰・宗教と、他方に理性・哲学という、ふたつの思想範疇のどちらにもはいりきらなかったからである。しかし私たちのようなニュートラルな部外者から見れば、それゆえにこそ教義論争は重要である。つまり信の理論化、理論体系のキリスト教化というヨーロッパ思想史上もっとも重要な仕事が、ここでこそなされているのだから。ところがまさにそのために、教義論争は、純粋に信仰を守ろうとする初期キリスト教以来のさまざまな思想家からも、純粋に理性の事業を守ろうとする哲学者からも（近代では両者はしばしば同一人において重なり合う）、汚染・逸脱とみなされてしまう。

しかし、ヨーロッパ思想史において、この黙過され、無視されてきた数百年の思想努力ほど画期的であざやかで重大なものはなかったのではあるまいか。それはまさに人間の新しい希求に、新しい概念的説明を与え、ギリシアの基本的存在論・形而上学をその新しい希求と価値に沿って掘りくずし、組み変え、新たな等価な体系の基礎を置いた大事業であったと思われる。それはつまり、古典古代の価値観の反映である古典古代的存在論にかわるべき、キリスト教的価値観の表現としてのキリスト教的存在論の創設であった。十二、三世紀のスコラの大きな体系は、この基礎の上に立ってはじめて可能であったし、そのことは六世紀の、教義論争末期の思想家ボエチウスや偽ディオニュシウス・アレオパギタの著作に深く思いを潜めたトマス・アクィナス自身が、またその他の十二、三世紀の思想家たち自身が、きわめてよく意識していたことであった。さらに、近代の始祖のように言われるデカルトの純粋な個我が、アウグスチヌスの自己の内面に絶対なものの影を見る視線と、カルケドン公会議で明確な姿を現わした「カテゴリーを超える個存在」との直系の子孫であることも疑いえない。

近代的な知の理想を奉じる人びとからも、近代的な信仰を奉じる人びとからも、この議論はほとんど自分たちの歴史の恥部のように否定され、無視され、「教義史」という、たいへんローカルな、教会内部の特殊な出来事の歴史のうちに閉じこめられてきている。

それは至極当然のことであろう。これはきわめて「非近代的」な努力であり、出来事だったのである。それらはギリシア的な、自立する理性の信奉者にも、純粋な福音の信奉者にも、いかがわしい政治的妥協の産物のように見えた。「教義」とはまさにその結びつきがたい二者をむりやり結びつけた、どちらの陣営にとっても恥ずべきもののように思われたからだ。どの「西洋哲学史」も、この出来事のまわりは大きく迂回して避けるのがつねだった。西洋の理性の歴史における、それはいわば汚点、思い出したくもない過去のトラウマのようなものだった。これはしかし、私たちのようなニュートラルな部外者にとっては迷惑至極なことである。部外者は、その歴史の正しい姿を伝えられないことになる。

より客観的であることを期待される歴史家の評価も、似たようなものである。この数百年にわたるローマ末期の歴史は、帝国のイデオロギーである教義の分裂抗争と深く関わっているから、どのような歴史家もそれを叙述しないわけにはいかない。それが政治と社会の歴史に大きな影響を与えたことは描かないわけにはいかない。その点では、歴史家がいちばんこの出来事に対しては公平な目を持っていると考えられる。しかし、彼らがひとたびそのことの評価をするときには、やはり同じ侮蔑的な眼ざしが現われる。たとえば十八世紀の歴史家ギボンは、ローマの歴史を詳細にしかもおもしろく描いた大著『ローマ帝国衰亡史』で多くの頁をこれらの論争に割いている。しかし、ギボンは近代の、啓蒙の時代の子である。彼の、たとえばカルケドンの宗教会議とその大立物アレクサンドリアのキュリルスに対する評価は、近代の知識人の平均的・代表的評価を示している。四五一年に開かれたこの宗教会議の議決は、それ以前百年の論争・政争の結果であると共に、それ以後百年のさらに激しい政争と論争を招いたのだったが、ギボンはその議決のスコラ風の技巧を皮肉り、当時最大の異端のアポリナリズムと、「正統」[1]の権利をかちえたアレクサンドリアの司教キュリルスの説との明らかな相似を皮肉って、次のように言う。「かくてアポリナリウス〔アポリナリス――引用者〕の異端と聖キュリロス〔キュリルス〕の正統信仰の間に目に見えぬ一線が引かれ、神学的芸術家の名人芸によって天国への剃刀のように鋭利な掛橋が深淵を越えて架せられた」[2]。ギボンに言わせれば、また特別に意識的なカトリック教徒以外の大多数の近代の知識人にとって、この宗教会議で決定されて長期にわたる論争と動乱をローマ全土にひきおこした、スコラ風にいりくんだ受肉の教義などは、古色蒼然とした、まったく無意味なものである。「今日の最も敬虔なキリスト教徒でさえも、この受肉の秘蹟に関する自らの信仰について無知ないし無関心である」[3]。それはまったくその通りだったろうと思う。現代にはその傾向がさらに数層倍になっていることは言うまでもない。したがってギボンは、四八二年に発令された政令、すなわちカルケドンの教義のおもだった争点についてはまったく触れず、その以前の一般的な正統信仰の枠組みだけを述べる「統一令（ヘノティコン）」に賛成し、それを布告した皇帝ゼノンと、ゼノンを継いだ皇帝アナスタシウスに対して大きな同情を示している。

この文書は、まったく政治的に、当時の強力な反正統派だった単性説に受け入れられるように、カルケドン公会議の決定のうち論争のもととなりそうな点をまったく回避した文書だった。皇帝はそれによって帝国の統一をはかりたかったのだが、これは正統派(それは西ローマ全体と東ローマの一部を占めていた)の激しい反発を受け、東西帝国の三十数年にわたる大分裂を招いたのだった。この分裂は「統一令」に力のあったコンスタンチノポリス司教アカキウスの名をとってアカキアン・シスムと呼ばれ、この分裂はユスチニアヌス皇帝の東西帝国統一によってやっと完全に終止符を打たれたのだった。ギボンはしかし、「私は……アナスタシウスの言明の内に、いかなるマニ教的エウテュケス的異端の罪も感知できない」、「最も理性的なキリスト教徒は実際にこの寛容の方式〔統一令のこと〕を黙認した。しかし、彼等の理性は弱くて気まぐれであったし、彼等の仲間の激越な精神は彼等の服従を臆病で卑屈であると軽蔑した」(4)と、この教義をめぐる論争が「理性的な」終りを告げなかったことを残念がっている。これは、近代の、宗教的争いの恐ろしさと愚かしさを知りつくした啓蒙と寛容と理性の精神の語ることばである。

しかし、当然のことながら、紀元四世紀から六世紀の時代は十八世紀ではない。その間に、さまざまに評価される「中世」と呼ばれる一時代がある。そのほとんど千年にわたる社会的・思想的な営みの前と後では、同じ出来事の持つ意味はまったく異なる。近代が古代や中世を否定するのは当然である。しかしこれも当然ながら、その古代・中世を近代はいくつかの基本的なところで受けついでいる。日本のいわゆる「西洋受容」は、しばしば西洋近代の声高な過去の否定に表面的に追随してきたのではないだろうか。日本の西欧理解は「西欧」が千年にわたるキリスト教共同体という体験を持ち、なおその痕跡を多くとどめているというあまりに自明の事実を、奇妙に無視し続けているように思える。フロイトにならって、そこに何か隠された動機を疑いたくなるほどである。そのため、キリスト教が西欧で何を与え、どこでどう障害であったかの、バランスある評価が十分ではないように思える。この論はその一局面についてのささやかな照明でありたい。

2　いくつかの日付

ここで、いくつかの日付と場所を記憶にとどめていただきたい。

1　西暦三二五年六月—八月　　ニカイア
2　同　三八一年五月—七月　　コンスタンチノポリス
3　同　四五一年九月—十月　　カルケドン
4　同　五五三年五月—六月　　コンスタンチノポリス

これらは、さきに「四世紀から六世紀の教義論争」といったものにとって、重要な日付である。つまり、それぞれの場所で、大きな宗教会議が開かれた日付である。これらの場所は現在ではすべてトルコ領であるが、当時はローマ帝国の首都とその周辺の町だった。このうち前の二つの会議は三位一体の教義を議決し、後の二つはキリスト論の教義を定めた。同一の問題に対して数十年の年月をはさんで二回の会議が必要だったということは、その問題についての議論・論争がいかに決着しがたかったかをよく示している。

千五百年も前のこんな僧侶たちの会議が、私たちにとって何の意味がいまさらあるのか？　というのが、西欧・日本を問わず、現代の読者の声であろう。たしかにこれらは、前述のようにヨーロッパ自体でも長い間ただ教会史という狭い領域の中でしか意味をもたないと思われてきた。しかし、前にも述べたようにこれは実はヨーロッパを、その歴史と理性を形成した重要な歩みであったと思われる。人間の理性がまったく無前提に自己自身の上にのみ立って、世界と自然と自己を理解できると考えた近代のデカルト風の幻想は、現代ではもう決定的に破られている。理性が、人間の歴史のうちに立ち、それに制約されながら歴史のうちなる人間の理想と希望にかたちを与えてゆくものであることは、現代の私たちの共通了解になっていると思う。哲学や理性にとって、批判性はたしかにこの上なく重要なものであるけれど、あるテーゼを立て、見解を立てることなしには、その批判性も働く場を失う。語りがたく、捉えがたい、しかし人間の希求としてきわめて現実的であることどもについて語ることは、理性の最初の一歩として不可欠なことである。あれほど理性の批判性をみごとに体現してみせたソクラテスの問答も、語りがたく捉えがたい徳というものについて、まず語ること、まずそれらにかたちを与えることからいつも始まった。「男らしく、思うところを言ってごらん」というのが、ソクラテスが対話相手の人びと、正義とは何か、賢慮とは何かなどという困難な問いの前に立たされてためらう少年たちに語ることばだった。

さまざまな経験、実験、理論の集積の中から、あえて自分のテーゼを呈出することが自然についての学の基本であるなら、生――経験、希望、愛、挫折などに満ちた生――に直面して、見通しがたい理想と自分の向うべき方向を、あえて語ることも、理性と哲学の重要な一歩であろう。そういうテーゼはその性質上、数学的自然科学のもつ一義的普遍性はもちえないが、それはアリストテレスが夙に『ニコマコス倫理学』のはじめで語っているように、必ずしもこのようなテーゼの弱みではない(5)。

そしてキリスト教の教義も、キリスト教の哲学化・思想化・体系化も、イエスが単純な「隣人の愛」ということばで語ったことのいわばパラフレーズであり、この単純な理想に、できるかぎり普遍的で透明で共時的なかたちを与えようとする努力にほかならなかった。その努力の中で人びとは、実はヨーロッパの思想・哲学にとって基本的に重要な新しい概念、新しい存在論を生み出していったと思われる。それが後に詳しく述べるような、個としての個の概念であり、純粋存在性の存在論であり、それが人格の絶対性とか尊厳とかなどに根拠を置く人権思想や民主主義体制をも支える一端となっていると思われる。(その思想の短所、弊害ももとよりそれと並んで生じてはくる。これについても後には述べたいと思う。)

新しい概念体系、新しい存在論ができるのは、不思議ではない。なぜなら、古代の理想に叛旗をひるがえす、世界に対する新しい基本的態度を、イエスの教えが含んでいたのだから、それを概念化しようとすれば、必然的に哲学体系は基本から変わるのが当然で、その当然のことが起きたまでである。しかし、それは言うには易いが困難なことであった。古代のみごとな文化は、多かれ少なかれ一つの有機体をなして、哲学思想ばかりではなく、文学、風習、法、政治などを、連関と等質性をもって形づくっていた。文化はもともと変化するものではあるが、何かの理由でその変化が急激に生ずると、混乱と、摩擦と、争いが多くの次元で生ずる。異文化の急激な接触の場合にはよくそういった現象がおこる。日本の例をとれば、明治の西欧化など、ローマのこの時代の変化によく似ている。ここローマ末期では、古代文化の中へ、「皇帝の宗教」であるキリスト教が投入され、上からの改革が生じた。民衆や女性の間には、この教えはすでに広まっていたが知識階級、支配階級にとってはそれはむしろ上からのおしつけであった。明治の西欧化も、まったく違った理由からではあるが、上からという面は共通している。その動乱の波紋は、現代にいたるまで完全にしずまってはいないと言えるだろう。ローマ末期の教義論争は、この動乱の中の重要な一局面であった。新しい理想の下に、新しい基本思想を生み出すための苦しい胎動であった。

しかし、私は少し先走ってしまったようである。この頃の教義論争とはそもそもどんなものだったのかを、もう少し明らかにする必要があるだろう。

それは、誰にもすぐわかるように、宗教的出来事である。しかし、その時代において、は、宗教的出来事はただちに政治的・社会的出来事であり、かつ哲学的出来事であった。この宗教・政治・社会・哲学のわかちがたい一体性こそ、ローマ末期・ビザンツ初期という時代を特徴づけるものである。教義論争は第一級の政治的・社会的出来事であり、かつ全知力を結集した哲学的出来事でもあった。それはしたがってビザンツ初期を象徴しかつ形成した出来事である。ということは、これはヨーロッパの基礎を思想的にも政治的にも形づくった出来事である。ローマに、ヨーロッパがどれだけ多くを負っているか、ローマとヨーロッパの連続性がどれだけ大きいかは、しばしば十分に注目されていない。次第に明らかになるであろうように、これらの論争は西欧と東欧との分裂の素地をつくり、二つのヨーロッパそれぞれの基本的性格の一端をもあらわに見せてくれる争いである。その意味で、教義論争はけっして片々たる古くさい教会と僧侶階級内部の出来事ではない。それは後の東欧と西欧という二つのヨーロッパの基盤を形成してゆく、世界史における重要なプロセスであった。

この四つの公会議のそれぞれは、いずれもとくに強い皇帝権力の、帝国統一への意志によって召集されている。その三つまではローマの長い歴史のうちでも多くはない「大帝」という尊称で呼ばれる偉大な統一者によって主宰されたものである。ニカイアはコンスタンチヌス、第一コンスタンチノポリスはテオドシウス、第二コンスタンチノポリスはユスチニアヌス。カルケドンはもう少し純粋に宗教的関心からのものであったかもしれない。それを司ったのは、表面は皇帝マルキアヌス、実はテオドシウス大帝の孫、皇妃プルケリアであった。

私がとくに少し詳しく述べてみたいのは、このカルケドン宗教会議で現われてきた問題についてであるが、しかしそのためには、その前史に触れなければならない。それに、後述するように純粋な「個」「ペルソナ」の概念が明確なものとなるのは、カルケドンのキリスト論のみならず、その前段階をなす三位一体論があってはじめて可能だったのだ。

3　コンスタンチヌスとビザンツ的構造

政治と宗教の一体性は、古いローマにも見られた、古代に一般的な特徴である。しかし、それが体制的に組織され、ドイツのビザンツ学者H・G・ベックの言う「完全な咬み合い」というかたちをとったのは、大帝と呼ばれていまだにキリスト教的世界では尊崇されているコンスタンチヌス一世のときであった。彼が、この世界で大帝と呼ばれるのは、ゆえないことではない。彼はたしかに、先帝たちによっては、まだ異教として激しく迫害されていたキリスト教に大きな同情を示し、この教えに対して寛容な態度をとったのみならず、東帝リキニウスと合意して三一三年には、キリスト教会に、それ以前の迫害で没収された財産を返還するようにとの法令を出している。それ以前にも、キリスト教聖職者への税の免除、大聖堂の建設への支持など、明らかにそれまで軽蔑され、疑いの目で見られていたキリスト教の尊重を示している。伝統的にコンスタンチヌスに帰せられ、彼が一挙にキリスト教への禁令をくつがえしたかのような印象を与えている「ミラノの勅令」なるものは、実はガレリウス、リキニウスらの東帝による寛容令にはじまって、宗教自体には無関心なただ平和のための法的承認から、教会の明らかな保護に至る、何年かの、何人かによる動きであったらしい。キリスト教の優勢は、ある程度時代の動き、キリスト教自体の中に蓄積されてきた勢力によるものであった(6)。しかし、コンスタンチヌスが三一二年の戦いに、キリスト教の神とおぼしき神の守護によって西の正帝を称するマクセンティウスにうち勝って西正帝の地位を確立して以来、彼の傾向と関心は変わることなくこの宗教の側にあり、三二四年に彼が帝国を統一して以後は、帝国の最高権力者の好意がそこにあったことは事実である。その意味で、彼がその後千数百年にわたるヨーロッパ・キリスト教世界を政治的に可能にした人だとは言えるかもしれない。そしてヨーロッパ・キリスト教がその時間の間に、どれだけの文化と歴史を生んだかを考えれば、これはたしかに大きな出来事であった。

しかし、劇的な「ミラノの勅令」が、実はそうドラマティックな一挙の変革ではなかったように、コンスタンチヌスのいわゆる「改宗」も、実はそう単純な話ではなかった。彼が、はたして本当に「キリスト教徒」であったのかどうかさえも解釈によるだろう。もし洗礼を受けて教会に属することがキリスト教徒の条件ならば、コンスタンチヌスのキリスト教にはかなりの疑問がある。もちろん、教会側の資料は、大帝が死の直前に受洗したと語るが。ということは彼は正規の教徒となることなしに説教し、キリスト教史上もっとも重要な宗教会議を召集し、根本的教義の決定に影響を与えたことを教会側も認めているのである。これはどう見ても異例である。

さらに彼の信じたキリスト教の内容も、当然のことながら、かなり曖昧なものである。ローマ時代のキリスト教を、中世以降のキリスト教のものさしで計ってはならない。当時の「ローマ」は、その初期にそうであったイタリア半島中部の一都市国家とは似ても似つかぬものになっている。数次のポエニ戦争によるカルタゴとアフリカの制覇、カエサルによるガリアの攻略、オクタヴィアヌスによるエジプトの併合、等々を経た末期のローマ帝国は、地中海の北側とガリア、ゲルマニア、ドナウ河畔のみならず、東地中海の小アジア、シリア、エジプト、さらに南の北アフリカをも含む、つまり現代の東西ヨーロッパとアラブを併せた、当時の文明世界全体のような版図を持っていた。その文化も宗教も産物も、東洋的・ギリシア的・ラテン的・アフリカ的・ゲルマン的等々の多様な要素を含み持っている。マケドニアのアレクサンダー大王の、短時間での驚くべき征服の業によって、その大きな部分にギリシアの影響がしるされていたが、ヘレニズム文化と呼ばれるその遺産自体が、東洋とギリシアを混淆して大きな地域的多様性を持っていた。少し大げさな言い方をすれば日本も中国、ペルシア、インドなどを介して、このヘレニズム文化圏の遠い一隅であるかもしれないのだ。

広大なローマ世界の目もあやな諸文化・諸宗教の中で、力を得てきているとはいえ、まだ微々たる一宗派のキリスト教に皇帝が興味を持ったとしても、この折衷的で多相的な世界の中で、その宗教も折衷的で曖昧なかたちで受け入れられたのはごく自然なことだった。キリストと、ウェルギリウスと、アポロと、太陽神と、そういったものが渾然としてコンスタンチヌスの信ずる神格のうちにあったと考えるのはむしろ自然であろう。

しかしともかく、コンスタンチヌスがキリスト教に特殊な価値を、利用価値をも、認めたことはたしかであった。慧眼な政治家であった皇帝は、キリスト教のうちに帝国の統制と道徳水準の保持のための代えがたい手段を見たのではなかろうか。ゲルマン人を主とする軍のうちには、もともとキリスト教徒が多かったし、軍隊は末期のローマにあって、つねに皇帝のもっとも有力な支持団体だった。

キリスト教はその基本的性格によっても、帝国統一の組織造りに有効であった。この宗教はもともと自然宗教とちがって、宣教によって伝播する宗教であったから、人的組織を頼りにするところが大きい。その宗教組織は、ギボンをして当時すでに「一つの共和制国家」であったと言わせるほどであり、この三百年の間に階層・行政・地域・税制などの秩序をある程度そなえていた。とくに聖職者と俗人の区別と、聖職者による俗人の統制法、そして聖職者の職掌と階層は精密の度を増していた。政治家コンスタンチヌスが、これに着目したとしても意外ではない。

しかし、皇帝がキリスト教に価値を認めたのに数倍して、教会の方が、コンスタンチヌスに利用価値を認めたことは言うに及ばないことである。いわゆる「ビザンツ的構造」、キリスト教会にとってはかなり変則的なこの構造の産出に力を貸したのは、当時の明敏な教会政治家たちだった。大著『教会史』で知られ、『コンスタンチヌス大帝伝』の著者でもあるカイサリアのエウセビウスはその代表者であった。彼は修道士のように、聖者のように、いわば特別な例外者として神に祈り、神と交流するコンスタンチヌスの姿を描いている(7)。おそらくそのような例外者として、彼は宗教儀式を主宰することを許されている(8)。彼に「神の任命された共同の司教(9)」、「外なる人びとのための司教」という名を与えているのもエウセビウスである。そのような例外者として、帝は、受洗者でさえもないのに、いわば最高の司教のように、公会議を召集する権利を教会から認められたのであった(ただし、皇帝には公会議での投票権はなかった。それによって教会の独立性はからくも守られたのである)。地上の皇帝は、真の皇帝たる神、キリストによって力を与えられ、彼にならって人間を支配すると考えられた。エウセビウスこそ、ビザンツ的構造に思想的基盤を与えた人であった。天の支配者の似姿にして代行者である皇帝というイメージは、以後のビザンツ国家において、一神崇拝と皇帝崇拝を両立させるという困難な仕事への解決策を与えることとなった。

そのとき、キリストもまた、天に挙げられ、裁き手として、王として、君臨する崇高な支配者のイメージが重視されることは自然である。そしてそこで切り捨てられた、苦しみ、軽蔑され、殺される、貧しく苦しむ者の友たる神の側面は、修道院のうちと、またベックがその存在を特記しているような、「漂泊者・巡礼者(saloi)」と呼ばれた下層の、民衆と共にあり、神の愚者という性格を示すビザンツ独特の聖者像に結実していったのかもしれない。私たちはトルストイやドストエフスキーの作品の中で、そのような老いた巡礼者や、修道院の聖者や、「白痴」と呼ばれるすぐれた人物などから深い印象を受けはしないだろうか。スラヴ・ロシアの伝統のうちにある道化＝愚者＝聖者の出発点はおそらくこのビザンツにある。それにしても、ソヴィエト体制のもとで、この深く宗教的な敬虔は、どこへいき、どのようなかたちをとっていったのだろうか。それが死に絶えたとは信じられない。たとえば近代の言語学者バフチーンの著作においてさえ、このスラヴ的敬虔は大きなひとつのモチーフになっていると思われる。

一方、ソヴィエトの支配体制についてベックは、一九七四年の講演の中で言っている。「私にとって肝心だと考えられるのは、すぐれてビザンツ的な構造なるものである。なぜならそれは、ビザンツに発してスラヴ世界に進出し、この世界の形成に今日まで決定的要因として作用し続けてきた、と私には思われるからである。私はこの構造を政治化されたオルトドクシー、ないし簡単に、政治的オルトドクシーと呼びたい。ただあらかじめことわっておきたいのは、ここで問題なのが信仰内容そのものではなく、むしろ二つの歯車たる信仰と政治理念との、典礼儀式と世俗的行動様式との、教義と国制原理との、独自の、ほとんど余すことなき完全な咬み合いだ、という点である」。ベックはさらに、このようなビザンツ的構造が、一九七〇年代当時のソヴィエト・ロシアの体制のうちにもありありと認められることを、次のように語っている。「われわれの考えにとってきわめて異質的であるため、すでにはるか以前に時代おくれとなったと言わざるをえないような一つの構造が持つ、一見古風としか言いようのない力が、実は千年以上を越えて今日なお健在ぶりを示していることがそれである。当該諸民族の運命と将来とについて予見することを仕事とする人びとは、このことを肝に銘ずべきなのである」[10]。

一九九一年にソヴィエト連邦が崩壊した後の、この地の人びとの体制が、どのような姿を示すのかは現在まだ未知数である。しかし、それがどこか西欧と異なったかたちになりそうな予感はないでもない。それに、このベックの指摘は、西欧自体にも、またたとえば日本にも、当てはまるのではあるまいか。私たちの中にはいまだに天皇制があり、武家気質がある。それと同様に西欧内部での人権主義や個人主義自体も、長い歴史の光と影の刻印を負ってはいないだろうか。これから少しばかり明らかにしていきたいのも、その点である。しかし、話を紀元四世紀に戻そう。

このような、エウセビウス的・コンスタンチヌス的・ビザンツ的な、そしてことによったらその後のスラヴ・東欧圏のメンタリティーを現代に至るまで規定している構造を、西のヨーロッパ、つまりラテン世界が完全に破るのは、十二世紀の叙任権獲得闘争にその頂点を見る、教会と俗界の分離・分業の努力による。しかしその萌芽もまた、すでにこのローマ末期・ビザンツ初期にあると思われる。つまり、コンスタンチヌス大帝以後のローマ帝国にあっては、すでに、イタリア半島の古ローマ市に座を占める精神界の主《ぬし》、教皇と、はるか東の首都コンスタンチノポリスに君臨する皇帝の間には、一千キロを超える空間的距離があった。しかも、古ローマの元老院貴族たちの権威は、新参で低い出自の皇帝の権威にまさるとも劣らぬものであったし、元老院と教皇の連繫はおおむね密接であった。ここにはすでに教会と俗界の分離と独立の徴候がある。それはこの時代、何度も生ずる政治的宗教的分裂と和解となって現われ、ついに九世紀はじめに教皇が未開の西方ガリアのフランク族の王シャルルマーニュに、東皇帝にも等しい権威を与えたときに、一つの重要な段階に達したのである。しかし、新しい王権と教皇権との協働と対決が、教皇権優位の分業として決定的に「西方的な」姿をとるまでには、まだ三世紀を必要とした。

この意味で、コンスタンチヌス大帝は、東欧の「ビザンツ的構造」の根のみならず、それと対照的な西欧の、教権の俗権からの独立という二権並立の基本構造をもつくったと言えるだろう。そのための重要な環境をつくったのが彼の遷都である。

三二四年の東西ローマ統一直後にはじまった遷都は、キリスト教の受容と並んだもうひとつのコンスタンチヌスの大事業だった。彼はローマ帝国の都を、それまでの古く伝統ある都ローマ、「都(urbs)」と言えばローマ市であったそのかがやかしい町から、はるか東にへだたった小アジアとの境、黒海沿岸のビザンチウムに移した。これも、驚くべき大変革のようには見えるし、たしかにその通りだが、東方に強大な敵をかかえていたローマ帝国の状況からは、それほどとっぴでも新しくもない試みであった。すでに十年ほど前、正帝ディオクレティアヌスは小アジアのニコメディアに首都を置き、副帝ガレリウスはドナウ河畔に常駐、西正帝マクシミアヌスはミラノに住み、西副帝コンスタンチウスはガリアを居所としていた。当時の権力構造は複雑である。「皇帝」の権力基盤は、元老院貴族のような富と古い家柄であるよりは、軍隊と武力であったし、その関心事はローマ市の伝統的諸行事であるよりは、帝国外部の蛮族とのたえまない戦いであった。したがって武力で分治体制をふたたび統一にもたらした、コンスタンチウスの子コンスタンチヌスが、帝国外郭部に位置する重要な戦略的地点を首都にしたのは、けっして不思議ではなかった。ビザンチウムは、ガレリウスのあとを継いだ東帝リキニウスがすでに居所としていたところで、ドナウ河畔の蛮族やペルシア帝国をうかがうのに適したところであったし、貿易・交通の要衝で、しかも攻めるに難い堅固な地の利を占めていた。そのため、古くからギリシア人たちの植民地として栄えていたところだった。

今では十五世紀以来、トルコの都市イスタンブールとして、まったくイスラム文化とオリエントの香りに包まれきってはいるが、この東方的都市の基礎をなすローマ的骨格は、まだありありと見てとることができる。単なる一植民都市は、コンスタンチヌスにより一挙にそれまでの十倍の広さを持つ都として、長い市壁が築かれ、壮大な建築物が次々と築かれていったのである。その後のヴァレンスの水道や、テオドシウスの市壁なども、現代の観光客にかつての威容を示している。この都市はヨーロッパの東端に位置し、細長いボスポラス海峡をはさんで、「アジア」と対峙していた。ただしアジアといっても、そこは実はギリシア文化の土台のうちもっともめざましいものを生んだところである。ギリシア第一の詩人ホメロスも、最初の哲学者たちと言われるミレトス学派の人びとも、このギリシア対岸アジアの、植民諸市を故郷としていた。のちに述べるカルケドンもまた、そういう古い植民市の一つである。

それにしても、この遷都が、驚くべき大事業だったことは、誰もが認めることである。コンスタンチヌスはここに、古ローマに匹敵する大都市を数年のうちに造ってしまった。今やふたたび全ローマを手中におさめた専制君主ならではのことであった。彼は土地、年金その他多くの特典をつけて、古い帝国諸都市、諸属州から貴族、市民、商工業者、召使たちの群を移住させ、驚嘆すべき速度で広大な新都市を建造させた。材料の調達は全属州から行われ、建築家養成のための学校制度にまでその事業は及んだと、法令に残っている。百年ほどの間に、その規模は旧ローマ市に並ぶものとなり、ギボンによれば、壮麗な王宮、いくつもの大浴場をはじめ、学校、競技場、劇場、四つの大ホール、五十にあまる柱廊、多くの宮殿と教会、さらに美しい貴族の住居が四千数百と記されている。ただし、当然のことながら、かなりの手抜き工事、また属州都市からの掠奪に等しい装飾や資材の調達も伝えられている。人口の移住も、特典と共に強制によることも多かったろう。多くの属州都市がそのために衰微した。古ローマ市の栄光にもかげりが生じたのは当然である。

ところで、キリスト教が「皇帝の宗教」、したがってほとんど「国家の宗教」となるに至ると、当然のこととしてこの宗教には統一性が要求されてきた。その要求は、一方では内容の統一（教義）、他方ではその周知と執行の統一（制度）の要請となった。「正統」ということばが帝権を背後にもって制度的・法的にきわめて重々しい意味をもちはじめる。

宗教会議とそこにおける教義の決定が、その統一化に対して重要な要素であったことは言うまでもない。さらに、全ローマの司教が一堂に会して議論するに際しては、政治力と弁論の力が役割を担ったのは当然のことだった。しかしそれと同時に、論理と哲学をもって教理を説明するという方向にも、大きな刺激を与える場合があった。公会議で論議される事柄は教会内の理論的また制度的なあらゆることにわたったけれど、ここであげた四つの公会議のように、神をどう考えるかということの根幹に関わることが議題になる場合には、その議決にも、避けがたく、ギリシア哲学で用いられた用語がしのび入った。

と言うよりはむしろ、問題はそれ以前に生じていた。そもそも公会議が開かれなければならなかったのは、皇帝の目から見て、帝国と教会の統一のために危険なほど激しい論争があったからである。三二五年のニカイアの公会議の論題は、アレクサンドリアを中心とした三位一体論についての論争であり、四五一年のカルケドン公会議の前には、キリスト論に関する激しい党派的争いが、皇帝たちとその後宮や官僚をも巻きこんで続いていた。しかし、公会議の決定そのものが、さらに激しい争いの種にもなったことは、先に述べた通りである。

4 ニカイア公会議

優れた政治的能力は持っていたが、根っからの武人であったコンスタンチヌスにとって、教義についての煩瑣な理論的争いは、元来は理解の外であり、関心の外でもあった。それはむしろ腹立たしいことであったろう。彼にとっては、ようやくいま彼の手によって再統一されたこの大きな帝国の安寧と平和こそが望ましいことだったから。しかし、アレクサンドリアにはじまった争いは、アレクサンドリア司教に逆らってアリウスを受け入れたパレスチナ、小アジアに飛び火し、帝国東部の平和を脅かそうとしていた。アレクサンドリア司教アレクサンダーとアリウスにあてた三二四年の皇帝の書簡は、知識人の閑暇と知的遊戯に似た些細な論争で、かくも崇高で不可知の対象に迫りうると考え、かつその争いによって彼らの手にゆだねられた民衆を分裂させることを、厳しくとがめている。彼としてはまことにもっともなことである。

皇帝はついで、争いをしずめるための全ローマ司教たちの会議を召集し、はじめアンキュラ(アンカラ)に予定したそれを、西方司教たちの来訪により便利で、かつまだ当時皇帝の居所だったニコメディアからも近いニカイアに変えた。この湖畔の小都市には皇帝の夏の離宮があった。参集した司教たちは二百人から三百人の間と考えられるが、記録は不十分である。東方からの参加の方が当然地理的にいっても圧倒的に多かったが、西方の教皇使節は教会会議では最高の権威を代表していた。皇帝の相談役コルドバのオシウスも西教会の人であるが、大きな発言権を持っていた。

会議は離宮で、皇帝とその家族の臨席のもとに開かれた。おそらく三二五年の六月のことである。小アジアの盛夏は、理論的論争にはつらい時期である。会議はおそらく離宮の、半ば戸外の、陽をさえぎる涼しい場所ででも行われたろうか。湖からの涼しい風が、人びとの額を冷したろうか。詳しい記録は残っていない。いずれにしても、まず教義の問題がとりあげられ、ニコメディアのエウセビウスからアリウス的な信条が提示され、退けられた。ついでカイサリアのエウセビウスによって提示された、パレスチナの洗礼用信経が是認はされたが、そのまま用いられたわけではなかったらしい。しかし少なくとも、これに似たシリア・パレスチナ系の信経を基礎にして、ニカイアの信経がつくられたことは事実らしい。当時すでに多くの地方に、新旧さまざまな信経つまり「信仰の割符(symbolum キリスト教共同体に属するというしるし)」が存在し、その統一は必要なことであった。ニカイアで定められ、「ニカイア信経」と後世呼ばれたこの文章は、カイサリアのバシリウス、アレクサンドリアのアタナシウスらによって保存された。その核心部分は、次のようなものである。

われわれは信ずる、全能の父、すべての見えるものと見えないものの創造主である神を。

また、神の子、われわれの主イエス・キリストを（われわれは信ずる）。すなわち父の実体（*οὐσία*, substantia）からひとり子として生み出された、神からの神、光からの光、まことの神からのまことの神、創られたのではなく生み出された、父と実体を一にするホモウシオス（*ὁμοούσιος*, unius substantiae）なる（キリストを）。彼によって万物は創られた。

彼はわれわれ人間とその救いのために下り来り、受肉し、人となり、苦しみを受け、三日目に復活し、昇天した。彼は栄光と共に来り、生ける者と死せる者を裁くであろう。また聖霊を（われわれは信ずる）。

しかし、神の子の存在しない時があった、とか、生み出される前には彼は存在しなかった、とか、彼は非存在から、または（父と）異なるヒュポスタシス、またはウシア（*ἐξ ἑτέρας ὑποστάσεως ἢ οὐσίας*; ex alia substantia *vel* essentia）から生じた、とか、または彼が変化し、他のものになりうる、とか、語る者を、カトリック教会は排斥する。（傍点筆者。この「または」が後に重大な問題となる。）

この信経は、たぶん六月十九日に決着し、公会議はついで種々な法規の問題を討議して、八月二十五日頃に閉会した。会議の終了を祝って皇帝主催の盛大な宴会があり、各人に贈物が与えられ、誰もこの機会を逃そうとしたものはいなかったと、教会史家エウセビウスは皮肉っぽく語っている。

ここに、何を読みとるべきだろうか。問題となっているのが、子なる神キリストと父なる神の関係であることは一目瞭然である。聖霊への信は申しわけまでに言及されているのみだし、父への言及も極端に少ない。さらに二つの奇異な表現が目をひく。父と子が「実体を一にする(ὁμοούσιος ホモウシオス)」という表現、またアナテマ(異端としての排斥)の部分の「(子が父と)異なるヒュポスタシスまたはウシアからでない」という部分である。これがキリスト教か？　福音書のどこにこんな表現があるのか？

まさにこの点が、公会議でも大きな論争の的となった。聖書的でないヴォキャブラリーを用いるべきではないという主張は当然でもあり、強いものでもあった。このような、まったく聖書的でない一句を、ところもあろうに公会議の決議の、しかも核心部分に用いるということは、ギリシア的異教のキリスト教中核へのとり込みを、教会が公然と承認することを意味するのではないか？　その通りである。しかし、時代はもはやそれを回避できなかった。西方教会とアレクサンドリアが排しようとしたアリウス主義を明確に否定するためには、このような、少なくとも一見一義的な抽象性を持つことばが要請された。アリウスは、子を父より低い神性と考えようとした。そこに働いていたのはオリゲネスを仲介としたギリシア風のネオプラトニズムの思想であり、それを明確に制するには、ふたたびまたギリシアの毒が必要であった。

しかしそれにしても「ホモウシオス」の語は問題が多すぎた。これは初期キリスト教の大きな敵であったグノーシス派でも用いられていた語である。たとえば、二六八年にアンチオキア公会議で罷免されるまでアンチオキアの司教であったサモサタのパウルスも、正統からはげしく攻撃された人物だったが、神と第二の位格「ロゴス」の関係を、「同一の実体をもつ(ホモウシオス)」という語で説明したとされる。彼の説はしかし、イエスをロゴスと区別して被造者とするものだった。この異端者の記憶はまだ新しかったはずである。

さらにこの語はあまりに多義であった。「実体(ウシア)」という古代哲学の中心概念は、いくつもの学派によってさまざまな意味を与えられ、この古代末期の文化爛熟期には、にわかには意味を定めがたい語になっていた。これはいったい具体的な、それ以上分けるとそのものでなくなるようなもの、いわゆる個体を指すのか、それとも質料的基体を指すのか。プラトン的伝統では、大ざっぱに言って、類的なものの方が個別的なものよりも真実在であり、真のウシアと呼ばれる。イデアとか、最高の類と呼ばれるものがそれである。アリストテレスでは、その点はかなり両義的で、ウシアはやはり第一には種的形相、つまり「人そのもの」とか「馬そのもの」であって質料をそなえた個体ではないが、質料や個もウシアと呼ばれる場合もあり、この語の、さまざまな観点から見られた場合の多義性は認められている。事実、種形相は質料を持つ個体のうちにしか実現しないことが語られるから、個がウシアと呼ばれても不思議ではないし、個のうちに見られているそのものの真髄は、アリストテレスの場合、やはり種形相的なものなのだろうから。ストアの真実在はそれに対し、むしろ質料的なもののうちに求められるようである。

これらのうち、どの意味で父と子はホモウシオスなのか？　原理を質料的なものの外に求めないストアは論外としても、もしこの語が個体的な単一者を指すなら、それは定義上分割を許さないから、同時に多であることは不可能である。そういう一性を強調すれば、父と子は、一なる神の単なる様態ということになり、これもまだ記憶に新しいサベリアニズムの異端となる。これは神の一性を重要視する西方的性格を持つ異端だった。ニカイアに集まった司教たちが、この用語にきわめて懐疑的であったのはそれゆえ当然であった。それを押し切らせたのは、やはり皇帝の意志だった。その背後には、神が一であることを強調したがる西方教会の意志を代表するオシウスの力があったことは疑いない。これはまた、段階説をとるアリウスに反対するアレクサンドリア司教の意向にも通じるものがあった。この点では、ローマとアレクサンドリアは手を結ぶことができた。

さらに言えば、政治家コンスタンチヌスには、この語の多義性自体が好ましかったのではないかという推測も成り立つ。多義な語は、対立する諸派をまとめるのに有効である。ただし、彼の思惑はこの点では裏切られた。彼は、ギリシア文化に養われたギリシア語圏ローマ教養人たちの心性を見損なっていたようである。彼らはすでに、概念の多義性や論理の整合性に対して高度な感覚をもっていた。まして、理論的差異に権力と富の差異が結びついてくるときには、その論争は止めがたいものとなる。「ホモウシオス」という曖昧な語と、「ウシアまたはヒュポスタシス」という曖昧な表現で表面を糊塗された平和は、長くは続かなかった。二百年にわたる論争と政争の幕は切って落とされた。

5　パルメニデスの裔

(1)　論争のきっかけ

しかしそもそも、ニカイアに公会議を召集しなければならなかった、コンスタンチヌスに言わせれば瑣末な論争とはどのようなものであり、なぜ起ったのか。

それがそう些細な問題ではなかったことは、公会議が必要であるほど論争が白熱していた事実からもわかるし、公会議をもってしても、その争いはしずまるどころか拍車をかけられたという事実からも明らかである。しかし、理論については素人であるコンスタンチヌスの判断はある意味では正しい。福音にとって、三位一体が何の意味があるというのだろうか。

しかし末期ローマのこの社会と文化の状況においては、この問題は起らざるをえない問題だった。この宗教は、この戦いを戦い抜いて、この宗教の本質の少なくとも重要な一部を、この社会・文化なりのかたちに造りあげ、救いとったのだと思われる。そこで救われ、現われてきたのが「ペルソナ＝個としての個」を基盤に置く思想のかたちである。その過程で福音は大幅に変形し、そのことへの褒貶はヨーロッパの歴史のうちで語り続けられてきている。しかし、これはやはりこの宗教の、その置かれた環境のうちでの、精一杯の自己実現であったように思われる。そこに至る血みどろの努力が、この数世紀の教義論争であった。

キリスト教の悲劇は、あらゆるカテゴリーを否定し、文化のための文化を否定することを眼目とするこの宗教が、高度に精密なスコラ性にまで発達した哲学と、爛熟した芸術・文学・法律・諸学と、それに連なる習俗を持つ古代末期のローマに生まれ、しかもその国教になってしまったというところにある。学問と文化を否定するこの宗教は、自己を主張するためには一つの精密な思想体系に成らねばならず、あらゆる諸学芸と制度を、自分のうちに包摂しなければならなかった。これは見方によっては大きな皮肉である。しかし、別の見方をすれば、当時の古代の文化とそのうちに生きる人びとが、そのような根本的な文化の造り変えを要求していた、という説明も成り立つ。

キリスト教がこの数世紀の混迷を経て到達した結論を思想の面で見れば、それは概念を超えるものを基礎とする壮麗な概念体系であった。このような構造の基礎は、すでにプラトニズム・ピタゴレアニズムの哲学が置いていたが、カテゴリーと超カテゴリーの緊張関係は、キリスト教の体系の中では、当然ながら古代的体系のうちでよりは大きなものとなった。しかし、キリスト教思想ないし文化の長く続いた活力は、まさにこの緊張関係から生じているように思われる。

またこのような体系が、この(キリスト教文化圏という)宗教・文化複合体の最終結論でもなかったし、ないだろうことは歴史が示している。私たちの世代まで、まだある痕跡をとどめているこの複合体の文化は、この後どのようなかたちを示していくのだろうか。

教義論争時代のすべての争いは、「イエス・キリストとはなにものか」というただ一つの問いをめぐっている。四つの大きな公会議も、それをはさんだ数百年の論争も。イエス・キリストという、この宗教の要であり創始者である存在の(いわば)身分については、当時すでに多くの解釈、多くの争いがあった。父・子・聖霊という三者のうち、聖霊は古く(おそらく使徒時代に近く)から、いつも洗礼の典礼その他で父・子と並び称されてはいたが、その「身分」は子なる神のそれよりもさらに曖昧であり、それが概念として明らかにされてゆくのはニカイア以後もきわめて徐々にである。

福音書記者の記述は、イエスが何者であるかについてまだ大ざっぱで曖昧である。イエスが奇蹟を起す力を持つ例外的な存在であることを強調し、あるいは復活を語り、高く挙げられて天の父の右に座し、審判のときに再来する等々の神格性をうかがわせる記述はある。しかし、イエスをはっきり神とは語っていない。「天なる父」という言い方で、「神の子」という言い方はあるが、とくに術語的な意味をもっているわけではもちろんない。パウロは、「神のひとり子」という表現を好んで用い、彼の理論の中心である贖罪の教え、人を救う神の愛を、「自分のひとり子をも犠牲にして人類を救う」というかたちで説いたが、しかしここでも、「ひとり子」が神であるのか神以外のものなのか、両者の関係がどういうものかという、思弁的・形而上学的関心は欠けている。

(2) パルメニデスの裔

まさにその思弁的・形而上学的関心こそ、ヘレニズム東方(ギリシア語圏)世界のものであった。そして奇妙にも(というより、これは福音記者たち、とくにヨハネ伝の作者とか、使徒たち、とくにパウロなどが、すでに色濃いヘレニズム文化の土壌の中で育っていることを思えば、当然にもと言うべきなのだろう)、キリストが何者であるかの問題、その父なる神との関係の問題は、紀元前六世紀のミレトス学派以来のギリシア古代哲学の中心問題と同質なものだった。

ちなみに「受肉」という、きわめて特殊にキリスト教的と考えられる概念さえも、ピタゴラス・プラトン的な伝統ではごく普通に現われてくるものである。ただ、そのあり方と意味はもとより異なる。ピタゴラス・プラトン的伝統での受肉は、いわば再受肉(re-incarnation)で、輪廻転生する魂が、ある肉体の死に遭って、次の肉体にはいることを指すことが多い。しかしそれにもかかわらず、その考えの構造は、肉体と異なる魂が肉体をまとうというもので、肉体と異なる精神的存在＝ロゴスが、肉体をまとうという、ヨハネによる福音書の説明と、共通のものを持つ。

神とキリストの関係の問題は、イエス自身の問題ではけっしてなかったが、すでに福音記者や使徒たちにとっては問題であった。それは、古代哲学が現象の根底に見いだそうとした一なる原理と、現象の多との間の関係への問いと同質の面を持つ。感覚に触れてくる多のうちに一を求めるのは、人間理性の本能とでも言うべきものだろう。それによって世界の多様な存在や出来事の理解は容易になり、人間が世界に対処する道が開ける。もしも一化する理性の働きがなかったら、人はけっしてくりかえすことのない世界の出来事の多様な細部のうちで途方にくれるだけだろう。そして己れの見ている多様な細部を、他の人の見ているものとつき合わせるすべを知らず、したがって互いに了解するすべも、共に生きるすべも知らなかったろう。しかし、だからといって、理性を神化するのも大きなあやまりである。理性は硬化を呼び、概括化を、カテゴリー化を呼び、死を呼ぶこともある。古代の理性が一を求めつつ、その末期にはネオプラトニズムのように、究極者として見いだした一を、理性とまったく別なもの、理性をはるかに超えるものとして置いてしまったのは、その意味で正しいことだったと思う。

理性の追求は、神話の神々の間に主神ができ、さまざまな神々がゼウスと遠近さまざまな関係を持つという神話体系ができるところに、すでにその大きな一歩がある。ヘシオドスの『神統記』はそのかなり整ったかたちを示している。「水」や「空気」に万物の一なる原理を見いだしたミレトス学派のあとに、いわばより真実なる「一」として「存在」を語り出したパルメニデスは、あらゆる「多」と差異を非存在として否定するという極端にまで「一」の論理をおしすすめることになった。人間理性の基本的指向の長所と問題点を、パルメニデスほど端的に示した人はなかった。あらゆる経験、あらゆる常識を、「あるはある、したがってそれでないものはあらぬ」の同一・矛盾律の鉄鎖によって縛り、それらの存在することを否定してしまうパルメニデスの冷徹な、あるいは熱烈な、論理は現在に至るまでヨーロッパの原体験、根源的ショックとも言うべきものだろう。

「何故ならこのこと、つまりあらぬものがあるということはけっして証明されえないから。あなたは探究のこの道からは考えを遠ざけねばならない。そして多くの経験に由来する慣習によって、あなたがこのような道に沿い、目当てなき眼、耳なりする耳、また舌を働かせるように強いられてはならない。むしろ理性(ロゴス)によって、私の語る論議を豊かにかもす論理を判断し決定しなさい[11]」。

この明晰な鏡に照らしては、あらゆる思弁、あらゆる体系形成は色を失う。実は一という数さえも、そこでは意味を失う。

三位一体論の問題は、原理が一か多かという問題であるかぎり、やはりパルメニデスによって尖鋭化された思考の歩みに結びつくと言えるだろう。しかし、「ただ〈ある〉があるのみ、他にはなにもない」という、論理的にこの上なく正当なパルメニデスの議論の前では、すでに一さえも問題ではない。まして原理の多性はおろか、あらゆる現実の多様、多であり変化する存在の世界は、すべて「非存在」として消え失せる。

ここで同等に厳格に「ことば・論理(ロゴス)の法則」を至上のものとしながら、しかしたしかに私たちの生と思考をも成り立たせている「多」の存在性をどうやって救うか、これがプラトンの問題であった。対話篇『ソピステース』で、プラトンは「非有の有」が可能かという問題にとりくむ。これはつまりパルメニデスの論理でいう非存在、すなわちこの生成する多様な世界が、それでもやはり論理的にも存在性を持つだろうかという問いである。パルメニデスが、「ある」の否定は端的に「あらぬ」だとして、「存在」以外のあらゆること、あらゆるものを否定し去ったのに対し、『ソピステース』は、否定には二種あることを指摘する。「ある」の否定は、端的な「ない」、つまり非存在のほかに、「それであらぬ」もの、つまり「異」を許すだろう。これは後に、カントが無限判断という名で、端的な否定判断から区別したものである。ひとたびこの第二の否定が認められると、あらゆる差異と多の世界が論理的に許されることになる。

しかし、「多」の論理的可能性が保証されても、「一」と「多」の関係の問題は残る。プラトンの『パルメニデース』は、パルメニデスをしてこの問題を扱わせている難解な対話篇であるが、「一」の諸相を考え、多への通路を導き出すヒントとして、後のプラトニストたちに用いられた。しかし、『ソピステース』で扱われた多なるイデアの間のいわば論理的関係のほかに、イデアと感覚的事物の間の一‐多関係もある。『ティマイオス』の「ありそうな言論」をまじめに受けとるならば、造物主(デミウルゴス)とイデア世界との、創造者と造られる宇宙諸物との関係もある。アリストテレスも含めて、プラトン以後の哲学者たちの基本問題の一つは、原理と世界とのこの問題だった。プラトンもアリストテレスも、一元論の体系を立てはしなかった。しかし彼らの後継者たちは、次第に彼らの学説の諸要素を、多を含み持つ一元論へと仕立てていった。キリスト教の教義が問題となった「教義論争」の時代以前に、すでに現象のすべてのうちに「一なる善」を見る視線がとぎすまされてきていた——もとよりそれで説明しきれない悪や偶然や混沌を、もう一つの原理として置こうとする方向もつねにそれと対立してはいたけれど。一からすべてを説明しようとするとき、その原理と世界の間には、種々の中間者、第二原理、第三原理等々が置かれ、またそれらの間の関係が説明されてくる。「因果」であったり、「分有」であったり、「能動と潜勢」であったり、「流出と還帰」であったり。キリスト教の「三位一体」と「創造と救済」も、そうした一なる原理と多なる私たちの世界との関わりの説明の一ヴァリエーションに過ぎない。問題意識は同一であり、解決の手段も部分的には共通のものが多く用いられている。これらの教理は、ヘレニズム世界の共通の試みの一形態という性格を色濃く持っている。したがってキリスト教教理の特異性は、大きなヘラスの共通枠の中の特異性だと見ることができるだろう。古いヘラスの人びとは、実にさまざまな仕方で多のうちに、または多を超えて、一を求めた。ミレトス学派の一なる諸原理、パルメニデスの一なる存在、それにピタゴラスの一、プラトンの神、アリストテレスの不動の動者、ストアの宇宙的一元論。それらが対立し合い、影響し合いながら、ヘレニズム期の「一」を形成し、中世のキリスト教の一元論へと変わってゆく。しかし二元論の持つ説得力もあなどりがたいものであり、キリスト教に対しても、種々のグノーシス主義のかたちで異議をとなえ続け、キリスト教思想家たちを悩ませ続けた。プラトン、アリストテレスは、こういう大ざっぱな切り方から言えば二元論的な色彩が濃いと言えるだろうし、プロチヌスの一元論的に見える存在階層論にも、かすかに二元の影はある。

アリストテレスが伝えているプラトンの書かれざる教説は[12]、万物が、形相の原理をなす「一」と、不定の「二」とから成るというもので、これがごく大ざっぱに言えば、アリストテレスの体系を組み立てている「能動‐潜勢」「形相‐質料」のペアーに対応し、またもとを遡ればピタゴラス的起源のものであろうことは疑えない。

作品の残っているパルメニデスと違って、さまざまな伝承の錯綜するピタゴラス派の思想を要約することは難しい。しかし、ユダヤ教的・キリスト教的思弁の支えとなる

「一の体系」への強いインパクトは、一と多をつなぎ合わせる鎖の一本は、隠然たる力を西洋思想史に及ぼし続けているこの学派からきているに違いない。それはヘレニズム期の「一の体系」の代表であるネオプラトニズムの祖プロチヌスについて、ネオピタゴラス派のさまざまな影響が語られることからもわかる。

いろいろ議論はあるが、古ピタゴラス派自体はおそらく限と無限の二元論だったろう、と多くの哲学史家は語っている。しかし、物が数によって構成される、または物が数である、と語り、数の原理として「一」を置く以上、限と無限の、つまり一と二の上に、両者を超える第一の一を置いて、ピタゴラス派の考えを一元的に形づくる可能性はあったはずである。事実ヘレニズム期のネオピタゴラス派に至って、その可能性は現実化していった。これはパルメニデス風の明々白々たる一元論よりは、ニュアンスに富む一元論のもととなったように思われる。プラトンにもプロチヌスにも、その「一」の重視のうちに、この二つの一元論がないまぜになっているように思われる。

パルメニデスの「存在」は、理性の可知性によって定義されている。そこには否定神学的な超越性のはいり込む余地はない。しかし、古いピタゴラス派では、すべての原理としての超越的な「一」と、数の単位である「一」との区別がもともとあったとも考えられている。少なくとも、紀元後一世紀以降のネオピタゴラス派(ガデスのモデラトゥス、ゲラサのニコマクスら)では、幾何学における大きさのない点に比べられる「一」

の、語りがたい超越性が強調されてくる。これは、極限であるゆえにそれ自体の大きさも性質も持たず、しかし極限としてすべてを支えるものである。ネオピタゴラス派の人びとはそこに、世界を超越しつつ世界を支える、否定的にしか語りえず、認識できない原理の象徴を見ていた。否定神学と幾何学・数論は、密接に結びついていた。

アリストテレスの伝える古ピタゴラス派の、限界(固体にとっての面、面にとっての線、線にとっての点)こそが、その内部の揺れ、逃れる動きをとどめるものであり、したがって限界こそが、実体だという考えは[13]、プラトン、アリストテレスのイデア・エイドス・実体の説や、アリストテレスの原因系列の第一項についての考えに通じ、さらにネオプラトニズムの、超越であり始元である「一」とも通じる。この一元論的なピタゴラス的・プラトニズム的体系ではじめて、かっきりした理性の対象でないもの、その意味で「普遍」ではないものが、存在的・価値的に優位に立つことが、理性的に確立される。個の個性、隣人の核心をなすもの、などもそういった種類のものであるから、隣人愛を説くキリスト教とこの思想が結びつくことになっていくのは、理由あることだった。

プラトンの対話篇『パルメニデース』の第二部は、その難解さで知られている。「一」を主題にして、複数の相反する結論を「一」について導き出してくるそのやり方は、単なる論理の練習とも、あるいはまじめな存在論への示唆とも読むことができる。プロチヌスを始祖とするネオプラトニズムの人びとはそこに、原理なる一のさまざまな様相を見てとり、彼らの階層的な一元論の基礎をここに求めた。「プラトン対話篇のパルメニデスがもっと(歴史上のパルメニデスよりも)厳密な論理を用いて、第一の一者を正当な意味の一、第二の一者を多なる一、第三の一者を一にしてまた多なるものというふうに言い、これらを互いに区別しているのである」[14]とプロチヌスは言う。プロチヌスはここに彼の体系の中心である三つのヒュポスタシスを認めている。そしてこの「三つの一」、これとキリスト教の三位一体との距離はわずかなものであった。

この対話篇はすべてのネオプラトニストによって尊重されている。[15]しかし、このような、自己自身でしかない「一」、したがって否定の道によってしか考えられず、語られない超越的な「一」と、いわば自己以外のものとなる「一」との区別は、プロチヌスも認めているように歴史上のパルメニデスのものではないだろう。このような、二つないし三つの一と、そこから全世界を導き出す一元論の体系とは、ピタゴラス、パルメニデス、プラトン、アリストテレスなどに見られる諸要素を綜合しながら、プラトンの後継者の間に次第に形成されてきたものである。アリストテレスは、プラトンのあとをついでアカデメイアの学頭になったスペウシッポスが、「一から出発して、これから多くの実体を導き出し」たと記している。[16]スペウシッポスの「一」が、はたして超越的一かどうかは議論があるが、アリストテレスの「神」である「不動の動者」にもそのおもかげは濃い。それは、不動であるゆえに動である系列のすべてのメンバーとは異質であり、しかも線を支える点のように、系列のメンバーすべてを支え、それらをそれらたらしめている。作品がよく保存されている三世紀のプロチヌスに至るまでの、この派出的一元論の歴史をたどることはかなり難しい。資料が断片的にしか残っておらず、各学者各様の解釈が可能だからである。しかし、紀元前一世紀頃に一種のピタゴラス・ルネサンスがあったことはたしかなようである。中期プラトニズムの研究者ディロンは、アレクサンドリアのエウドルス(おそらく紀元前一世紀後半)を一元論を体系化した新しいピタゴラス主義の創始者とみなし、プロチヌス体系の先駆とふつう考えられている中期プラトニスト、アルビヌス(紀元一五〇年前後)への影響を語る。ディロンはさらに、ユダヤ教とプラトニズムとの綜合をなしとげたアレクサンドリアのフィロン(紀元前二〇—後五〇年頃)のみならず、ネオプラトニズムの聖書ともいうべき役割を後に持った『カルデア神託』(紀元一七〇年前後の成立)へも、エウドルスが大きな影響を及ぼしているという。

他方、フィロンの研究者ウォルフソンは、フィロンのアルビヌスおよびプロチヌスへの影響を語り、ケンブリッジ哲学史のメルランは一世紀のネオピタゴラス派モデラトゥスの、中期プラトニスト、プルタルクスへの影響、彼の次世代だが傾向は異なるとされるアルビヌスのプロチヌスとの強い相似性などを語る。ところがレオーネンなどは、アルビヌスとプロチヌスの相似性を否定し、むしろプルタルクスとアルビヌスが、古ピタゴラスを受けつぐ二元論的なプラトン解釈という点で一致すると語る。また二世紀のネオピタゴラス派、アパメアのヌメニウスの、プロチヌスへの影響は、直弟子ポルフュリウスによって証言されており(ポルフュリウスは、プロチヌスがヌメニウスを学んだのみならず、ヌメニウスの説の剽窃者と非難されたことを伝えている)、万人の認めるところだが、そのヌメニウスについても、『カルデア神託』に影響されたのか、[17] むしろそれに影響を与えたのかという諸説があるし、[18] プロチヌスへの影響の性質・強さについてもさまざまな意見がある。

ここで浮かび上がってくるのは、あるおぼろげな道筋のみである。この間にたしかに「一」は分裂し、超越的最高神と、より世界に近く世界創造にかかわるような神との二重性が生じる。または第二の原理が二分して、秩序づけるヌース(知性)と秩序を受けとり世界を造る宇宙霊魂のようなかたちになって(アルビヌス、ヌメニウス)三分を思わせる。最高の原理が、ただ否定によってしか語られない超越者であることは共通である。その最高原理の超越性の支えとしてはプラトンの善のイデア、『パルメニデース』で語られる「一」、ピタゴラスの点＝一、またユダヤ教を主とする種々の東方宗教が考えられる。最後のものについては、フィロンやヌメニウスでは明らかである。またプロチヌスの直接の師であったアムモニウス・サッカスについても学者たちによってインド人説があり、したがってウパニシャドの影響がまじめに議論されているが、あまりに資料が少なすぎる。ただ、ウパニシャド「梵我一如」説とプロチヌスのある面とはたしかによく似ているし、このあたりの思想に拭いきれないヘレニズム的・東方宗教的な匂いがあることだけはたしかである。ピタゴラス自身にしても(紀元前六世紀)、そのインド、ペルシア、さらには中国宗教との相似性が見逃しがたいものとして哲学史家から指摘されている。東と西の距離は、それほど遠いものではなかった。

注目すべきはしかし、パルメニデスの裔にあっては、神秘的・超絶的でときには混沌をうちにはらむ思想を構築するときでさえ、論理的明晰と論議の厳密さへの要求が、けっして捨て去られることはないということである。真実へ至る道としてのことばと、その意味と法則の細かな吟味が、この種族を特徴づける。そこには、「理性のみ」というパルメニデスのスローガンが響き続けている。しかし、パルメニデスの知は、けっしてロゴスから離れるものではなかった。理性的真実の知は、物質的感覚的知に対して神的なものとして区別され、まぶしいばかりの光をあてられてはきたが、その後ヘレニズム期に登場してきた不可知・不可言の超越的原理に比べては、まだことばを捨てず、ことばを信じる。そのかぎりでの堅い現実性を持っている。それに反し、一見より精密に論理的に見え、たしかにことばよりは普遍的な、幾何学的表象や数を、真実と現実への近づきのために用いるピタゴラス派の方法の方が、むしろ語りがたい超越と神秘的合一の表現に適していたということは、きわめて興味深いことである。数や空間直観は、思考にとって、言語よりも精緻な道具なのか、それともより曖昧な直観なのか？　一つたしかなことは、原初のピタゴラス派にさえあったと考えられる極限や収斂という動的表象を、言語で表現するのは難しいということだろう。

第二の原理は、これらの流れの中でほぼ等しく知性的なものとされている(ヌース)。これは現実に秩序があり、ロゴス的性格を持つものだという、人をして、学と芸術を求めさせる基本的信念の表現である。ときに第一の原理もヌースと呼ばれ、その神＝ヌースが二分されてきたりする(中期プラトニスト、アルビヌスや、ヌメニウスら)が、ここには多分プラトンの、とくに『ピレボス』の影が濃いだろう。『ピレボス』は世界を生み、作動させる「原因の種族」を知性的なものと呼んでいる。また、『ノモイ』の第十巻はそれを魂とも呼んでいる。アリストテレスの神、「思惟の思惟」はこの線に連なる。存在の階層が、知的働きの種類の階層としばしば対応させられてくるのも、この辺りの思想に共通である(神秘的合一→知的直観→論議的理性→感覚という階層)。

これらの流れを集成したプロチヌスは、アリストテレスの自己を直視する神、「思惟の思惟」のうちにわずかにまだ残る主観‐客観の二性をも第一原理にはふさわしくないとして、第一原理をヌースを超える「一」であり「善」であると置いた。他の中期プラトニストやヌメニウスにはまだあった、第一、第二、第三原理の「働き」における一体性と、それによるそれらの存在の一体性の考えは、プロチヌスでは、より明瞭な三者の独立性に場をゆずる。第二原理ヌースからも、物質世界創造への直接の関わりは切り離され、第三原理である宇宙霊魂にわたされる。三つの「ヒュポスタシス」が、緊密に結びつきながらも、より明瞭に区別され、「助力」や「よび醒まし」や「能動化」という諸原理間の一体的関係に代わって、「流出（πρόοδος, emanatio）」と「還帰（ἐπιστροφή, reductio）」という、より明瞭に段階的・従属的な説明が登場する。第一原理は同時に目的因でもあり、作動因でもある「善なる一」である。これはプラトンの言うように、「存在の彼方なるもの」である。しかし、死んだ空虚という意味の無ではなく、あらゆる存在の源泉、万物を生み出す充溢そのもので、それゆえにあらゆる限定を持たない無なのである。

「存在」は、第二原理のもとで、ヌースの知る働きの対象として、はじめて姿を現わしてくる。自己自身を考えるヌースの、自己に対して考えうるかぎり最小の「異なり」「二性」を持つ対象である。このヌースのうちにしかし、あらゆる多性の萌芽、プラトンが最高類と語る複数のイデアも置き入れられてくる。イデア界を神の思惟のうちに置くという、後のキリスト教の共通トポスは、すでにおそらくエウドルスに、そしてたしかにアレクサンドリアのフィロンとアルビヌスにあり、プロチヌスにも受けつがれている。このヌースと有と諸イデアの関係は、多くの学者が指摘するように、ミレトスからストアに至る古い内在的モニズムの語り方を受けついで、「すべてがすべてであり」全体が部分であり、部分が全体であると語られる。これは浸透的であり、しかも明晰に区別もされる、独特の関係である。一と多の相互浸透とも言うべき、このネオプラトニズムに独自の「混合」形態については、後に詳しく触れることになるだろうが、これはイデア間、イデアとヌースの水平関係ばかりでなく、諸原理の縦の関係をも支配する、プロチヌスの知性界に特有なあり方である。E・R・ドッズはこの源泉をヌメニウスに見、ピエール・アドは、ミレトスからストアを経て受けつがれたものに連なるとする。

いずれにしても、この第一・第二原理にはすでに「生命・知・有」という三つのものの一種の従属的三位一体がある。「一者・ヌース・宇宙霊魂」の三をはじめ、さまざまなかたちでこのような三一性はプロチヌスの体系を貫き、彼以後のネオプラトニズムの諸体系をも貫く。ケンブリッジ哲学史のA・C・ロイドは、「プロチヌスの後継者たちは、空しく、またたしかめようもないやり方で三一性を繰り返すことに熱中しているように見えた」と言っている。(19)

プラトンの『ティマイオス』にも、「同・異・有」という三つのモデルがあり、プロチヌスの前述の「生・知・有」、『カルデア神託』の「父・父の力・父の知」という三。これらを結びつけたポルフュリウスのさまざまな三。また発出・流出のプロセスを語る「留まり・発出・還帰」の三、「浄化・照明・完成」の三。あらゆる分野、あらゆるレベルで「一なる三」、「三なる一」は語られている。ただ、その三の相互の関わりが、密接さを持ちながらも、独立性を増していったことは上に述べた通りである。

6　旧約伝統のヘラス化

さきに触れたように、ユダヤ教もヘレニズム世界のうちで、己れの信ずる一なる創造神を、ギリシア的な「一の体系」と融合させていった。この二つの世界観の接触の痕跡は、旧約聖書自身の中に、とくに知恵文学と言われるジャンルのうちに、すでに見てとれる。そこには知恵(ソフィア)、またはロゴスと呼ばれるいわば「第二の一」がいきいきした姿を示してきている。それはほとんど人格的に語り、働き、呼びかけ、悲しむ。

ユダヤ民族の「離散《ディアスポラ》」は一三五年のエルサレム陥落によって決定的なものとなったが、ヘレニズム化はそれ以前のセレウコス王朝支配下で強力に進められ、イスラエルの伝統を守ろうとする反乱がマカベア戦争というかたちをとっていた。ギリシア語圏に住みついて久しいユダヤ人たちも多く、彼らはすでにギリシア語を自分の言語とし、財産や社会的地位をも持ち、ギリシア学の伝統も受けついでいた。彼らのために紀元前三世紀から二世紀にかけて、多分アレクサンドリアでつくられた旧約聖書のギリシア語訳『七十人訳聖書』の訳語の選択を見ると、旧約のヘレニズム化がすでにありありと見てとれる。表現はしばしば抽象化し、普遍化する。「神の手」は「神の力」となり、「楯」は「助け」となり、「われらの神のほかに、誰が岩であるか」というサムエル記下の一文は、「誰が創造者であるか」に変わる。この時代のアレクサンドリアで、はじめてギリシア語で書かれた『ソロモンの知恵の書』は知恵文学の傑作である。ヴルガタ（ラテン語訳聖書）にとり入れられてラテン・ヨーロッパ中世に大きな影響を与えたが、近世では旧約外典となっている。これらは、プラトニズムとイスラエルの独特の混合を示している。

「知恵が呼びかけ、英知が声をあげているではないか。高い所に登り、道のほとり、四つ角に立ち、城門の傍ら、町の入り口、城門の通路で呼ばわっている。「……主は、その道の初めにわたしを造られた。いにしえの御業になお、先立って。永遠の昔、わたしは祝別されていた。太初、大地に先立って。わたしは生み出されていた、深淵も水のみなぎる源も、まだ存在しないとき。山々の基も据えられてはおらず、丘もなかったが、わたしは生み出されていた。……わたしはそこにいた、主が天をその位置に備え、深淵の面に輪を描いて境界とされたとき、主が上から雲に力を持たせ、深淵の源に勢いを与えられたとき。……わたしを見いだすものは命を見いだし、主に喜び迎えていただくことができる。わたしを見失うものは魂をそこなう。わたしを憎むものは死を愛する者」」（箴言八章1―36節）。

「宇宙の秩序、元素の働きを私は知り、時の初めと終りと中間と、天体の働きと季節の移り変わり、……隠れたことも、あらわなことも私は知った。万物の制作者、知恵に教えられたからである。知恵には、理知に富む聖なる霊がある。この霊は単一で、多様で、軽妙な霊……この霊は、ほかの理知的で、純粋で、軽妙なすべての霊に浸透する。……知恵は永遠の光の反映、神の働きを映す曇りない鏡、神の善の姿である」(ソロモンの知恵の書七章17―26節)。ここにはプロチヌスの第二原理の姿がすでに見えている。「あなたは言《ことば》(ロゴス)によってすべてを造り、知恵によって人を形づくられました。……知恵はあなたと共にいて御業を知り、世界をお造りになったとき、そこにいました」(ソロモンの知恵の書九章9節)。

　このロゴスはとくに創造の原理の性格を持ち、この点はっきりとプラトニズムの第二の一の役割を持っている。しかしそれのみならず、歴史を動かし、人びとを誡め、罰し、救済する。この点はグノーシスの中間原理とも似ているし、キリスト教のキリストとも似ている。本来、創造原理などと何の関係もなかったナザレ人イエスが、すでにヨハネによる福音書では、「原初に神と共にあった言(ロゴス)」(ヨハネ一章1節)と同一視されるに至っている。このロゴスをヨハネによる福音書の作者は、「言(ロゴス)は神であった」(ヨハネ一章1節)と言うが、その二者の関係については詳しく語らない。ただ、受肉してイエスとなったのが、このロゴスであることだけは明言されている。「言は肉となって、わたしたちの間に宿られた」(ヨハネ一章14節)。

　このような言(ロゴス)について、おそらくヨハネよりわずか以前、彼やイエスやパウロと同時代・同民族の人が、詳しい理論をつくっていた。先に短かく触れたアレクサンドリア在住のフィロンである。彼はすでにこの地で地位と財産を築いていた富裕なユダヤ人階級の出で、『七十人訳聖書』は彼の思索の重要な基礎であった。純粋にキリスト教的思想である受肉は別として、それ以外のキリスト教哲学体系の骨組みは彼によって与えられ、細部はネオプラトニズムによってみがきがかけられたと言ってもよいだろう。ネオプラトニズムの創始者と称されるプロチヌスは、フィロンから二百年ほど後に、同じアレクサンドリアで学んだ人物である。両者の間に影響関係のようなものがあったかどうかについては、諸説あるが資料はない。しかし、同じ地で学んだ両者の間に、共通の思想的環境、風土、伝統があったとしても不思議ではない。プロチヌスの体系のかたちは、ギリシア哲学と旧約の神を結びつけたフィロンの体系にいかにもよく似ている。

フィロンは敬虔なユダヤ人として、創造者である神が被造の世界をはるかに超越していることを、プロチヌスを思わせる、またはウパニシャドを思わせる否定の連なりで語る。「地でも、海でも、川でも……天でも全世界でも、ない」「唯一の被造ならざるもの」[20]。「被造でないかのものは被造の何ものにも似ず、それらを超越しているので、もっとも透徹した知性さえも彼を知ることからは遠く、自らの無力を告白せざるをえない」[21]。それは時空を超えるのはもとより、イデア界・英知界をも超え、「形相なきもの」「闇」であり、その本質において存在そのものなる神である[22]。したがってそれは形相なきゆえに当然定義はできず、名づけられさえしない絶対に単純なものであり、信仰による闇のうちの歩みによってのみ人はそれにかかわりうる。ただし、神の万有に満ちる力、存在、善は認識されうる。善なるがゆえに、それは自ら変ずることなく世界を無から創造し、彼のロゴスをそこに刻印する。神の力が世界に遍在し、かつ世界を超越するように、フィロンにあってはロゴスもその遍在と超越の相を示している。諸イデアのイデア、父の第一の子、創造の範型、仲介者、人間理性の原形である神の思考——ここにはすでに明らかに後のプロチヌスの第二原理やヨハネによる福音書やパウロのロゴスが姿を見せ、後のキリスト教哲学体系の構造が見える。

7 パルメニデスに背くもの

(1) アリウスとアタナシウス

キリスト教思想は大まかに言って以上のような背景の上に成長した。アレクサンドリアはその際にも大きな役割を果たした土地であり、もともと国際貿易都市の富と、ローマの穀倉と言われた豊かな農産物の富を基礎として強大だったこの町の力と権威は、ニカイア公会議での勝利によって、ローマ帝国諸属州のうちで精神的にもますます大きなものとなっていった。これに先立つこと百年ほど、三世紀のはじめ頃、古代ギリシア教父の中でも最大の人とされ、キリスト教と古代の遺産を結びつける上でもっとも基本的な一歩を進めたオリゲネスは、同じアレクサンドリアで、プロチヌスと同じ師についていたとも言われる。フィロンから二百年ほど後のことである。二人の共通の師とされるのは、アンモニウス・サッカスという、先にも言及した謎めいた人物である。オリゲネスはプロチヌスより年長でいわば兄弟子であるから、この説が正しいとしても、プロチヌスの彼への影響を語ることはできない。しかし、フィロン、オリゲネス、プロチヌスのそれぞれが異なる宗教を奉じ、異なる理論を立てながらも、よく似た構造をその理論に持っているのを見ると、この時代、この都市での教養が、さまざまな信仰の人びとに、共通のあるプラトニズム的な思考枠を与えていることがよくわかる。また逆に、その共通枠を通じて、それぞれの宗教性自体の間にもある近づきと相似性が生じたとしても不思議ではない。

ただし、フィロンとオリゲネスに共通の、アレゴリカルな聖典解釈の方法はプロチヌスにはない。プロチヌスの直弟子ポルフュリウスによっては尊崇され、以後ネオプラトニストたちの「聖典」であった『カルデアの神託』についても、プロチヌスだけは言及していない。しかし、超越的一者を完成とし原因とする下位のものの一者への何らかの依存、何らかの仕方でのそれからの派生、一者の善性により、意志により、または充溢により、結果として生ずる世界の生成、その生成における第二の原理の重要性、その原理の知性的性格、イデア界の第二原理への内含、等々の構造は共通である。

アレクサンドリアから北方、海岸沿いに千キロほど、シリア北部のアンチオキアは、アレクサンドリアと並ぶ豊かな古代都市であり、大司教座であったが、ペリパトス学派（アリストテレス学派）の影響が強かった。アレクサンドリアで力があったプラトニズムの超越的思弁と湧き出るアレゴリーの靄に対し、アンチオキアは、聖典の文字に従っての解釈と、乾いた理性で対抗した。もとよりオリゲネスの影響自体は、東方全域を何らかのかたちで覆ってはいたが。

アリウスはアンチオキアの人である。禁欲と、聖書の厳格な文字的解釈と、乾いた理性との風土で教育され、厳しい風貌ではあったが都雅な作法を持ち、その清廉により人びとの尊敬を集めていた。彼は「一なる神」を堅持し、第二原理ロゴスを神から厳しく区別する伝統を受けついだ。アリウスで残っているのは体系的著作ではなく書簡だけであるが、それから察するに、彼はキリストの人間性を強調するアンチオキア的・聖書的方向に忠実であった。彼の少し前にはサモサタのパウルスが、その傾向の過剰さによってアンチオキア司教職を免ぜられている。アリウスの直接の師ルキアヌスも、その線に沿い、いささか正統とは距離を保っていた。この人間性の強調は、当然アレクサンドリア風・ネオプラトニズム風の、第二の神ロゴスとしてのキリスト論と対立する面を持つが、後のラテン的正統キリスト教の、キリストに「全き人」を見ようとするモチーフとはつながるものがあった。しかし、全く神・全く人であれという正統キリスト論の要請の、アレクサンドリアは一面を、アンチオキアは他の一面をかなえるのみであった。

アリウスは神の単一性・単純性を主張し、ロゴス・子・知恵などと呼ばれる第二のもの、単一原理からの派生者を、第一の神から鋭く切りはなす。しかも、第一の神はユダヤ・キリスト教的に、またギリシア的な一の体系でもそうであるように、世界を創造する神である。そのとき、理の当然としてロゴス・子は被造者となる。アリウスの説の骨格は明快で合理的である。

明快で合理的——これは、この教義論争時代の高名な異端説に共通の特徴である。アリウス、アポリナリス、のちのネストリウスなど。彼らはしばしば、古代末期哲学ネオプラトニズムのいささか晦渋で神秘的な体系よりも明快である。アリストテレス的な存在の分析や論理の理解に長け、その明晰さで信仰を解析し表現する人びとが多い。ではなぜ彼らは異端なのか。彼らに欠けているとみなされたのは何か。

おそらくそれは、神ではなく、神になるべき本性をもってもいない、現にあるがままの人間の幸い(救い)への強烈な愛と関心ではあるまいか。「還帰」と「神化」と「完成」を人間にとって本性上可能と考え、めざす、ネオプラトニズム系‐東方ギリシア語系キリスト教の思想に対し、あるいはアンチオキアの醒めた合理性に対し、後に西方ラテン系キリスト教の中核をなすのがこの思考の激しさである。

正統の大立者となったアタナシウスは、ニカイアでのアレクサンドリア司教アレクサンダーの職を公会議の三年後(三二八年)についだ。彼を哲学者として、あるいは体系家として称える人はいない。その意味で彼は東方にとっては非典型的な人である。古いドイツの教義史家ローフスなどは、アタナシウスの思想の西方的性格を、追放によって長くガリアに住んでいたからだとする。あるいは、そういうこともあるかもしれない。いずれにもせよ彼の主要作品である四つの弁論に溢れているのは、「罪ある」不完全な人間の現実を救う神への、パウロ的な、ゆるぎのない信仰である。

そのとき、贖罪のために自らを贈る神は、神自身を贈るのでなければならない。さもなければ、かほどに大きな人間の不完全性、罪、は消え去りはしないだろう。ここに、厳格な三位一体説、ニカイア的な「同一実体(ホモウシオス)説」の、ゆずりがたい宗教的根拠があった。

しかし、もし三位が、さしあたり父と子が、本当に一であるなら、これはパルメニデスの明快な論理の基本、自同律と矛盾律に真向から背反するのではないか。

何らかの意味での、最高原理の三位一体性は、古代哲学のこの段階でけっして珍しくなく、むしろ共通トポスとも言うべきであることは先に述べた。しかし、それは古代哲学が、原理の一性と世界の多様をどのように説明し、結びつけるかという、数世紀にわたる理論の努力の末に到達したものだった。この三性は、けっして単に同等な三性ではなく、明らかに段階性と従属性を持ち、またその三の間の密接な関係は、活動における一性、さまざまなかたちでの助力、意志、エネルギー、流出など、苦心と工夫を凝らして考えられたものだった。しかし、キリスト教正統の議論は、それらを一切無視して、単純に、端的に、異なるものが一でなければならないと語る。

この傾向は実は、教義論争時代の「正統」を形づくる基本的な性格である。三位一体論もキリスト論も、古代の理論を知りつつあえて無視する「野蛮さ」において共通する。もう少し穏やかに言えば、徹底した非妥協性である。[23] 古代の多様な理論のひしめく直中にあって、この単純さと野蛮さが異彩を放ち、ある光を放っていることはたしかである。これはやはり「神の愚かさ」を標榜する、単純な愛を説く宗教の光芒であろう。

(2)　ホモウシオス——何が同一なのか

しかし、いったい正統によって、父と子のどこが、どういう意味で同一だと主張されたのだろうか。ウシアという語の多義性については先に触れた。その多義性の基本的な分析を見せてくれるのは、アリストテレスの『形而上学』だろう。比較的初期と思われる第五巻の八章は、ウシア(実体)を、(1)まず単純物体(諸元素)およびそれらから構成されたもの、およびその部分とする。なぜならこれらは他の諸述語の基体(主語)となるものだから。(2)またこれら諸実体に内在してこれらをそのように存在せしめている原因(例えば生物にとっての霊魂)。(3)(1)の諸実体の部分としてそれらに内在し、それらを限定してこれと指し示すもの(線にとっての点、面にとっての線など、また数も)。これは明らかにピタゴラス的な限界＝実体説である。(4)ものの何であるか(本質)。

第七巻は全巻が実体の探究であり、第五巻に比してより円熟し、考え抜かれたかたちになっている。詳細を引用することも論ずることもここではできないが、ウシアという語の範囲を示す部分をかいつまんでみよう。[24]「実体という語は……少なくとも次の四つの意味で用いられている」。すなわち、⑴ものの何であるか（本質）、⑵普遍的なもの（普遍概念）、⑶類、また⑷それぞれの事物の基体。この最後がまた⒜質料、⒝型式（モルフェー）――これは少しあいまいでピタゴラス風の「輪郭」のニュアンスを残すが、あとで形相（エイドス）と、また本質、第一の実体などとも言い換えられていく――、⒞両者からなるもの、に分れる。このそれぞれの吟味の結果、おおよそ⑷の⒝がもっとも実体の名にふさわしく、またそれが物体的なもののうちに実現する⑴と合致するらしいことが論ぜられていく。しかし、難解できこえる、アリストテレスの根本問題の解釈に、ここで深く立ち入る気はない。当時の人びとには周知のことだった実体という語の、長い歴史を負った多義性をおよそのところ示したいだけである。

ここだけ見てもウシアの候補としては、元素、物体、物体の部分、物体の輪郭、本質、それを表わす普遍概念、類、質料、形相等々が上がっている。父なる神と子なる神のウシアが同一とは、その何が同一なのか？

ただし、神が物体的・物質的でなく、質料を持たないということは、この辺りのキリスト教の共通理解となっているから、候補はかなり絞られる。残るのは本質、普遍概念、基体、類、形相などとなる。

しかしここで注目すべきなのは、「本質」も「基体」も、ウシアの語義のうちに含まれていることである。アリストテレス自身で両者の関係がどう考えられているのかはさておき、ごく常識的に考えれば、この二つの概念の間にはかなりはっきりした差がある。もとよりある解釈によれば、本質的なものが、それ以外の非本質的性質の基礎を成す基体であるとも考えられるけれど、ふつう、基体という独立存在性を与えるものと、本質という普遍性を意味するものは、別々と考えてもおかしくはない。この時代の哲学的状況のなかで、それら両者がウシアという一つの語で表現され得たということが、ニカイア公会議のホモウシオスという、曖昧で宥和的な解釈を可能にしたのである。しかし、それが実は解決ではなかったことを、ニカイアから第二コンスタンチノポリスまでの歴史が示している。アリストテレスでヒュポケイメノン(ὑποκείμενον下に横たわるもの)と呼ばれた基体(文の主語でもある)が、中・後期プラトニズムを経て、ヒュポスタシス(ὑπόστασις下に立つもの)と呼ばれるものへと変形・変質し、このヒュポスタシスとウシアの異同が教義論争の中核となっていくのは、後に述べる通りである。

ウシアという概念の多義性と曖昧さこそ、コンスタンチヌス帝国の統一の象徴とも言うべきものであり、また事実、統一の一助ともなったのである。そしてまた逆に、これを曖昧なままに放置できなかったギリシア的理性の分析性と、コンスタンチヌス以後二百年にわたるローマ帝国の分裂葛藤とも、事実上、手をたずさえているのである。対立する理論を旗じるしに掲げて、権力と富への欲望が離合集散する。理論の旗の下に分裂したものはしかし、理論で統合されねばならなかった。三八〇年代はじめのテオドシウス帝の統一も、五二七年のユスチニアヌス帝の統一も、この手続きを踏んでいる。後の中世スコラ神学の、体系の統一性への関心、腐心は、このような長い政治的体験の基礎に立ち、同じ意図に貫かれている。この意図の成功と瓦解の歴史が、中世から近世へのヨーロッパ史の一面である。

さらに、「一つである」とはどういう意味か？　これについても五巻六章の有名な説明がある。「(a)あるものどもは数において一つであり、(b)あるものどもは種において、(c)あるものどもは類において、また(d)あるものどもは類比によって一つである」。そのうちもちろん、「数において一」というのが、もっとも完全な、独立個体に見られる一性である。

このどの意味で、父と子は一つなのだろうか？　アタナシウスは哲学者ではない。彼の意図は彼の書に明らかだし、その信念の明瞭さと人格の不屈さは、彼に反対する皇帝たちをさえも、深い尊敬の念で満たし、追放先の各地域で人びとをひきつけた。しかし、彼が自己の信念に対してほどこす説明は、不十分なものである。彼は「相似(ホモイオス ὅμοιος)」の語には満足せず、その語を用いるときは「あらゆる点で(κατὰ πάντα)」とか、「実体(ウシア)と本性(ピュシス)について(κατὰ τὴν οὐσίαν καὶ κατὰ τὴν φύσιν)」とかをつけ加える。さらに、相似(ὅμοιος)の語はむしろ質にかかわる語だから、実体について語るときは同一性(ταὐτότης)の方が正しいとも語る。あるいはまた子は父のうちに、付帯性としてではなく、特性(τὸ ἴδιον)として属している、という表現もある。[25] これらは「数に関して」の一を示唆する。しかし、ときにはウシアの一を否定して二を強調する箇所もないではない。[26] しかも一番の問題は、アタナシウスにあっては、実体(ウシア οὐσία)、基体(ヒュポスタシス ὑπόστασις)、実体の特性(イディオテース ἰδιότης)などの表現が同義語として、区別されずに使われていることである。これらはみな、後に大きな問題となる諸概念である。ただ、これも後に問題となる本性(ピュシス φύσις)については、実体に付属する本性的性質の束として、区別しているらしい。[27]

　これらの用語の未分化性は、彼の思考を不分明なものとしている。神の一性と、それにもかかわらず厳存する父と子の区別を、すでにラテン世界ではテルトゥリアヌスが、実体(substantia)の一性とペルソナ(persona いわば基体)の二性として表現し分けていたが、このペルソナにあたる語を、アタナシウスはまだ確立していなかった。生む神と生まれる神の区別を語りはしたが、十分に説明はできなかった。

　それにしてもこれは至難なことである。まったく同一であるはずのものが、別の名を持ち、一見別の働きをし、しかもあろうことか互いに生み生まれるという関係に立つ。これはパルメニデスはおろか、これまでの古代的な三一性の哲学のどれを使っても説明しがたい背理である。三位を神の様態とか、働き方とか、属性とか、力とかする考えは、すでに明瞭に異端(サベリアニズム)として否定されていた。逃げ道はすでに断たれていた。三位は何らかの仕方で別々でなければならないのである。様態でも働きでも属性でも、はたまた流出でも従属でもない、まったくの三でまったくの一、このようなものを理解可能なかたちで説明するには、何かこれまでとは根本的に違う、新しい現実の切り方を考え出す必要があった。――というより、現実はすでにイエスの見方からのインパクトを受けとるとき、別様に見えていたはずなのである。ただ、それを語るべきことばと概念を見いだす必要があった。そこには多くの可能性があった。問題は、「人が隣人との出合いをもっとも重大で貴重な出来事として体験するとき、そこに見えるものをどう語るべきか」ということである。私がこの稿でたどろうと思う、後のヨーロッパへつながる答えは、その一つの解答、古典古代の文化の遺産を受けついだ解答である。しかし、ほかにも答えは無数にあるだろう。

(3) いくつかの解答

解答(一)――ネオプラトニズム風

一つの方途は、ネオプラトニズムの体系にかなり則した仕方での、その換骨奪胎である。異端となったオリゲネスやアリウスは、いわばまだそれに則しすぎたために問題となった。その、よりキリスト教的な変換を行った当時の思想家のひとりに、マリウス・ヴィクトリヌス(三〇〇―三五七/八年)がいる。最晩年にキリスト教に帰依し、大衆の前でそのことを公言したというこの有名な弁論家・哲学者の事績は、アウグスチヌスの『告白』(八巻二章)が私たちに語ってくれている。学説的にはともかく、心理的にこの高名な学者の回心がアウグスチヌスの回心に与えた影響は大きなものがあった。

ヴィクトリヌスは西方ラテン世界には例外的とも言える、きっすいのネオプラトニズム系の形而上学者であった。『アリウス駁論』『カンディドゥス(アリウス派)駁論』などにおいて、彼は相手方同様のネオプラトニズム的図式の内部で、父と子、第一原理と第二原理の間に、従属ではない「同一実体(ホモウシオス)」的な関係を立てようと努力する。彼の答えは、まったく無限定な超越的第一原理(父なる神)と、それをかたちにもたらし、表示・表現する第二原理(子、ロゴス)は、つまりこの「示されるもの」と「示すもの」は、同一の実体を持つ、というものである。知られえぬものと啓示するもの、純粋な存在の動性(esse, *εἶναι*)と存在者(ens, *ὄν*)、言い換えれば存在(esse)と形相(species)、それらは実体を共にし、しかも互いに切りはなせない相互関係性に立っている。この議論はオリゲネスにも遡ることができるし、用語から言えば、テルトゥリアヌスにも似ている。議論の骨子はネオプラトニズム風である。しかし、ネオプラトニズムとちがってここでは、超越的一者の超越性は失われている。少なくとも根本的に変形している。闇であり、言われえざるもの、限定なきものが、同時にすなわち光であり、啓示であり、かたちである。せっかくネオプラトニズムが確保した高くそびえる第一原理の超越性は、ふたたび存在者の世界へと曲げ結びつけられる。これは明らかにちがった体系である。まさしく、神自身が降下する受肉に導く体系である。

それは同時にまた逆に次のことを含意する。一つには、その超越者が「存在者(ens, ὄν)」と区別して「存在そのもの(esse, εἶναι)」と呼ばれていることにより(これは実はすでにネオプラトニズムの内部で、とくにポルフュリウスによってなしとげられていた用語変化だと、アドはヴィクトリヌスについての著作で論証している。ただしこのアドの著書は、ヴィクトリヌスの著作内に散在する、ポルフュリウスの失われた著書を再構成するという手法をとるので、異論はありうると思う)[28]、この用語によって、パルメニデス以来、認識可能性、つまり「光」の同義語のようだった「存在」の本性が、知られざるもの、知を超えるもの、闇となる。少し敷衍すれば、これはあらゆる存在者の芯に、超越的な闇を見る世界観でもある——光ではなく闇、現実態ではなく可能態が、すべての現実存在の源泉である。これはパルメニデスの逆転であり、またアリストテレスの逆転である。プロチヌスは、第一原理を認識を超えるものと置きはしたが、彼にあってはまだパルメニデス風に、「存在」は「知性」の対応者としてはじめて現われる。けっして不可知なものではない。しかし、この存在＝知性なる第二原理の根源たる第一原理がプロチヌスでも不可知・不可言である以上、存在するものどもの根源、つまり存在者(ens)を存在者たらしめる存在(esse)の働き自体が、第一原理のうちへと置かれ、不可知・不可言とされてくるのは、プロチヌスから考えても不自然な展開とは言えない。

さらに、父と子の関係を、見えざる存在とその表現、アリストテレスの用語を使えば可能態(pontentia)と現実態(actus)とすることによって、この見えざる超越的存在の本質が動性であることが明らかになる。つまり神は不可知－可知を渉り歩く「動」そのものであり、しかもその動きは、いわば同一平面のもの、プロチヌスのように段階的なものではない。

『アリウス駁論』で彼は、次のように論じている。(29)「形成(formatio)は現われ(apparentia)であり、これは隠れたものから生じる。そして、生じる前に存在していたものから生まれるのである。生けるもの(vivens)のうちに、すでに生(vita)は前もってあり、しかも生は後である。なぜなら生は生の働き(vivere)から生まれるから。生けるものはつねに永遠から生である。なぜなら、生は永遠の昔から生けるもののうちにあるのだから。生きる働きから生は現実存在するものとして生まれる。だから生きる働きは父、生は子である。生きる働きであるもののうちに生はあり、そして生のうちに生きる働きは内在もしているのである。だから子は父と実体を同じくする《ホモウシオス》」。

またその少し前では次のように言う[30]。「子は父のかたち(forma)である。しかし人間的なことどもにおけるように、実体に外的なかたちではない。……神は実在、実体、能力、動き、生であっても、隠れたそれらであり、形なき神である。父は「存在であるもの(quod est esse)」、子は生である。前者を理解することは不可能である。なぜならこの存在(esse)は隠されているから。……しかるに生は生であるかぎり、存在でもある。だから「存在であるもの」が現われるのは生のうちにである。したがって生は存在のかたちであり、子は父の生だから、父のかたちである」。「かたちは定められたものとして、限定なき存在の働き(esse)に対して存在者(ὄν)と呼ばれる。それは万物の実体をうちに持つロゴスでもある。それはかたちを与えるものとしては存在者、実在を実現する力としてはロゴスである[31]」。

ここに見られるのは、ネオプラトニズム的体系を中心としながらも、それまでのさまざまな体系、とくにプラトン的なものやアリストテレス的なものの見方を、重ね合わせることによって、存在の諸相の順序関係の錯綜を示し、それに基づいてそれら諸相が実は同時的であることを示すという手法である。ネオプラトニズムではたしかに、不定なる力は定まったかたちを持つ存在や認識の先にあり、基礎である。しかし、プラトニズムでは明らかに定形的なるもの、「限界あるもの」「形相《エイドス》」が根拠であり、先である。さらにアリストテレスでは、やはり形相が先だが、それは現実存在者と不可分にしかありえない。これらの種々な直観は、それぞれに一理を持ち、現実理解のある特定のあり方を示している。それらを重ね合わせると、実はそれらの動的な、あるいは形相的・静的なといった諸相の「先後」関係は必ずしも決定的でなく、先にして同時、後にして同時、という説明が成り立つことがわかってくる。これがヴィクトリヌスの三位一体の説明を可能にしている。ただし、その際ヴィクトリヌスは、第一の位格である「父」に、けっして静的な性格を与えない。動そのもの(vivit, vivere, esse)を第一位格と置いている。この点で彼は、いわばネオプラトニズム、プラトン、アリストテレスなどを綜合しながらも、ネオプラトニズムにやはりある優位を与えていることがわかる。

超越と世界(可知界と可感界を含む世界)との逆説的な結合。第一原理としての「動」。真髄においては不可知な「存在」。これは以後のキリスト教思想に共通する、きわめて反パルメニデス的な基本構造を示している。それを、アドと共に、プロチヌスと一線を画し、ボエチウスを通じて西欧中世に伝わり、西欧近代の存在論にまで連なるものと見ることもできるかもしれない。

「哲学」をどう定義するかは人によって異なる。しかし、ミレトス学派からネオプラトニズムに至る古代の思考の歩みが「哲学」の名で呼ばれうるならば、三位一体論もまたそう呼ばれる資格をまったく欠いているわけではない。西欧・非西欧の批判的で合理的な人びとが、このような教義的思弁を「哲学」とは呼びたがらないのは当然だが、西欧のキリスト教思想家自身も、信仰が自然的理性を超えるものだということを強調するあまり、教義的理論を哲学と呼ぶことは拒否する。しかし客観的に見れば、これはギリシアにはじまって、中世・近代へと歩んでゆく世界解釈、存在の理論の、他の諸ステップと並ぶ一つのステップである。しかもかなり重要なそれである。

三位一体論は背理だという。たしかにそうである。しかし、パルメニデスの存在一元論に対して、プラトンの『ソピステース』の、「非存在が存在する」というイデア界擁護の説は真向からの背理ではなかったか？　さらにプラトンやアリストテレスの、かっきりとしたかたちと決定性こそ存在の本領であるという考えに対しては、プロチヌスの、かたちもなく名もなく、その属性も語りえない「力、デュナミス」がかたちと決定性と存在の根元だという説は背理ではなかったか？　そのような両者、つまり明確な「存在者」と限定されえぬ「存在」が同時的で不即不離であると語るヴィクトリヌスの三位一体論の、プロチヌス説に対する背理性は、プラトンがパルメニデスに対して示す背理性より、比較を絶して「超自然」を持ち出さねばならぬほど大きいだろうか？

プラトンがパルメニデスを受けつぎながらそれに背いたのは、私たちの生きる現象世界の説明を「救う」ためであった。アリストテレスが幾分かはプラトンに背いて、形相的・イデア的なものを、静的というよりは力動性を含む「現実態(エネルゲイアactus)」としたのも、生成の世界のよりよき説明のためであった。プロチヌスを導いたものは、おそらく魂と超越者との結びつきへの希求や、世界の一元的把握への希求だったろう。三位一体論の背理は、個としての個なる人を理論的にも救いとる要求のためだった。理論性の変化の歩みは、いつでもある人間的希求に動かされて、以前の理論の説明しきれなかったもの、それゆえ以前の理論にとっては背理であるものを、理論化してゆく歩みではなかろうか。

しかし、ヴィクトリヌスは、まだ三位一体のヒュポスタシスがなぜ三でなければならないかを十分には説明していないようにも見える。そこに重点を置いたのは、ヴィクトリヌスより三十年ほど後に生まれる、東方カパドキアの教父たちであった。

解答(二)――ウシアとヒュポスタシスの区別

三位一体論を理論化するためのもう一つの戦略は、「三」であるものと、ウシアとの区別を強調する仕方で、「三であってもウシアは一つ(ホモウシオス)」だと語ろうというものである。

西のヴィクトリヌスでは、問題になったのは主として父と子の関係であって、聖霊の問題はそれほど強調されない。しかし、東方カパドキアの教父たちにあっては、東方で当時勢力のあった、聖霊を被造物とする「反聖霊派」への戦いが一つの課題であった。さらに、ガリアをかかえる西方ではゴート族の奉ずるアリウス派に対抗して、子が父と同じ神であることが強く主張されねばならなかったのに対し、多くのセム系の人びとをかかえる東方では、ユダヤ教への対抗上、キリスト教がけっして単なる一神教ではないことを強調することになる。東西の論調は、必然的に異なりを見せてくる。これらの歴史的状況のうちでカパドキアの教父たちは、神が三でもあることを強く前面に押し出す東方キリスト教の基調を築いた。それは時には三神説のそしりを招く方向を導きもしたが、聖霊のうちにこそ三位の完成があるとする、東方神学の特徴をも形成した。

さまざまな相違にもかかわらず、父と子という二つの存在を区別し、従属関係に置くという一点では、アレクサンドリア系の異端であるオリゲネス派も、アンチオキア系の異端であるアリウス派も同じだった。それはまた、正統の背理に比べてはきわめて常識的な説でもあった。他方、西には正統を代表する教皇の座があったし、西の皇帝たちも、コンスタンチヌスの末息子コンスタンスをはじめ、その後も比較的ニカイア派が多かった。もともとニカイアで宣言された神の一性の強調は、西方の主張だったのだ。しかし、東方は激しくアタナシウスに抗した。

三三七年に、かつてニカイアの会議を召集したコンスタンチヌス大帝が没する以前、すでに宮廷でもアリウス派のニコメディアのエウセビウスが勢力を取り戻し、二年前のテュルスの公会議でアタナシウスはガリアに追放されていた。彼はその後三六六年までの三十年間に、五回も追放され、呼び戻されのくりかえしで、計二十年ほどはガリアやエジプトの砂漠に追放生活を送った。彼の波瀾の生涯は、ローマの諸皇帝たち相互の対立や、彼らのペルシア、ゲルマン、スラヴとの戦いや、それとからみ合う宗教界の人事上の葛藤、思想の争いを反映している。ローマは政治・軍事・思想のすべてにわたって動乱の時代であった。しかしその東西の戦乱、とくに東方で激しかった動乱のうちで、思想は次第に成熟していく。

ホモウシオス(同一実体をもつ)という疑わしい概念にこぞって反対する東方司教たちのうちに「ホモイウシオス派(相似実体派、ὁμοιούσιος という形容詞からくる)」と呼ばれる説が次第に力を得てくる。これは、もともと子が父の全き相似像であるというオリゲネス派の考えに依るが、わかりやすい説で、それゆえ多くの人の賛同を得やすかったことは間違いない。次第にアリウス派をもまき込んでいき、父と子が存在としては別々であるが、似姿であることを主張する。

彼らの歴史的功績は、とくに、ニカイア信経でもアタナシウスでも分化していなかったウシア(実体)、ヒュポスタシス(基体)などの術語の意味の区別を明瞭にしてきたことであろう。それによって彼らは、オリゲネスについで古代東方教父として重要な人びとであり、三位一体の神学にある程度納得のいく説明を与えた、「カパドキアの教父たち」(カイサリアのバシリウス、ナツィアンツのグレゴリウス、ニュッサのグレゴリウス)を準備したのだった。

これらの区別の背後には、じつはふたたびラテン的西方がある役割を果たしているかもしれない。西方ではすでに二百年前に、テルトゥリアヌス(二世紀後半)が実体(substantia)とペルソナ(persona)を区別して、一実体三ペルソナという定式を確立していた。しかし、彼のこの定式に与える説明は、しばしばオリゲネス風の、父を源泉として教えるものであり、三ペルソナは神の働きであるとか、部分であるとか、父より他の二者はより小であるとかの説明がされるが、ときには、西方・サベリアン風に、単一の神が区別も分割もされないことを強調したり、あるいはまた実体の一は三つの名・物等々を包括する一であって数による一ではないと語ったり、要するにアイディアに富む雄弁であるが、ギリシア風の論理的整合性を旨とする形而上学的常識では統一しがたい内容のものであった。しかし、彼のアイディアと用語は、後の教義形式に大きく影響している。生まれず、不可視の父と、生まれ、可視となる子というような差を、特性(proprietas)、条件(conditio)として三位の区別原理としているのも彼である。「ペルソナ」の語は、『七十人訳聖書』のプロソーポン(*πρόσωπον* 顔が原義)のラテン語訳である。東方で用いられた「ヒュポスタシス」とは原義はまったくちがう。これらの語義についてはあとでまとめて説明したい。「ペルソナ」は法律上の人格・役割を意味する、もともと非形而上学的なことばであって、社会的人間の持つ多面性を表現し得ることばであった。法律家テルトゥリアヌスは、ひとりでありつつ多くの役を矛盾なく演じ、しかもその際他人になるわけでもない具体的人間のあり方との類比で、この概念を柔軟に、それゆえ矛盾につきあたって困惑することもなく、用いることができたのであろう。いかにもラテン的なことばであり、概念である。

しかし、これがギリシア的な自同律と矛盾律を基本に持つ形而上学的概念と結びつき、転化し、その体系のうちに組み込まれようとするとき、現実感覚の柔軟さは論理的矛盾として姿を現わすことになる。

ホモイウシアン(相似実体派)たちは、三位一体の一なるものにウシアの名を、三なるものにヒュポスタシスの名を与え、ヒュポスタシスはいわば父の「現われ」だから、これが多であってもウシアが多である必要はないと論じた。三位のウシアが別々であるという解釈を避けるために「現われ」という語を用い、三位が無差別であるという説を避けるために「独立に存在する」という語を付け加えた。これはもちろん解決ではない。しかし解決に一歩の寄与をしたとは言えるだろう。

カイサリアのバシリウスはこれを受けて、ウシアとヒュポスタシスの区別を強調し、「ホモウシオス」を守ろうとしたことで知られている。しかし彼の区別の強調は、ウシアを共通者(*κοινόν*)、ヒュポスタシスを固有者(*ἴδιον*)と語ることにより、ウシアとヒュポスタシスの関係を、類と、論理的にその下位に立つ個との関係とアナログに考えさせるおそれがあった。[32] このアリストテレス風の語り方は明快ではあったが、難問の解答にはならなかった。類と個の関係と三位一体の関係は明らかにちがう。類は個とは論理的レベルのちがう、その意味で別個の存在と考えうるが、三位一体はそうはいかない。アンチオキアの地方公会議(三六三年)が、「ウシア」はギリシア的に理解されてはならないと語っても、それももちろん解決にはならなかった。しかし、バシリウスは三位を区別する方策として、さらに特性・特有性・独自性とでも訳すべき語(*ἰδιότητες, γνώρισματα, ἐξαίρετα, ἰδιώματα, χαρακτηρίζοντα*)などを導入している。例えば父性と子性、またはナツィアンツのグレゴリウスの好んだ表現を借りれば、「生まれざること」と「生まれること」と「発出」の三つなどがそれである。つまり「父」は生まれず、むしろ生むもの、「子」は生まれるもの、「聖霊」は気息のように発出するもの、というわけである。この用語は中世を通じて現在に至るまで、三位の各々をしるしづける特有性として語られ続けている。

注目しなければならないのは、ここには、あるまったく新しい観点が、否応なく導入されてしまったということである。なぜなら、これらの「特性」は(後に西方スコラではペルソナの proprietas という言葉で呼ばれるが)、当然ギリシア的存在論にはなかった種類の特質であるから。これらの「特性」は、ウシアには属さず、ヒュポスタシスにだけ属する。アリストテレスの存在論にそのようなものを探すとすれば、それは付帯性(συμβεβηκός, accidens)がもっとも近いだろう。しかし、付帯性は、定義上、本質的ならざるもの、あってもなくてもそのものがそのものであることに本質的に変化をもたらさないものである。たとえば、ある人間について色が白いか黒いか、教養があるかないかというような付帯性の例がアリストテレスではよく引かれる。それはその人が人間であることにとっては本質的ではない。

しかし生まれないこと、生まれること、発出すること、はそうはいかない。三ヒュポスタシスの区別にとって、それを構成する不可欠のものである。このような、「本質ないし実体に属さないで、ヒュポスタシスだけに属する特性」が生じてきてしまったのは、三位一体の存在論が、ウシアとヒュポスタシスを否応なしに区別し、切りはなさざるを得ないということの帰結である。カパドキアの教父たちによって、この事実が十分に意識され、詳論されているとは言いがたいかもしれないが、後に、カルケドン後の論争の中で次第に明らかになっていくこの切りはなしに、最初に注目したのは彼らであったと言えるだろう。そこに、ヨーロッパ存在論の歴史の中で、この人びとが持つ重要な意味がある。

三人のうちで一番若いニュッサのグレゴリウスは、さらに一歩を進めて、一である神の三位の区別は、この「関係性」(つまり生まれず生むもの、生まれるもの、発出するもの)と「起源関係」のうちにのみあり、したがって実体(ウシア)にはかかわらないと論じている箇所もある。(33) ペルソナの差は、アリストテレスでは付帯的カテゴリーである関係に属する差異だから、実体にかかわらないという同じ議論は、例えばカルケドン後の西方の思想家ボエチウスにも見られ、西方スコラに受けつがれていくが、関係をあまりに外的で軽いカテゴリーとみなすと、こんどは三位格の差がどうでもよいものになってしまう。十三世紀の西方スコラなどに至ると、「特性(proprietas)」と「関係(relatio)」を同一視しつつ、それをいわば位格存在を構成するものと捉え、他方「起源(origo)」は、いわば「間」的なもので存在構成的でないという、まことに「スコラ的」な区別を立ててくる。(34) これも、三位一体という逆理を筋道たてて説明しようとする苦しい努力の一つである。

しかしニュッサのグレゴリウス自身においても、また一般にカパドキアの三教父いずれにおいても、ウシアとヒュポスタシスの、主張されている区別は、存在論的にはまだきわめて曖昧である。ヒュポスタシスはウシアの「存在様式」であったり、「表現形」であったり、「特性」であったり、または「付帯性」という表現も用いられているぐらいだから。同様に、「関係」を「実体」のうちに入れてしまうか、または外的なものとして明瞭に切りはなすかという問題もここではまだ明らかになっていない。

そうではなくむしろ、この辺りの東方の議論に共通するのは、「カテゴリー」の独特の非アリストテレス的な捉え方である。(もちろんそのカテゴリーは、物質界ではなく、精神界のカテゴリー、プラトンやプロチヌスによって「最高類」と呼ばれたものだが、プラトニズムにとってはそれこそが物質界の源泉であり原型であり、物質界よりはるかにいきいきと現実的なるものだし、三位一体つまり神の問題は当然、この精神界の問題であった。)

つまり、この見方の背後には、後期プラトニズムの、アリストテレスへの激しい論争的姿勢がある。アリストテレス的な、私たちに身近なカテゴリーでは「性質」は「量」ではないし、「実体」でもない。ましてや「関係」はもちろん「実体」ではない。それらは明晰でかっきりした区別をもって、互いに混じり合わないように区別されている。そのためのカテゴリー論である。しかし、たとえばプロチヌスが激しく名指しで論難するのは、まさにこのようなカテゴリーの捉え方である[35]。それは物質界にはあてはまっても、イデアや知性や、存在の根源なるものどもの世界にはまったくあてはまらない存在様式なのだ。「彼ら(アリストテレスの徒)は有るもののすべてを分割し区別しようとはしないで、有るもののうちきわめて高次元のものを見落としているのである[36]」。高次の

「有」「存在」「ウシア」は、ネオプラトニストたちにとって、前にも述べたように「一つであるとともに多である」[37]という性格を基本にしている。それはけっして見分けのつかない「一」ではない。「それぞれの類は、それぞれの仕方で「有(ウシア)」に寄与してはいるのであるが、そのことによって自己自身を消滅させてしまうこともないのである」[38]。「知性界に有るものの中にはありとあらゆる形態が見られ、性質の全体があるのである。……その性質は自己自身の中に「異」という原理を含んでいるので一ですらありえず、一にして多だったからである」[39]。「知性界では、すべてが間断なく生成し持続しながら「有ること」において「永遠」に包含されているのであって、有るものどものそれぞれが自己のあり方を保ちながら別々になっていると共に、また一体をなしてもいるのである」[40]。

この類いのことばは枚挙にいとまがない。これは、近代の観点からは、まるで原始的神秘主義へのひたすらな退行のように見える。たしかに、これが物質界に適用されては大変である。近代のプラトニズム・ルネサンスなどが、あるうさんくささをもって眺められるのは、その混同のためである。しかし、三世紀当時のプラトニストたちはこのような存在のあり方の適用領域をはっきり限界づけていた。古代の学説の流れにおいては、このような所見は進歩と見られたし、事実そういう面があった。ここにはいわば、パスカルの幾何学の精神に対する繊細の精神の自己主張にも似た、領域と方法を物質界とは明確に分けた上での、精神の意識的で明瞭な自己主張があるのだ。アリストテレスの「人間」とか「馬」とかのように、かっきりした輪郭と定義と自己同一性をもって他を排除する「実体(ウシア)」よりも、プラトンの『ソピステース』の有とか動・静・同・異のような、混じり合えるもの、混じり合いつつしかも自己同一性を保つもの、「異」の混入によって異なりつつ一つになりうるウシアの方が、より根源的で高次の存在だという主張がここにはある。歴史のうちで、これは一方では純粋に論理的な探求へと発展、変質していくと共に、他方ではアウグスチヌスによって受けつがれて、内面性の世界の探求——西欧文化のもうひとつの大きな魅力である——の基礎ともなった。物とちがう心の世界の現われや動きや存在とは、たしかにこういうものだったから。論理と内面性という二つの西欧的探求の形而上学的基礎をなしたのは、このプロチヌスの「英知界」の物語であった。

それにしても、カパドキアの人びとは、ネオプラトニズム風・オリゲネス風の思考法の恩恵を深く受けながらも、これら宇宙生成論《コスモゴニー》的な体系に必然的にまといつく段階構造的イメージを脱することがなかなか困難であった。父は、やはり子や聖霊とはどこかちがった万有の泉そのものの性格をもったし、聖霊を含む三一性つまり聖霊の完全な父との同等性は、バシリウスもついには明瞭には主張しおおせなかった。そのような中で、ナツィアンツのグレゴリウスが、後のアウグスチヌスを思わせる徹底性で、あらゆる三一性の類似を被造世界のうちに探りながら、すべてそれが非相似であることを語り、この世界の一とか三とかいう数で神を考えること自体に疑問を投げかけるとき(この言い方はプロチヌスにもあるが)、その語り方には説得性がある。(41) 彼によれば、キリスト教の神は、ユダヤ教のような「一神教」ではない。キリスト教の神の一性を語るとすれば、それは三ヒュポスタシスの生ける動き(それは同時に静でもある)以外の何物でもない。(42)

彼はこの考えを体系化しているとは言いがたいが、ユダヤ教の一神とも、ネオプラトニズムの一とも訣別し、第一のものとして、一とも多とも語り得、かつ語りがたい「動性」を置くこの見方は、生み生まれるというような「関係」を、実体の差異ではないものとして第一のもののうちに置こうとする、ニュッサのグレゴリウスの考えとも共通の直観であろう。「父」の永遠の生みの「動」が円環をなして「父」へ戻るのが、すべての存在の原型であり原因でもあるような存在の、あり方だという直観である。そのとき、生む父と生まれる子を結びつける第三の項である聖霊は、もはやニカイア信経においてのような付随的な存在ではなく、原初の円環を成就する重要な鎖の環となってくることが理解される。ナツィアンツのグレゴリウスは聖霊の啓示と認識を、三位一体の神の思想を完成する最終段階として語っている。(43) ここにはすでに、ギリシア、ヘブライと袂を分かつ一つの新しい思想がかたちをなしてきていると言えるだろう。彼はこの「新しさ」を再三力説している。(44) また三位一体思想のうちでのこのような聖霊重視の傾向は、のちの東方キリスト教の根幹をなすものであった。

解答(三)——私の心の省察から神へ

もう一つの解答のタイプは、ヴィクトリヌスの一世代後、カパドキアの教父たちから二十歳ほど若い、ラテン世界の人アウグスチヌスが提供している。

彼は、基本的に形而上学的で宇宙論的なギリシア語圏のネオプラトニズムの体系とは、ひと味違ったネオプラトニズムの反映を示している。ラテン的・西欧的ネオプラトニズムとでも言うべきだろうか。のちにパスカルが幾何学の精神と繊細の精神という区別で語ったものは、この二つの心性の差に通じるものがないでもない。

自己の「魂」のありようについての自省、内省は、ソクラテス・プラトンの伝統であった。自分の魂の徳性の吟味という、ソクラテスにはじまった論理的な自己吟味は、プラトンでは徳を可能にする知性のあり方や能力の考察から、アナムネーシス(想起)説という神話的かつ宇宙論的なかたちをもとってきた。『ティマイオス』の世界創造神話ではその宇宙論的性格がますます明瞭になり、アリストテレスでは魂論は完全に自然学の一部となる。

彼らの末裔のプロチヌスでも、魂の問題は一部コスモロジー・テオゴニーの問題である。しかし、プラトンのエロスやアナムネーシス説にも見られた、個々の魂と第一原理とのある連続性・同質性はけっして見失われていない。プロチヌスは、人間の魂は、宇宙の魂の単なる部分などではなく、独自の知性をもつ個々独立なものだと言うが、しかし、それら個々の魂と上位のヒエラルキーの存在は、「いわば互いに結びついており」「その先端において上位のものにしっかりと結びつけられたままで、ここへ・かしこへと突き進んでいく」(45)。つまり体や物質と結びついても、知性界とのつながりをけっして失わないのである。ここで上位のものと言われているのは、宇宙霊魂をも超える知性界のヌースであり、したがってほとんど超越的一者にまで達するものである。このような表現は数えきれないほど、『エンネアデス』に見いだされる。

E・R・ドッズはこれを、プロチヌスがヌメニウスから受けついだ重要な遺産と考え、またこの直観は、ヒンズーやモスレム等々の東方宗教のそれとも共通のものだと論じている(46)。こういった考え方はたしかに、アートマンはブラフマンだという、梵我一如のウパニシャドの教説で、私たちにも親しいものである。アウグスチヌスはこの直観に、ラテン的・人間学的な具体性を与えた人だと言ってもいいだろう。そして、近代西欧の内面性の文学と意識の哲学が、根本的にアウグスチヌスに負っていることは、誰でもが知っていることである。このヘレニズムの広大な世界を散策するとき、いわゆる東洋と西洋の差やその間の障壁の絶対視が、いかにも愚かしいものに思えてくる。

もとよりしかし、アウグスチヌスの偉大さは、ネオプラトニズムにも共通な枠構造自体にあるというよりは、その具体化にあたっての彼の神への憧憬の真率さと、自己の心の吟味の精細さと、知の限界を探る批判性の鋭さの並存にある。ここには明らかに、よきギリシアの遺産がある。ただ、それだけではない。自らの心のありようと働きの現実へ深々と沈む眼ざし、現に私に見える私の心のうちに、それを通じてはるかに世界を超え、私を超える、ある一とも多とも言いがたいあり方、生命に満ちて循環するあり方へと透徹しようとする眼ざし。私の感覚のかたちのうちに、私の欲求や愛の構造のうちに、そしてとくに私の精神の働き、記憶・知・意志の三つの関係のうちに、この上なく遠く、しかしこの上なく光と力に満ちた現実の影を見る眼ざし。このきわめてリアルに内面的な、しかもそのリアリティーを捨てることなしに遠くを見つめる目は、独特なものである。

内面は、不完全ではあってても神の「似姿」である。大きさをもち、重さをもち、私たちの感覚に触れ、かたちをもつ外的な世界よりは、私の心の方が存在論的にも認識論的にも優位に立つことは疑いない。この、経験論者にとってはより捉えがたいと思われる内面の、すばやくうつろい、輪郭もさだかでない、しかし私たちにとってはより切実な出来事、ありさま、それに対して、それが外なるものより明瞭であり、可知的であるという身分を確立したのは彼だった。プロチヌスの可知界の、相互に浸透し合う知的存在のあり方の優位説に、このような内への視線と私の心の経験からの類推がなかったとは思われないが、そこにはまだ、ミレトスーストアの、部分が全体と混じり合う広大な、外的な、宇宙論の影のほうが濃い。

宇宙論という枠組みは、ある程度必然的に空間的イメージを用い、精神的・非空間的なものをも、並置でなければ段階として描きやすい。それに対して、自分の心のあり方の観察は、独特に影響し合い、しかも区別される非空間的三一関係へのアナロジーを描き得た。それにより、西方は、ネオプラトニズム風・オリゲネス風の従属説をかなり決定的に脱することができたのである。

しかし彼が最後に語ることばは、無知であり不可知である。外的世界からの類比の不可能さを通って、外的世界とは質的に異なる内面世界の構造と性質を見つめ、そこに神との類比を求めても、なお残るのは類比よりも比べものにならぬほど大きな非相似であった。善をこの上もなく求めながら、善の到達不可能性を誰よりも鋭く意識したソクラテスに似て、アウグスチヌスも神の知解を熱烈に求めるゆえに、その不可能をより具体的に鋭く示すことになった。私たちはこの世では、「鏡を通して謎のうちに」神を見得るのみ、かの時、彼岸で「顔と顔を見合わせて」見るに至るまでは、というコリントの信徒への手紙一、十三章12節の句が、アウグスチヌスの最後の解答である。ネオプラトニズム的宇宙生成論も、アリストテレスの論理やカテゴリーも、私の心の心理的分析も、いわば使い捨てられ、脱ぎ捨てられていく不完全な梯子である。残るのは私に与えられた熱い憧憬、信仰・希望・愛のみ。それはしかし、「それでないもの」、真実ならざるもの、不完全なものの不完全さを明視して、神への空間を残す厳密な知的作業と手をたずさえる。梯子は梯子として十分に機能しているのである。

「私の語ってきたこれら多くのことにもかかわらず、私はあの語りがたい至高の三位一体にふさわしいことを少しも語らなかった」。「おまえはこのことを透明に、明瞭に語るために、眼ざしをそこに固着させることはできないのである。私は知っている。おまえにはそれは不可能だということを。だが私は語る。私は自分に語るのだ。私は自分にできないことを知っている。それにもかかわらず、三位一体御自身がおまえに、おまえの中にあるかの三つのものを示されたのである」。知を求め、明視を求め、しかもその限界を明らかに見る、この今・ここにある自己との限り無い対話と苦闘、これが彼の方法の特異さであり、魅力である。その魅力は千年を超えても失せることなく働き続けている。「私はこの書を論議によらず、祈りをもって閉じたい(47)」というのが、この熱烈かつ懐疑的な人の三位一体についての終辞である。

＊

三位一体論は――キリスト論もだが――それほど「非現実的な」議論だろうか？　言

うまでもなく、現実とは人間に捉えられてはじめて成立するものである。その捉え方の枠組みに関する議論がはたして「非現実的」たりうるだろうか？

動いてやまない現実を、どうやって一なる、統一的な、法則や素材や不変の「実体」等々でつかまえ、説明できるかというのは、人間理性の永遠の問い、学問の永遠の課題だろう。近代の学問は、各領域のうちでそれぞれの分野の基本的対象・素材を定めながら、それらの間の「法則」を求め、古代はそれらと「実体」の間の関係を求めた。三位一体論者も、つねに流動する現実の根源をどうやって捉えるかという問題の前に立っていた点は同じである。そこでは、ギリシアが上の問いに対して出してきた一つの中心的な答えである「実体」概念が吟味にかけられ、これがどこまで説明能力を持つかが試されることになった。――はたして、「実体」と「性質」はそれほど截然と区別されるか。むしろ「実体」は性質の集合ではないのか。いったい不変不動の「実体」があるのか、それとも「実体」は「関係」によって成立しているのではないか。「性質」と「関係」はどうちがうのか。「性質」とも「関係」とも区別される「実体」を、私たちはどこに求めるべきか――。

中世末から近代にかけてのいわゆる「アリストテレス批判」「実体概念の解体」は、すでにここに、ビザンツ初期の白熱した数世紀の議論の中に準備されている。人びとは信仰上の情熱から、このきわめて基本的な問題に執拗なまでに取り組まざるをえなかった。この議論を「自然」のうちに移しさえすれば、そこに、近代科学の基本的考え方への一歩の寄与があることがわかるだろう。十三世紀スコラの盛期に、トマス・アクィナスが、ペルソナは「自存するものである関係」だという衝撃的なことを平然と言うのを見るとき[48]、もうこれら実体とか関係とかいう概念がそれほど「いわゆるアリストテレス的」に明白なものではなく、変質してきていることがよくわかる。

8　第一コンスタンチノポリス公会議

コンスタンチヌス大帝の血統は、異教を復興して「背教者」と呼ばれたが、歴代皇帝のうちでも、知的にも道徳的にもすぐれた人物であった、ユリアヌスの三年の治世をもって終った。その後は軍隊を掌握していた人びとの帝位が続き、そのうち督軍グラチアヌスの子や孫が三八〇、九〇年代を統治した。その間に、スペイン出身のすぐれた軍人テオドシウス一世が、三七九年に推されて東帝国の帝位についた。西にはグラチアヌスの孫のヴァレンチニアヌス二世がいたが、まだ八歳の幼弱の身で、帝国の実権はテオドシウスの手にあった。篤実なテオドシウスは、西の幼帝をよく助けてその帝位を保たせていた。

西方ではニカイア派がほぼ勢力を確立していたので、西方出身のテオドシウスもまた、ニカイア派を奉じ、三八〇年にはアリウス派を弾圧し、異教を禁じた。翌年、コンスタンチノポリスに公会議を召集した彼の意図は、ニカイアを確認するとともに、東方で当時力をもっていたマケドニアン、また反聖霊派と呼ばれた一派とニカイア派の宥和をはかることでもあった。この人びとは、第三の位格である聖霊を、崇めはしても父・子と同一実体とまでは認めない一派だった。

この会議の議事録は残っておらず、一年後の公会議で言及されている文書や法制も現存していない。主な資料は、七十年後にカルケドンの宗教会議で呈出された、この会議の決定と称する文書である。それゆえ、この文書の真偽、また参加者の数からいってこの会議がほんとうに東西合同の全地公会議の権威をもつものであるかどうかなどについては、学者の間の議論も一致していない。(49) この問題はいちおう置くとして、現在残っているカルケドンで呈出された決定を見ると、ほとんどニカイアと同内容で、わずかにアポリナリス派に反対すると見られる挿入があるのみである。問題の聖霊に関してはきわめて用心深く、「主」(コリントの信徒への手紙二、三章17節)、生命との関わり(ローマの信徒への手紙八章2節)、「生の与え手」(コリントの信徒への手紙二、三章6節、ヨハネ六章63節)、「父から発出」(ヨハネ十五章26節)等々、聖書にある表現のみを用いている。父と同一の実体を持つとあからさまには語らない、という仕方で宥和を試みている。事実、聖霊の身分については、正統派といえども、まだそれほど確信を持っていたわけではなかった。第一コンスタンチノポリスは、わずかに聖霊に言及していただけのニカイア信経に比べれば、聖霊の地位を一歩具体的に子の地位に近づけているとは言えるだろう。聖霊論が整ってくるのは、次のカルケドン前後の段階でキリスト論に決着がついた、その後の時代においてである。

聖霊《プネウマ》という存在はたしかに、受肉して目にみえるかたちになる第二の位格より、はるかにとらえがたい。プネウマの原義である気息のように、それははかなく、捉えがたい。しかし同時に気息《プネウマ》は、ギリシア最古の時代から生命の原理であった。これはおそらくあらゆる文化圏に共通の、人間の古い直観に属することだろう。ホメロスなどに見られるその素朴な考えは、ミレトス派のアナクシメネスの、空気を宇宙原理とする考えにも結びつき、その後、ヘラクレイトスにも、プラトンにも、背後に見え隠れする存在として、影を見せている。ネオプラトニズムでは、それが第三の原理、この可視の宇宙全体を生み、包み、支配し、支え、生命を与える原理として、鮮明な姿を現わしてきた。「宇宙霊魂」と訳されるものがそれである。これらの背後には、生命を与える宇宙的息吹きの共通直観があり、キリスト教の聖霊も、おそらくそれを受けついでいる。

第二章　ヒュポスタシスとペルソナ

1　東方の息吹き

「母なるロシア」ということばをよく見聞きしたことがある。ツルゲーネフやトルストイや、また彼らに心酔していた明治末から大正はじめの文人・思想家、その中には武者小路実篤や有島武郎など白樺派とその周辺の人びとも多かったと思うけれど、そういった人びとの書物を通してだった。それは知識人の感傷の臭気を感じさせないでもなかったが、それでも「母なる大地」ということばと響き合って、ひろびろした、丈高い草原のどこまでも続く限りない北の大地と、そこを流れる大河を少女だった私に連想させたものだった。

トルストイの描く、目に一丁字なき老いた巡礼の示す無限にひろやかな悟りと受容と敬虔。あるいは健康な農婦の知恵に満ちた人間らしさ。あるいはドストエフスキーの描く売春婦の底知れない無私の愛と、やわらかく、やさしくありながらどこか鬼気を帯びたゾシマ長老やアリョーシャやムイシュキン公爵などの人びと。そういったものは、私たちに「先進国」西欧とはどこか異なった心の風景をのぞかせてくれる思いがした。

「虐げられた人びとの聖性」「取るにたらぬ者たちの中にこそ輝く聖性」といったものを、私たちにありありと感覚的に見せてくれたのは、そうしたロシアの作家たちだったように思う。このような心性が、ロシア革命の一面と容易に結びつきえたろうことは想像がつく。しかし、その後の全体主義国家への協力や忍従のうちに、この心性が、その含みもつあまり好ましくない面をむしろ発展させはしなかったか、ということが気にかかる。

いずれにしても、このような独特の深みをもつ心の風景は、おそらくその一つの根を、東方教会、ロシア正教の精神にもつだろう。そのことが、ここ四世紀から六世紀にかけての教義の争いと、ビザンツの心性を眺望するうち、次第に見えてくる気がする。東方教会と西方教会が決定的に分裂するのは十一世紀のことだけれど、すでにこのビザンツ初期に、広いローマ帝国のうち主としてラテン語を用いる世界と、主としてギリシア語を用いる世界の歴史や心性の違いと、そこからくる対立抗争は、明白な姿を見せてくる。

よく知られているように、一〇五四年の東西教会の決定的分裂は、時の教皇レオ九世の特使としてコンスタンチノポリスに派遣された枢機卿フンベルトゥスが、総主教ケラリウスの拒否にあって、破門状を聖ソフィア教会の祭壇に叩きつけたところからはじまって、現在まで至っている。その際の問題は、これも有名な「フィリオクェ(子からも)」問題であった。

ニカイア信経は、ヨハネによる福音書(十五章26節)をもとに、聖霊は「父から発出する」と語っている。それに対し、西教会はすでにアウグスチヌス以前に、聖霊が「父と子から(patre filioque《フィリオクェ》)」発出するという語り方をしていた。アウグスチヌスの『三位一体論』は各所で、聖霊の父と子からの発出を語っている[1]。なぜ西方でこれが強調されたのかということの一つの理由は、ゴート族と共生していた西ローマの状況にもよるだろう。ゴート族をはじめとするゲルマン民族との共生は、四世紀から五世紀にかけてのローマにとってはもはや必須なことだった。とくにイタリア半島やガリアではそうだった。しかし、彼らはおおむねアリウス派を奉じていたから、父・子・聖霊を段階的存在と考えていた。そういうゴート族に対し、父と子の等しさを強調するのが、正統の人びとにとって大切と考えられたのだろう。アウグスチヌスも言う。「父と子は一つの神であり……聖霊に対しても一つの原理であることを承認しなければならない[2]」。西ゴート族と共存していたスペイン、トレドの地方公会議で、五世紀と六世紀にこの説が宣言されているのもそのためであろう。その後、カロリング朝にいたって、ジェンティリーの地方公会議(七六七年)、『カールの書簡(libri Carolini)』などでこれが主張される。フランク族は、正統信仰を受けいれ、西ローマ・教皇と密接に結びついて、東のコンスタンチノポリスの皇帝に対抗する「神聖ローマ帝国」、つまり西方ラテン中世世界を造り上げようとしていたのである。ここでは「フィリオクェ」は明らかに東帝国・東教会との対決の意味をもってきている。しかしローマ教皇自身は、これを基本信経に取り入れたのは一〇一四年のことで、これは神聖ローマ帝国皇帝ハインリヒ二世の要請によってである。ここからも、このフレーズが政治的意味、東帝国に対する西帝国の自己主張という意味を強くもっていたことがわかる。

東教会の言い分によれば、これは正しい信仰からの明らかな逸脱である。たしかに、客観的に見ても、三位の等しく神であることを標榜しながら、子と聖霊の間に序列をもうけるのはあまり納得のいくことではない。それゆえ、東教会は自らを「正教」と称する。オリヴィエ・クレマンは、その簡潔で要領のよい正教会の概説書で言う。「この神学(西方のフィリオクェの神学)は、本質の統一性を強調しようとして、かえって統一性と多様性をあわせもつ三位一体の神秘的で二律背反的な意味——位格の神秘〔多様性〕と愛の神秘〔統一性〕の本質でもあり、また、その現われともなる性格——を弱めてしまった。そして、教会ではキリストの「からだ」としての組織的統一、およびキリストの代理者としての教皇の君主制が優位をしめ、聖霊が約束する教会の自由と司牧の普遍的な権威は抑圧されてしまった」[3]。

一般に、東方教会のうちで重きをなすのは、一なる神の実体であるよりは、三なる位格《ヒュポスタシス》である。三位一体とはもとより一と多両者の不思議な均衡を語るものではあるけれども、東方はいつも、西の神学が神の実体の一性に不当に比重をかけすぎていると非難してきた。「ラテン哲学はまず本性をそれ自体として注目し、次に基体《ヒュポスタシス》の考察に移ります。しかしギリシア哲学はまず基体に注目し、それを洞察しながらそこに本性を見出そうとするのです。ラテン人はペルソナ性を本性の一様態とみなしますが、ギリシア人は本性をペルソナの内容と考えるのです」[4]という見解は、大まかに見ればすべての人が認める傾向である。神を一なる実体と考えるのは、より合理的で理性にとっては理解しやすい。西欧の陥る誘惑はこの方向にある。それに対し、位格《ヒュポスタシス》の多を強調することとは、まさに理性にとって思考不可能な、「絶対的な多様性と絶対的な統一の一致」という三位一体の逆説を、まともに見つめることを要求する。これは自然世界の存在や論理との類似性を絶した、動的・交流的で自由な存在の神秘である。ロースキィが「合理的ラテン思想はヒュポスタシスを弱体化する傾向をもつ」[5]と語るのは、正しいと思われる。「父と子から《フィリオクェ》」の聖霊の発出の考えも、背後にあるのはこの二原理の同一実体性の強調と思えるから、聖霊を子にいわば従属させるこの定式は、同一実体を強調し、かつロゴスを重視する西方理性主義の定式と言える。イデア界ヌースと親近な、世界を秩序をもって創造し、維持する子の位格の重視と崇拝は、前章でも論じたように、ギリシア的理性主義哲学の流れをまっすぐ受けている。西欧中世の神学・存在論の中心が、十三世紀のトマス・アクィナスのそれに見られるように、中性的とも言える「存在の働き(esse)」となったことは、この傾向と無関係とは言えないだろう——西方が、その存在の働きの自由や人格性をどれだけ主張するとしても。現代のユダヤ系思想家、ブーバーやレヴィナスが、西欧の形而上学に対して厳しく異議を申し立てるのもこの点についてである。

さらにこの位格は、受肉して人となって教え、救済する位格である。不可視でとらえがたい第三の位格に比して、この第二の位格を重視し、さらにはその「まったき人間性」を強く主張していく西方神学は、やはりラテン的現実主義・人間主義の心性を伝えているのではないだろうか。西方神学がいくら三位格が一つであると語っても、フィリオクエを言う以上、どこかで聖霊がロゴスの下位にくる印象は否めない。アウグスチヌスにしても、父とロゴスから聖霊が出るとは言うが、聖霊からロゴスが出るとは語らない(ただし、公平のために言えば、東方教会も、三位格を平等には扱わず、「父」の優位はゆずらない)。キリストの「体」である教会は、この世での、可視なる神の宮として、キリストとその地上の代理者を「頭」とする統一体として組織される。聖霊はたしかに西方でも教会を構成する人びとの、神への内的結びつきの原理であり、人びととの交わりの原理でもある。いわば魂である。しかし理性的組織・制度・ヒエラルキーの、つまり「体」の強さは、よきにつけあしきにつけ西方教会の特色である。

それに対して東方神学は、聖霊をロゴスと対等におき、父の位格の「両手」(イレネウスの言葉)とすることで、知性的なものと生命的なものの平等と均衡を主張する。これはたしかに、西欧文明・文化の主調に対して、一つの基本的な批判の視点を示していると思われる。これと関連して、東方では共同体のうちでも、教会においても、理念としては、個なる人、個なる信徒の、平等で自由で、自発的な愛に基づく交流が、結合原理たるべきだと考えられる。理性的制度や組織や、ヒエラルキーでなく、自由と、生命と、内的充溢が。——聖霊重視ということは、位格的存在、つまりヒュポスタシス＝ペルソナ的存在性の重視の帰結でもあり、現われでもある。

しかし、このような東方の態度は、またそれなりの困難と弱点をもつ。東方は、西方がその教会を、自由で平等な個人の霊的交わりではなく、まるで教皇君主制のように権威と制度で固めてしまったと非難する。それは正しいかもしれない。しかし、自由な霊の守りがたさを、東方教会の歴史も示している。それは独自の組織を固めなかった代りにしばしば国家権力と結びつき、それゆえに、他国家や他思想の抑圧のもとにあえがなかったろうか？　トルコの支配のもとに、またソヴィエトの支配のもとに。四世紀のコンスタンチヌス一世とエウセビウスの間の、権力と宗教に関する曖昧な妥協は、やはりその痕跡を残しはしなかったろうか？

一九八〇年代終りから九〇年代はじめにかけての歴史は、ふたたび「西欧」の原理が東欧・ロシアに対して勝利したことを世界に示したように見えた。西欧の人権と民主主義と合理主義・自由経済の文化は、やはり東方のそれよりもすぐれていたことが、ソヴィエトの崩壊、東欧の民主化・自由化によって決定的に立証されたように見える。

しかし、ことははたしてそう単純だろうか？　論理性・秩序・組織というロゴス原理は西欧の強味であり、それによって「人格」「愛」「精神（霊・プネウマ）」というような、とらえがたく柔らかい価値をも守るという、逆説的な仕事をある程度なしおおせたということが、西欧文化のもっとも大きな強味であったように思う。しかし、その場合「愛」や「精神」はややもすれば内実を失って空洞化しなかったろうか？

現代では総じて思想が魅力を失い、その中で、例外的に鋭く魅力的なことばを発する人びとがしばしば東欧・ロシア系であることが私の目をひく。これは私の趣味の問題でもあるだろうけれど、どこかまだ深くナイーヴな人間性への眼ざしを残し、しかもそれが西欧思想に馴れた私たちには新鮮な鋭角的な掘りさげを示している。たとえばレヴィナスとか、バフチーンなどの人びとに、私は東方思想の血筋を見る気がする。そこでは人間性（という呼び方が妥当かどうかわからないが）、人間のいきいきとした姿、人間の芯にある火――おそらくそれが、ペルソナとか人格とか呼ばれるものだろうが――そういったものへの感受性が、まだ西欧思想における ように解体・枯渇してしまわずに残っているような気がする。

論理と分析は形を与えて守る武器であるが、解体する武器でもある。表現しがたい、まったく個的なもの、動的なもの、香りのようなもの、多様なものを、ロゴスはしばしばとらえそこなう。しかしそれでも、ロゴスを捨ててしまうことは、さらにもっと危険なことだと思われる。ロゴスのつねにめざさなければならない仕事は、ちょうど微積分の手続きのようなものだろう。論理の扱う直線性をのがれることを本質とする、多様で柔らかい現実の曲線をとらえるには、直線の細分という近似の努力によるほかない。その限界を知りながらも、もしそれを放棄すれば、とらえること自体が不可能になり、別の、より深い誤謬に陥りかねないことも、知っていなければならないだろう。

バフチーンについては、たとえばカリフォルニア大学のホルクイスト教授などが、十九世紀はじめ、ロシア・キリスト教界に起った信仰運動の中心人物、サロフの修道院長聖セラフィームの思想との関連を指摘している。

当時、東方教会では、総本山のコンスタンチノポリスはトルコの支配にあえぎ、ロシア教会は、ピョートル大帝をはじめとする王室の西欧化・啓蒙政策によって圧迫されていた。それに対する正教独自の信仰運動が、『フィロカリア』という祈りを中心とした聖句の収集や、セラフィームによる修道院改革というかたちをとった。両者に共通するのは、おのおのの心の深みにおける神との交流、祈りの意義と実践に関する洞察に満ちた思索であり、それを人びとに呼びかけることであった。これらは聖職者のみならず、一般知識人や平信徒をまきこむ、大きな精神運動となった。ここで生じてきたロシア・キリスト教独特の長老制についてのもっともいきいきとした描写は、ドストエフスキーの『カラマーゾフの兄弟』に見られる。セラフィームの亡くなったのが一八三三年、『カラマーゾフの兄弟』の脱稿は一八八〇年である。ゾシマ長老のモデルが誰であるのか知らないが、その時代に新しく意識されてきた宗教性のうちで、ドストエフスキーの理想を体現した一典型として描かれていることはたしかである。セラフィームは「聖霊に満たされた指導者」「変容者」などと呼ばれ、生前すでに身体が霊的なものに変容していたと言い伝えられる。そのようないかにも教会的な俗信や、ひたすら霊的なものと神化とをめざす東方的傾向に対しては、ドストエフスキーはある批判をつきつけているように見える。きわめて印象的な、ゾシマ長老の屍臭についての挿話は、それを示している。聖者と信じていたゾシマ長老の屍臭に激しい衝撃を感じたアリョーシャはしかし、そのような東方教会的な俗信から脱して、大きな「ロシア的」宗教性にめざめる。

静かに輝く星くずに充ちた穹窿《きゅうりゅう》が、一目に見尽すことの出来ぬほど広々と頭上に蔽《おお》かぶさっている。……地上の静寂は天上の静寂と合し、地上の神秘は星の神秘と相触れているように思われた——アリョーシャは佇みながら眺めていたが——不意に足でも薙《な》がれたように、地上へがばと身を投じた。

彼はなんのために大地を抱擁したか、自分でも知らない。またどういうわけで、大地を残る隈なく接吻したいという、抑え難い欲望を感じたか、自分でもその理由を説明することが出来なかった。しかし彼は泣きながら接吻した、大地を涙で沾《うるお》した。そして自分は大地を愛する、永久に愛すると夢中になって誓うのであった。

……彼は一切に対してすべての人を赦し、それと同時に、自分の方からも赦しを乞いたくなった。おお！　それは決して自分のためでなく、一切に対し、すべての人のために赦しを乞うのである。……ちょうどあの穹窿のように毅然として揺ぎのないあるものが、彼の魂の中に忍び入るのが、一刻一刻と明らかにまざまざと感じられるようになった。(6)

この宇宙と人間を貫く一体感、交流と絆と愛の体験、これはしかしまさしくすべてを貫きわたる不可視の霊、プネウマの体験ではないか。人を生かし、宇宙を生かし、とどこおることなく交流し、触れ合い、その愛においてすべてを成り立たせている聖霊の、地上化され、宇宙化された一面ではないか。

『フィロカリア』や聖セラフィームの影響は、けっしてその生まれたギリシアの地や、モルドヴァの修道院内部にとどまるものではなかった。スラヴ語圏全体が、その影響下に入っていった。否応なく押し寄せる西欧化の波に対し、東方の宗教性の自意識も高まらざるをえなかった。修道士の間にも、他の聖職者の間にも、かつて十四世紀にいわば正教思想の精華として花開いた、祈りと霊的交流の思想、「静寂主義《ヘシカズム》」がふたたび強く意識されてきた。教会の性格・制度に関しても、一八四六年の西の教皇ピウス九世の、教皇無謬性の回状を機に、西方への激しい反撃が生じ、西方的・ヒエラルキー的ではない自由で霊的な共同体としてのロシア正教会論が興った。これは二十世紀初頭のロシアの宗教哲学の隆盛を導いたものであり、そこでは、神の霊により、ソフィアにより包まれ、生かされた世界における超自然界と自然界の結節点として教会共同体が姿を現わす。ソロヴィヨフやフロレンスキーの名がここで思い起される。同様な包括的・動的、いわば位格的・聖霊的な、現実把握は、ベルジャエフの認識論にも、またバフチーンの言語論にもそのおもかげを印している。東方教会の人びとは、西方が聖霊を軽んじて、父と子の単なる絆、愛にしてしまうと非難する。つまり単に関係的なものにおとしめると。しかし、絆、愛、交流が聖霊の位格のはたらきに親近であることは、東方も否定しないし否定できないことだと思われる。

ホルクイストは、バフチーンが当時非制度的・知的な宗教活動の一つの中心だった聖セラフィム兄弟団に関係をもっており、その事実によって告発され、裁判を受けたことを指摘している。もちろん、バフチーンの批判精神は、ある運動のすべてを受けいれて同調するようなやわなものではなかったが、正教の伝統のうちの真実への感覚と洞察をもっていたことは疑えない。一九二〇年代の華やかな思想家フロレンスキーと共に、バフチーンはこの時代の「非正統的正教思想の典型であった」(7)と言われる。フロレンスキーがより正教的枠のうちに留まっていたのに対し、バフチーンはより此岸的であり、「自分の神学上の関心を言説の哲学へと翻訳することができた」(8)のだったが。ここからも、ドストエフスキーの立場とバフチーンの立場にはある親近性が見てとれる。

当時の知的な正教思想に共通な関心の一つは、「我と汝の問題」であり「共同体」の問題だったと言われる。これはキリスト教会創設のはじめからの問題であり、とくに個人ひとりひとりの神化と共生の場として教会をとらえ、その原理としての聖霊を尊重する東方正教にとっては中心問題だったはずである。バフチーンの文学論、言説論の中心は一見一つの言説とみえるものを実は構成している多くの言説の交流・対話の分析である。ドストエフスキーの小説のうちに、彼はそのような「ポリフォニー的言説」の傑作を見いだしたのだった。

そこには「人間のイメージのまったく新しい構造」があり、それは「現実の完結化の枠の中にはめこまれることのない」、「十全な肉体と意義を有する他者の意識」であり、「この他者の意識は作者の意識の枠組の中に、はめこまれはしない」。ドストエフスキーが発見したのは「対等の権利と意義を有している複数の意識が結ぶ相互作用の特殊な形式としての対話性」である。作者はたしかに作品に対して能動性をもつが、その能動性自体が、古典的な小説の作者に見られる、万物をひとりで創造する神のような能動性ではなく、「質問し、挑発し、応答し、同意し、反駁する能動性、すなわち対話的な能動性」である。それは「単一の意識に照らしだされた複数の人びとの分析ではなく、まさに平等な、十全な価値を担った複数の意識の分析」である。

そのようなドストエフスキーの小説の形式の背後には、バフチーン自身が深く共感している次のような人間存在の見方がある。

> 単一の意識はそれだけでは自足的に存在しえない。私が自己を意識し、自己自身となるのは、ただ自己を他者に対して、他者を通じて、そして他者の助けをかりて開示する時のみである。自己意識を組織する最も重要な行為は、他者の意識(汝)との関係によって規定される。自己自身の喪失の根本原因としての離反、孤立、自己への閉塞。内部で生じることではなく、自己と他者の意識の境界で、敷居で生じること。あらゆる内的なものは自足することなく、外部へ向けられ、対話化される。い

かなる内的経験も境界にあらわれ、他者と出会う。この緊張にみちた出会いの中に、内的経験の全本質が存する。これは(外面的・物質的ではなく内面的な)社会性の最高段階である。ドストエーフスキーは……孤独の不可能性、孤独の虚妄性を主張する。人間の存在そのものは(外面的・内面的を問わず)最も深い接触である。存在するとは接触することである。……存在するとは、即ち他者に対して、他者を通じて自己に対して、存在することである。人間には彼が主権をもっているような内的な領域は存在しない。彼の全存在は常に境界にあり、自己の内面を見ることは即ち他者の眼を見ること、あるいは他者の眼で見ることなのである[9]。

このような、接触と交流と対話の存在論、「内的な社会性」の考察、それがそのはるかな根を、三位一体論に、また共同性と個の深みにおける交わりを司る聖霊の位格への深い傾倒にもたなかったとは、私には思えない。キリスト教の神は、ナツィアンツのグレゴリウスが言ったように、一神ではない。異にして同なる三者の関係の神である。交わりなしには存在しない神であり、西方のトマスもまた言うように交わりが、関係がすなわち実体であり存在である神であった。

2　迷子になった概念

レヴィナスは、リトアニア出身の哲学者で、人の他者との関わりに関する鋭い思想を展開している。彼は主としてユダヤ人共同体に属する人だろうけれど、リトアニア人として、一般の西欧思想家よりは東方教会の伝統にも接触が多かったのではないかと思われる。彼はユダヤ・東方の伝統と西欧の伝統との一つの綜合と対決の姿を示しているように思われる。

レヴィナスについては素人にすぎない私がレヴィナス論を企てる気はまったくない。ただ、一つのことばが、この話のコンテキストの中で私を一瞬レヴィナスのもとに留まらせるのみである。それはイポスターズ(hypostase)ということばである。『時間と他者』という、コレージュ・フィロゾフィクでの講演(一九四六年)の中でキイワードの一つに使われているこの語は、「匿名的な」実存すること(exister)という存在のあり方から、具体性をもち、自らの行動の主体である実存者(existant)の現出のはたらきを示し、邦訳では「位相転換」「実詞化」と訳されている。たしかに、このフランス語は単にそれだけの意味の語であろう。ドイツ語にも hypostasieren という語が残っているが、物的ならざるものを物化するという意味で、必ずしもよい意味に使われるとはかぎらない。哲学などでは、むしろプラトンのイデアなどを物のように考えてしまうというネガティヴな意味で使われたりする。reification と同じような意味である。レヴィナスのイポスターズにしても、これは exister より、いわばすぐれた具体的存在性を与えるが、そのゆえにまた閉鎖性と孤独性を帯びざるをえない個存在を結果し、そこからの「他なるもの」への開きが課題になるという性格をもっている。しかし、この、匿名的・普遍的存在性よりはたしかに優先する具体的・主体的存在性へのイポスターズという名づけには、古い歴史の倍音が響いてはいないだろうか。

西欧近代の哲学的な諸概念、存在とか実体とか関係とか範疇とか、その他もろもろの抽象的な基本概念は、多くがギリシア語起源で、ラテン語訳を経て、フランス語、英語、ドイツ語などの近代西ヨーロッパ語にはいり、そこで多くはラテン形のまま、あるいはまれにギリシア形を残したり(「カテゴリー」など)、あるいはドイツにおけるようにゲルマン語訳されたりしている。しかし、イポスターズの語源であるギリシア語ヒュポスタシス(*ὑπόστασις*)は、ラテン語化されず、西ヨーロッパの哲学的概念の群にはいりそこねた。これは西欧においてはよそ者で孤児のようなことばである。わずかに、さきに触れた実体化・実詞化という、稀に使われるきわめてマージナルな意味しか持たないことばとして生きのびているにすぎない。したがって、西ヨーロッパ哲学を翻訳して哲学的用語を造った明治以来の日本の思想界にも、このことばははいってこなかった。

私はすでにくわしい説明なしにこのことばを使ったが、この本の主題である四世紀から六世紀の教義論争は、とくにカルケドン宗教会議以後のそれは、まさしくこの概念の生成をめぐっての闘争であったと言ってもよい。そのことからもわかるように、この概念こそは、キリスト教思想がギリシア的思想世界に対してつきつけた独立宣言のようなものだった。この概念を、キリスト教の思想化の中核をなすものとして鍛え上げることこそ、この時代の思想的努力の中心だったのだ。したがってこれからの私の物語は、主としてこの概念をめぐることになる。

それほどにも重大な概念がしかし、なぜラテン語化せず、それればかりか、近代西欧諸語からまったく姿を消してしまったのか？　西欧もまたキリスト教思想圏であったのに。私の物語のもう一つの眼目はその点である。

その一つの答えは、ラテン語では、このヒュポスタシスがペルソーナ(persona 以下慣例に従って短くペルソナとする)と翻訳されたからである。persona は近代ヨーロッパ語の person, Person, personne などとなり、日本語でも「人格」などと訳されている。これが西欧思想の一つの中核語であることに異論をとなえる人はないだろう。

しかし、ペルソナが本来はヒュポスタシスとはまったく異なった意味の語であることは明らかである。いわば、もともとギリシア語ではじまったキリスト教の思想化の努力が、西方ラテン世界に翻訳され、移行するときに、このもっとも中核的な概念が迷子になり、脱落して別のものとすりかわったかに見える。しかも、「ペルソナ」の語にしても、これからの叙述で見えてくるように、これは当時は独自の存在論の中核をなす語であった。それが西欧の中世から近代の歴史の中では、次第に単なる人間論の術語としてしか意味をもたなくなっていく。せっかく四世紀から六世紀に至る政治と理論の白熱のうちで姿を現わしてきたこの独自の存在性が、少なくとも西ヨーロッパでは次第にまた消滅してゆくのである。これは、「個」にきわめてよく似るが単なるギリシア的「個体存在(individuum)」ではなく、おきかえのきかない純粋個者、しかも、つねに他者との交流のうちにあることを本質とする単独者である。西欧はこの概念を失ったことによって、多くのものを失いはしなかったろうか。なぜこれが見失われていったかについての推測は、終章にゆずることにしよう。

(1)　ヒュポスタシス

このあたりでそろそろ、それぞれの概念の本来の意味を明らかにしておかなければならないだろう。この語ヒュポスタシスは *ὑπό*(下に)＋*ἵστημι*(立つ)という動詞から生じた名詞である。この意味で、実はラテン語の substantia(「下に立つもの」、英語の substance の語源、日本語では普通「実体」と訳されることが多い)はまさに直訳であり適訳である。なぜその訳がラテン世界で一般化しなかったかの説明はあとにゆずる。

リデル‐スコットの希英辞典によると、ヒュポスタシスという語は、それゆえ行為の名としては「支えること」「抵抗すること」などを意味する。そこから派生して、(1)物の名としては、液体の中の沈澱物、濃いスープ、膿など、要するに固体と液体の中間のようなどろどろしたもの。これはヒポクラテスなど、ギリシア初期の自然学、医学のうちで使われた言葉である。さらに時の持続。また存在を得ること、ここから起源など。この意味は『七十人訳聖書』をはじめ、ユダヤ・キリスト教系の文献の場合に多い。この系統の意味は、すべて流動的なものが固化するという感じのものであるのが、とくに興味深い。(2)(神殿などの)基礎、言語的に「主題(subject-matter)」。これは発想としては英語と同じである。またプラン、目的、企画など。(3)哲学的には実体(テオフラストゥス)、現実存在や現実性(アリストテレスその他、ただし術語的に用いられたわけではない)。また新約聖書のヘブライ人への手紙では本質の意味でも用いられている。(4)その他、富・財産の意味もある。

興味をひくのは、この語のもっとも早期の意味に、液体の中の沈澱とか、濃いスープとか、膿とかいうものが見られることである。沈澱とは流動的な液体が固体化したものを言い、おそらくそれから濃いスープや膿などの液体と固体の中間のようなどろどろしたものという意味が出てきたのであろう。そしてこの基本的な意味は、哲学的に用いられるようになっても、残りつづけていると思われる。ギリシア語の『七十人訳聖書』その他の、「存在を得る」という意味にも、非存在から存在が現われてくるという、動的変化のイメージがある。これは液体から沈澱が生ずる時のイメージと共通のものである。そしてレヴィナスが使うイポスターズにも、この「液体の中に固体が現われてくる」というイメージは生きている。さらに、旧約やストアの使い方から、基礎・存在の源泉の意味さえもつに至る。

レヴィナスは言う。「〈存在する何ものか〉の出現は、まさしく匿名的な存在のただ中での転換という出来事である」「〈実存すること〉――それは、名詞では表現し得ない、すなわち動詞であるところの存在するという活動そのものなのである」。その実存すること(exister)のただ中に、名詞的なもの、実存者(existant)が出現する。「実存者がそれを通して自らの〈実存すること〉を結びつけるところの出来事を、私はイポスターズと呼ぶ」。「実存者の出現は、それ自体としては本質的に匿名的なままであり続ける〈実存すること〉のうちに支配を、そして自由を設立することそのものなのである」[10]。

イポスターズは、明らかに一種の動的なものである。そしてそれは、その語の発生以来そうだったようである。ヒュポスタシスという語はアリストテレスなどにも見られるがごく稀だし、「現実に在るもの」ぐらいの意味で、術語的な地位はまったく与えられていない。この語を好んで、きわめて多く使い、しかも重要な箇所で使っている最初の著名な例はネオプラトニズムの創始者とされるプロチヌスである。プロチヌスの言語については、Lexicon Plotinianum をはじめとする多くの枚挙・分析の立派な仕事がある。最近フランスのジェスイット神学者ピエール・オーバンは、『エンネアデス』での用例を数えて、百二十数回と言っている。[11] しかしここでも、使い方はかなり漠然としていて、定義は与えられていない。ただおのずからある性格が見てとれるだけである。

この語は、典型的なヘレニズム・ギリシア語の語彙であるらしい。プロチヌス以前も、同じアレクサンドリアの『七十人訳聖書』である程度使われているから、パウロをはじめ、オリゲネスなどの初期キリスト教思想家の著作には出てくる。また動詞形 *ὑφίστημι* の方は、「実在する(exist)」の意味で、エピクルスやストアで用いられる。名詞形であるヒュポスタシスをはじめて哲学的語彙として用いたのもストアだと言われる。グノーシス派の人びとも一般によく使ったらしい。ただ、プロチヌスの時代頃までのすべてのこうした使い方が、まだ確定した哲学的術語になっていないことは、研究者たちが一致して認めている。[12]

この語が、ウシア、ピュシスなどの似かよった意味の語からははっきりと区別され、独自の意味を担うのは、主としてカルケドン宗教会議以後の、激しいキリスト論論争の中においてであった。そして後にくわしく述べるように、この概念の出現が、キリスト教の理論的説明を可能にしたと言ってもよい。

ニカイアの公会議の頃でさえ、まだこの語は、先にも述べたように、時にウシアと区別されずに使われていた。公会議記録の最後にある異端排斥(アナテマ)で、子なる神は、父なる神と「異なるヒュポスタシスまたはウシア」であると言われている。しかしすでにストア派のポシドニウスに「ウシアのヒュポスタシス」という用法があり、なんらかの区別を考えているらしい。プロチヌスにも同様の表現がある。

プロチヌスはキリスト教教義論争以前にすでにウシアとヒュポスタシスをはっきり区別し、キリスト者は、その区別から直接・間接に学んでいると思われる。*σις* という語尾をもつ抽象名詞はギリシア語にたくさんあるが、大体において能動的・行動的な意味をもつことが多い。ヒュポスタシスという語も例外でなく、上に見たように、とくにユダヤ系の文献で「基礎を与えること」「存在させること」という能動的な意味によく用いられている。それにしても、be 動詞の現在分詞から生じて、抽象的な「存在」の意味を中心とする意味圏をもつウシアとは、意味の重なるところがあることはたしかである。ニカイアで言われたような「ウシアまたはヒュポスタシス(*οὐσία καὶ ὑπόστασις*)」という表現が、その他にも稀ではなく、プロチヌスにも見られるのはそのためである。

しかしプロチヌスではこの表現は、ウシアという語の広い意味圏のうち、とくに現実存在性、リアリティーを強調する場合に使われる。これがヒュポスタシスの核心的意味であるらしい。したがって「ウシアのヒュポスタシス」(つまり存在のリアリティー)という表現がある。[13]しかもこれらは、第一原理からのウシア(＝ヌース)の生成の叙述に結びついて言われることが多い。プロチヌスの一元論体系では、超越者である第一原理がその「満ち溢れ」によって第二原理を生み、これはヌースつまり知性であると共に知性の認識対象たるウシアつまり存在でもある。アリストテレスの自己を思惟する知性のようなものである。その「生まれるウシアの存在性」つまり起源から与えられる存在性にヒュポスタシスという名が与えられている。「生まれた活動《エネルゲイア》(ヌース＝ウシア)は、そのヒュポスタシスを大いなる力《デュナミス》(つまり第一原理たる一者)より受けとる」[14]、「第一の活動《エネルゲイア》がウシア(ヌース)のヒュポスタシスを生む」[15]。存在の現実存在性、その起源たるもの、またそのように生まれながら他の現実存在性をさらに生むもの、などがヒュポスタシスの基本的な意味であることがわかる。

つまりこれは、「無」とも語られる無限に一なる力、第一の原理から発して、世界のすみずみまで弱まりながらもとどいていく、無限に透明な、動的な、純粋存在性とも言うべきものである。キリスト教哲学はネオプラトニズムを用い、変形しながら自分の体系を作ったが、その最高峰と言われる十三世紀のトマス・アクィナスの神はやはり「純粋な活動(actus purus)」であり、それを彼は存在の働き(esse)とも呼んだ。これが、被造との間の深淵を越えて弱まりながらも、世界の存在を与え、支えている。この、トマス体系の背骨である esse の遠い祖先の一つを、このヒュポスタシスに見ても、誤りとは言えないだろう。

ただし、この esse も、あるいはレヴィナスのイポスターズも、プロチヌスのヒュポスタシスのように非人称的ではない。少なくとも、単に非人称的ではない。人称・非人称の区別を超え、それらを包摂すると言えるかもしれないが。トマスは、神のペルソナは神の本性と同一だから、神のペルソナのうちには、本性の esse と異なるペルソナの esse があるわけではない、とその辺の事情を説明している[16]。しかし、ヒュポスタシス＝ペルソナはもともと、父・子・聖霊という、人びとに働きかけ、対話する、聖書のうちの登場者である。トマスの抑制された語り方よりは、実ははるかに自由、自発、交流、対話を本質とするような「純粋存在」なのである。「ラテン語の substantia とか、フランス語ではうまく表現できないニュアンスを持つ実体[17]」だと、ピエール・オーバンもすでにプロチヌスのヒュポスタシスについて言っているが、そのことはキリスト教で用いられるこの語には実はさらによくあてはまることであろう。

ニカイア以後のキリスト教神学は、次第に神のウシア・ピュシスと区別してヒュポスタシスという語を用いるようになり、三位一体論は一実体(または一本質・一本性)で三位格《ヒュポスタシス》と表現されていく。これはカパドキアの教父たちですでに確立されている。アウグスチヌスも「ギリシア語で論ずる人びと」の語り方は、「ミア・ウシア、トレイス・ヒュポスタセイス(*μία οὐσία, τρεῖς ὑποστάσεις*)」というものだと紹介している。「ギリシア人はヒュポスタシス(*ὑπόστασις*)という語をも採用する。しかし、私は彼らがウシア(*οὐσία*)とヒュポスタシス(*ὑπόστασις*)との間にどのような区別をなそうとしたのか知らない。この問題をギリシア語で論ずる私たちの多くの人は、ラテン語でuna essentia, tres subsistentiaeというのを通常*μία οὐσία, τρεῖς ὑποστάσεις*と言う」[18]。つまり、ヒュポスタシスは、実体・本質と区別された神の位格(父・子・聖霊)を表示し、この「位格」が西方のラテン語ではペルソナと呼ばれるものである。したがって、ヒュポスタシスはまさに神のペルソナ的な、いわば人格的(正しくは位格的)な面を示すことばと言えるのである。この区別は、あるいは西方で先に確立したという面もあるかもしれない。ニカイア公会議がまだウシアとヒュポスタシスの区別をどうつけてよいかわからないでいた一方で、西方ラテン世界のテルトゥリアヌスは、そのほぼ百年も前に、父・子・聖霊という古い呼びかけと神の一性を、一つの実体(essentia)と三つの位格(persona)というかたちで両立させていたのだから。

こうしてみると、東方ギリシア語圏のキリスト教神学の中核となった「ヒュポスタシス」が、言い方によっては「人称的」「人格的」とも言える、ある具体性と強度の現実性をもった活動主体であることが、ほのかに予感されるだろう。他方、レヴィナスのイポスターズに目を転ずれば、これは「匿名的な」実存すること(exister)というものの中に、実存者(existant)が出現することであり、そしてその実存者は存在・実存すること(exister)を「うちに含み」、その「支配者である」というあり方をしている。これと、東方教会の神学の簡単な説明の一部を比較してみよう。「人格はある絶対的な現実であり……本性をうちに含み、しかもそれをこえている」。[19]「位格は本質をうちにもつところの、あるいは、むしろ本質を他に与えるところの、きわめて独特なありかたなのである」。[20]

ここに、同一のことばの、ある共通の把握を見るのは無理だろうか。東方教会もまた、西方に対立して、「位格」の現実性をこそ、どこかしらニュートラルに解されやすい「実体」の現実性を超え、含むものと主張しているのである(まったく一なるもののうちに区別を立てられるとしてだが)。

イポスターズは匿名でないものの出現である。支配し、自由であり、自己同一性・単一性をもつ。レヴィナスがこれを強調するのは、直接には多分ハイデッガーの根本概念である「存在《ザイン》」の中性性・匿名性へのアンチテーゼであるだろうが、これもある古いアンチテーゼとよく似ている。ニカイア前後以来、三位一体の一性を強調する西方神学に対して、三位格をこそ基本と考える東方神学は異議を申し立て続けてきた。ヒュポスタシス(位格)はしたがって、ギリシア語で思考するビザンツ東方神学のもっとも重く主要な存在概念でありつづけた。スラヴの正教を私はくわしく知らないが、おそらくそこに変化はないと思う。

この「匿名でない」実存者、ある種の具体性と自由とを持つ実存者——と言うより、その含みもつ、あるいは含まれる、匿名的存在から実存者化する働きそのもの——としてのイポスターズには、「実体」を共有し、いわばそれを基礎としつつも、そこから歩み出る位格、人格、ペルソナの姿がほのかに残ってはいないだろうか。もちろん、レヴィナスにとっては、そこで話が終るわけではなく、イポスターズはまだいわばモナド的な、孤独な人格存在であり、その孤独からの脱出の方途がさまざまな仕方で探られるのではあるけれど。

西方ですぐれて「ペルソナ」であるのは、なんと言っても第二の位格「ロゴス」、受肉する子なる神であったし、そうありつづけている。「ヒュポスタシス」が明瞭な定義を得、他の諸概念と区別されて明確化するのは、これから触れようと思うキリスト論についての論争の中においてであった。第三の位格「聖霊」は、西方ではなんと言っても影が薄い。ロゴス的ならざるもの、受肉して形質を得たものでもない、捉えがたい位格が、ギリシア的合理主義を次第に強く継承していった西方では光を薄れさせているのは、きわめて興味深い現象である。東方ギリシア語圏でむしろ反対に、明確に捉えられない無形の霊・愛の働きである第三の位格が、もっともすぐれて位格であるものとして重きをなしてくることも。

それに至る多くの複雑な歴史的事情も大いに関心をひくことではあるが、ここで注目したいのは、この東方的なものが、やはり西方の蔑ろにしてきたものを保存していないだろうか、ということである。これはたしかに守るに難いものである。ロゴスによる確定化も、明晰化も、肉体による具体化も逃れるもの、それがどんなに守りがたかったかは、歴史も示している。しかし、いわば「敗れたもの」のうちに真の光が見いだされるということは、キリスト教自身の説きつづけてきた一つの真実ではなかったろうか。

ただし、私は現実の東方教会をまったく知らないし、それが何か理想の状態を実現しているであろうなどとはおよそ考えない。むしろ、クレマンも指摘するように、それが悪しきビザンツ風に、ともすれば国家権力やナショナリズムと結びついて狭量なものとなり、現在の民族闘争にまで影を落しているのではないかと疑う。ただ、東方教会の伝統が、西方に訣別して守ろうとしてきた方向のうちには、注目すべき西欧と別の流れ、別のインパクトがあることには目を向けるべきだと思う。これから語ろうとするのは、まだ東方と西方が完全には分裂せず、しかしそのきざしと、それぞれの独自の性格が、かなり見えはじめてきた時代の話である。

ところで、くりかえし言うように、ヒュポスタシスという語が明確に術語化するのは、キリスト論論争のうちでである。だから歴史的にまずすぐれてヒュポスタシス(位格)であったのは、第二の位格「キリスト」である。

さまざまな水路を通ったプラトニズム系の思想が——福音記者ヨハネ、フィロン、パウロ、それにプロチヌス——、ここには集っている。理性的なものが、すぐれた意味で現実存在性をもつという、明らかにプラトニズム的な立場がここにはある。プロチヌスでも、第一の生まれたものとしての知性《ヌース》が、もっともすぐれてヒュポスタシスなのであり、あらゆる存在者はその現実存在性を、ヌースに所属することから得ている——可知的存在の現実性も、感覚的存在のみせかけの現実性も、数の現実性も、関係の現実性も、すべて現実存在性であるかぎりヒュポスタシスと呼ばれているが、それはそれらがヌースに依存するかぎりにおいてである。(21)

といってもそれらは、人間の認識によってはじめて区別されて存在を得るといったものではない。プラトニズムの「知性的存在の現実性」は、主観性とは無縁である。物質的存在よりも知性的存在の方がより原因的であり、存在性が強いというのは、プラトニズムの変わらぬ形而上学である。したがってヒュポスタシスも、エピノイア(分別的認識)の対象とは厳しく対立させられる。(22) またヒュポスタシス自身は、いかにヌースに属するといっても、知性活動そのものというよりは、その活動の現実存在性を言い表わす。したがって「ヌースのヒュポスタシス」という表現があり、「生のヒュポスタシス」、「動のヒュポスタシス」もある。

このようなプロチヌス的なヒュポスタシス概念の性格は、教義論争のうちでたしかにキリスト教化し、変容しながらも存続していると思われる。キリスト教の第二の位格は、とくにどこかプロチヌスのヌースのおもかげをとどめている。

(2)　ピュシス

教義論争で非常に大きな役割を担うのは、いくつかの似かよった概念の異同である。中心になるのはピュシス、ウシア、ヒュポスタシスなどの概念で、もともとはみな漠然と「在るもの」「もの」などを指す、よく似た語である。これらの異同は、たしかに煩瑣なものに見えるが、ただいたずらに煩瑣というわけでもなく、その微妙な違いが、世界観全体の違いを集約していたり、またはその小さな違いを梃子にして、全世界観が転調したりするのである。小さな差異が、大きな機械を動かすキイの役割を果たしたりする。その機械とは、思想体系、世界観にとどまらず、この時代にあってはそれと切り離しがたく結びついている、社会と政治でもある。その意味で、概念の微細でスコラ的な相違が、この時代にあっては人間とその社会を動かす重大な意味をもったのである。

ピュシスとヒュポスタシスの語義の差も、そういった差異の一つである。これをめぐって、ローマ帝国は東西に分裂し、また統合もされた。多くの人びとの生活と生命が、それによって揺り動かされた。

ニカイアを中心とする三位一体論論争で問題になったのは、ウシアとヒュポスタシスの差であった。つまり実体は一、位格は三といわれる神の実体と位格が、どう違うのかということである。これについては、前章のカパドキアの教父についての叙述がある答えを与えていると思う。

次の時代、カルケドン公会議を中心とするキリスト論論争で問題になったのは、ピュシスとヒュポスタシスの差である。これはどう違うのか、またピュシスとウシアはどう違うのか。

この詳しい答えは後にゆずるとして、さしあたり、当時のギリシア語圏でピュシスがおよそどういう意味をもっていたかの見当をつけておこう。

このあたりで問題になるようなさまざまな抽象概念のうちで、ピュシスはおそらくもっとも古く、もっとも生に近くて包括的な概念だろう。それはウーラノス(天)やガイア(地)のようには具体的でもなく、古くもないが、それに近い野太い生命力をもっている。それは二千数百年をらくらくと生き抜いて、今日でも nature として、もとの意味と生命力を保っている稀有な抽象概念である。

パウリィ－ヴィソヴァの古典学エンサイクロペディアによれば、これはもともと本質とか性質とかを意味し、しかも生成《ゲネシス》と密接にかかわる語であって、「どのような性質に生じ成長したか」を意味するという。つまりこれも、動的な意味合いを秘めた語である。例としてパルメニデスがひかれている。[23] ヘラクレイトスではもう少し背後的なものになっており、外的現象の背後なるそれを統べる本性とされ、したがってある種の知性的なものと考えられてくる[24](ヘラクレイトス、エンペドクレス、ゴルギアス)。ここから、一方では合理的思考としては自然の法則性の考えが生じた[25](とくにピタゴラスとその派の人びと)。他方、それは宇宙の生ける魂と考えられたり[26](フィロラウス、エンペドクレス)、神性をおびたダイモーンと考えられたりしてくる[27](たとえばデモクリトゥス)。

古いストアでは神的ロゴスとされ、宇宙の秩序、運命、必然等を司り、宇宙を保持する法となり、人間の倫理の原理ともなる(「ピュシスに従って生きよ」)。ストアも中期では、摂理とピュシスを分けて、ピュシスを下位に置いたりする例も出てくる。一般に全自然がピュシスとされるのがギリシアの伝統であるが、全自然つまりコスモスの一部、すなわち物質的部分がピュシスと呼ばれてくる場合も、キリスト教以前に出てきている(ポシドニウスなど)。

アリストテレスは、ピュシスの詳細な意味範囲の限定を、『自然学』二巻一章と『形而上学』五巻四章で与えている。両箇所はほぼ同時代のものと考えられており、おおよそ似た定義を与えている。例のごとく、この語のさまざまな用法をあげ、その中から彼がもっとも適切と思う定義を見いだしてくる。彼が用法としてあげているのは、『自然学』では、(1)ものを形成する質料(素材、元素等)、(2)型式《モルフェー》または形相《エイドス》、(3)生成《ゲネシス》であり、そのうち、(2)の型式または形相が、より多くそのもののピュシスであるとする。また注目すべきは、ここでアリストテレスは、ピュシスをはっきり基体《ヒュポケイメノン》である実体《ウシア》のうちにあるものとしている点である。ピュシスはその基体である実体に、自体的に属する、いわば本質的属性であり(これはのちに教義論争の中で重要な意味をもってくる)、「その基体が運動しまたは静止することの原理であり原因である」と言われている。

『形而上学』は、より整理されているが、内容はほぼ同じである。ここに、有名な「成長すること(φύεσθαι)」という語源があげられていて、(1)「成長する事物の生成(γένεσις)を言う」とされている。ただしこの語源は、近代では夙にバーネットによって否定され、ピュシスの語源はむしろエイナイ(εἶναι)に求められている。[28] さらに、(2)成長の第一の要素(例えば種子)、(3)運動の始動因、(4)質料、(5)自然にしたがってある諸存在の実体(ウシア)、実相(エンペドクレスの、元素の混合分離が生成の実体だという例があげられている)。したがって形相。(6)そこから広くあらゆる実体(ウシア)がピュシスと呼ばれる。

『自然学』と比べると、こちらではピュシスがウシアに内属する属性のように語られ、他方の『形而上学』ではウシアそのものと語られていて異なるように見えるが、よく見ると、どちらも具体的事物の本質形相のことを語っているので、大きな差はないと思われる。しかし、実体なのか属性なのかという、この曖昧さがのちに、キリスト論においても大きな問題になってくる。これはアリストテレスのウシアという語自体の含む曖昧さである。いわゆる第一実体つまり個物と、第二実体つまり個物の本質・形相とを、同じ名で呼ぶという彼の基本的立場のもたらすものである。ともかくも、彼の『形而上学』のこの部分の結論らしい言い方は、「各々の事物のうちに、それ自体として、それの運動の始まりを内在させているところの、その物の実体(ウシア)」というものであるから、ここでもピュシスは基体としての物それ自体というよりは、むしろそのうちなる、そのものの運動原因をなす、そのものの本質であろう。しかしそこから物自身を指すようになるのは、ほんの半歩の歩みである。

ネオプラトニズムもさらにこれらの伝統を受けつぎ、ピュシスのたくさんの語義をとり入れている。もともと広義で総括的なこの語は、歴史とともにその意味のヴァリエーションを豊かにはしているが、それでもある基本的方向が見てとれる。プロチヌスではアリストテレスあたりのギリシア語一般の使い方より少しずれて、「生むもの」という能動的意味よりは、むしろ「生まれたもの」という受動的意味が多く、宇宙とか自然全体を意味する場合が多いとされる。

とは言っても、プロチヌスが、第一原理である超越的な一者を、「第一のピュシス」と呼ぶところも何度かある。もちろん「第二のピュシス」「第三のピュシス」についても語られるが、「第一のピュシス」についてが一番多い。そうしてみると、やはり能動的な「生み」の意味は残っているようである。

第一原理である「一者」つまり「善」は、まったく超越的なものとされているから(「有《ウシア》のかなたなるもの」、プラトン『国家』)、その原理を何かと等置して語ることは稀にしかない。「いわば」ということわり書きをつけるのがふつうである。「いわば生」、「いわばエネルゲイア」、「いわばヒュポスタシス」等々。しかし、ピュシスについてはいきなり等置される場合がかなりある。こういう言い方はピュシス以外には、力《デュナミス》、原因《アイティア》、原理《アルケー》、充溢《ペーゲー》などがあるのみである。すぐれて生むものである第一原理がピュシスと呼ばれるのは、ピュシスのニュアンスを示唆する。

ヌースやプシュケー(第二原理、第三原理)についてもピュシスと語られることはよくあり、この場合は当然生まれてかつ生むものだから、能動受動両方の意味に用いられる。とくに第三原理であるプシュケー(宇宙霊魂)が、ピュシスと呼ばれることが一番多い。宇宙霊魂プシュケー、とくにその下位の部分は、私たちの世界つまり感覚的な自然界を生み、それに生命を与えているものである。この下位の宇宙霊魂と自然界の両方がピュシスと呼ばれている。しかし生むものであるプシュケーの方がより本来的にそう呼ばれるようにみえる。[29] のちのプロクルスもまた、ピュシスは宇宙霊魂と物質世界の中間的原理だと説明している。[30]

以上のことから、紀元三世紀においては、またその後のネオプラトニズムにおいても、ウシア、ピュシス、ヒュポスタシスの三者がたしかに区別を見せながらも、現実には切り離しがたく密接に結びついており、一つの存在のさまざまな面と考えてもさしつかえなさそうなことがわかるだろう。この事情が一変するのが、キリスト教においてである。ここまでに出てきた性格の差を大まかにもう一度繰り返せば、ウシアはもっとも哲学的・抽象的性格が強く、しかしこれも本質、種形相、実体、個存在と、かなりの幅をもつ。とくにアリストテレスで発展・明確化させられた概念である。ヒュポスタシスは比較的新しいヘレニズム・ギリシア語で、存在のアクチュアリティー、実存、といったニュアンスをもち、動的はたらき、流動のうちのいっときの留まり、という性格をもつ。ピュシスはもっとも古いギリシア語で、自然存在、本性、生むもの、生まれたもの等のニュアンスをもつ。本性であるかぎり、本質であるウシアとほとんど等しい意味をもつが、生み、生まれるという動的・生命的イメージ、また自然界という具体的イメージはウシアと異なる。

したがって、次の章で扱うキリスト構造論を考えた三世紀から六世紀の人びとが、ほとんど同義な実体《ウシア》と本性《ピュシス》という二語のうち、ウシアではなく本性の語を使ったのは、理由があったのだと思われる。つまり、ピュシスの方がこの物質世界に近く、具体的な、動き、成長し、滅する世界に近いから、目の前に具体的に見えるものとしての人間イエスの本性を考えるのに、ウシアではなくピュシスという語を使ったのではあるまいか。この辺の事情を十三世紀のトマスも、「ある決定されたカテゴリーにおける個別者であるものの定義のうちでは、essentia(ウシア)という語よりは natura(ピュシス)という語の方がふさわしい」と説明している。「なぜなら essentia は、もっとも共通な語 esse(存在)からとられた語だから」[31]。ピュシス(ナートゥーラ)の方が、種に属する存在をより具体的に表現するのである。このあとの経過で、キリストは神のピュシスと人のピュシスを併せもつと言われるようになるのだが、一見奇異な「神のピュシス」という表現も、静的ではなく、むしろ動そのものであるキリスト教の神を示すには、あながち不適当ではないであろう。キリスト教の神は、同じくピュシスと呼ばれたプロチヌスの第一原理よりも、うちに三位の動的関係をもつ以上、さらにもっと動的な原理なのだから。

3　翻訳による変貌

ニカイアの公会議自体は、キリストが、また聖霊も、父なる神と実体(ウシア)を同じくする「神からの神」、つまり父とまったく同一の神であることを語っただけで、「ヒュポスタシス」とか、「ペルソナ」とかいう、三位格の共通名を出していない。しかし、およそ四、五十年後に、カパドキアの教父たちは明瞭にヒュポスタシスとウシアについて論じているし、さらにその四十年後にアウグスチヌスは、先に引用した『三位一体論』五巻八章のくだりで、明らかに三位格にペルソナ(persona)という共通名を与え、ギリシア語ではそれをヒュポスタシスと言うと語っている。

前の節にも述べたように、ヒュポスタシスの正当なラテン訳語は、スブスタンチア(substantia)またはスブシステンチア(subsistentia)である。事実、カルケドン以前の公会議の記録は、むしろスブシステンチアの語を用いている。それがこの二百年の論争のうちで、なぜペルソナという対応しない訳語が成立し、現在に至るまで使われつづけているのか。まったく本来は意味の違うペルソナとヒュポスタシスという二語が、どうして対応語として用いられつづけたのか。そのことによって、表面上同じことを言っている教理の内容も、ギリシア語で言う場合とラテン語で言う場合とでは微妙に変わってくることになる。ニカイア、カルケドン、コンスタンチノポリスなど、全地公会議(ecumenical council)といわれる全ローマを覆う大きな公会議は、もっとも権威ある会議であり、この頃は皇帝が召集し、教皇が形式上主宰し、ギリシア語圏・ラテン語圏双方の司教たちが参集するといったものになっている。公会議の決定は、必ずギリシア語とラテン語の二語で作られた。それはもちろん厳密な翻訳のはずであった。しかしキイワードにまったく意味が異なり、ニュアンスの違う語があてられるとき、それは厳密には同じ内容とは言えない。その影響があらわれてくるのは徐々に、目にとまりにくい仕方においてではあっても。

カルケドン以前、たとえばエフェソスの公会議で用いられたキュリルスの第二書簡(二一三―二一四頁参照)などでは、「位格」の語は「ヒュポスタシス」のみで、ラテン語訳も、その語をそのまま使っている。しかし、カルケドン信経は、プロソーポン(*πρόσωπον* ペルソナに対応するギリシア語、原義は顔、そこから個人)とヒュポスタシスを同義として列挙し、ラテン語はペルソナとスブシステンチアを列挙している。この四語のうちからなぜ、ヒュポスタシスとペルソナだけが残って等置されることになったのか。

それには、かなり表面的な二つの事情が考えられる。

第一の理由は、アウグスチヌスがすでに簡明に語っている。先に引用した『三位一体論』五巻八章の箇所に続けて、彼は言う。「ところが私たちのラテン語の語法では本質《エッセンチア》(essentia)と実体《スブスタンチア》(substantia)とは同じ意味をもつことを固持すべきであるから、私たちは敢えて一つの本質(essentia)、三つの実体(substantiae)とは言わず、一つの本質あるいは実体(essentia sive substantia)、三つのペルソナと言うのである」。

おそらく、アリストテレスが種形相(本質)とそのいわば具体例である個体との両方をウシアの名で呼んだことに、この困難の遠因がある。いわゆる第一実体と第二実体の問題である。両者はたしかに密接に関わっており、種形相をもつゆえに個体がその個体であることはたしかだが、しかしこのアリストテレスの名づけ方は、ラテン作家がウシアをsubstantia(スブスタンチア)と訳したときに、このスブスタンチアという語にも形相(本質)と個的存在の二義があるという結果をひきおこした。この二義性は、物質界の存在を学問的に考えるときは、(アリストテレスに見られるように)それほど困った結果はもたらさない。しかし三位一体論にとっては致命的である。それでなくても個を個として考えるためにはきわめてやっかいな二義性である。テルトゥリアヌスが早くに用いていたペルソナという語は、この混乱を避けて、神の本質と区別された、ある種の存在性(父・子・聖霊という)を指し示すために便利だったのである。

第二の理由は、歴史的なものである。詳細はのちの教義の歴史にふれる箇所にゆずるが、ペルソナに本来対応するギリシア語であるプロソーポンは、カルケドン公会議で異端として排斥されたネストリウス系の、またそれに近いアンチオキア系の思想で好んで用いられ、重要な意味をもたされていた。カルケドン後の論争で、「ネストリアニズム」はまず攻撃の的となった。したがって、カルケドン以後、「位格」の意味のギリシア語としてはもっぱらヒュポスタシスが用いられるようになる。他方、先の第一の理由でラテン語ではもっぱらペルソナの語が用いられるようになったから、もともと四つの同義的概念だったヒュポスタシス、プロソーポン、スブシステンチア(スブスタンチア)、ペルソナのうちから、ヒュポスタシスとペルソナが生き残り、ヒュポスタシス＝ペルソナという、いわば対角線的な等置が成立したのである。

(1) 顔——ペルソナとプロソーポン

それではペルソナ-プロソーポンとはもともとどのような語なのか。少し古いが、有名なネドンセルの論文を手がかりに概略を見よう[32]。

プロソーポンは、古来から顔を意味し、語源としては、もともと目や顔を意味するオープス(ὤψ)の前にさらにプロ(πρό)という前置詞のついたものと考えられている。そこから転じて、物の前面の意味になることは容易に推測がつく。デモステネスなどでは仮面という意味にもなっているという。この仮面は、宗教的儀式やそれから出たギリシア演劇で重要な役割を担ったことはよく知られている。小人数で演じられたギリシア悲劇の主役では、仮面によってひとりの俳優が複数の役を演ずることもあった。その表わすものは個々のヒーローであることも、種々のタイプ(年齢、性など)であることもあった。一つの劇場が七十箇以上の仮面を備えていたという報告もあるくらいだから、使われた種類はかなり多く、人間性のさまざまなタイプを網羅していたと思われる。

そこからプロソーポンという語が、人間の社会における役割を指すようになるのは当然であり、そこから個人を指すに至るにはほんの一歩であった。この後者の使い方がいつからギリシア語のうちに見られるかについては、多くの議論があって定かでない。紀元前二世紀のポルビュオスにあるという説から(一カ所はたしかにあるらしい)、逆に紀元後五世紀まではなかったという説までさまざまである。[33] ネドンセルは、キリスト教時代以前にすでに「個人」という意味のプロソーポンの用例はあり、それには多分キケロ等のラテン語のペルソナの用法が逆に影響しているのではないかと語る。[34]

この場合見逃せないのは、セム系思想の影響で、新約聖書では「面前に」というような用法のほかに、「コリントの信徒への手紙二」一章11節では、明らかに個人の意味で用いられていることが指摘される。非キリスト教の小アジアの作家にもこの例があり、総じて新約聖書では、「仮面」という意味や、役割という含意が消えて、「顔」と「個人」だけが残るのは、セム的思考の影響のせいであろうと考えられる。旧約の pânêh

は、つねに「顔」と「個人」を表わしていた。ユダヤ系思想家レヴィナスにおいて「顔」が他者性の体験の強烈な場であることを考えると、この伝統はある連続性をもっているようにみえる。

ともあれ、新約以降の共通ギリシア語(コイネー)にあっては、プロソーポンを個人の意味で使うのはふつうのことになっていた。

(2) ペルソナ

それではペルソナはどうか。この、西欧思想史で枢軸的な地位を占めつづける概念の原義は「仮面」である。プロソーポンがもともとは「顔」であって、転じて仮面の意味も得てきたのに対し、ペルソナの方ははじめから仮面であった。アウルス・ゲルスの『アッティカの夜』は紀元頃の作家バッススをひいて、ペルソナの語源は persono (響きわたる)という動詞からだろうと語る。この語源説は、六世紀のラテン作家ボエチウスによって繰り返され、彼を通じてその後の西欧に一般に知れわたることになった。言語学的には、この説は母音 o の長短の問題で難点をもつ。しかし、古来もっともポピュラーな説であることはまちがいない。

語源としてはその他、per se una(自らにより一である、の意。当然のこととしてこのプラキドゥスによる語源は、中世キリスト教思想家に歓迎されたが信憑性は薄い)、プロソーポンと同語源であるという説、エトルスク語の phersu という説などがある。この最後の説には、ネドンセルはある信憑性を与えている。phersu は墓碑などから、仮面をつけた踊り手で、何らかの神か、神を表わす俳優のようなものであるらしい。その神として、ギリシア神話ペルセポネではないかという説を、彼は展開している。この女神の名が、その祭のときに用いられる仮面を指すようになったのではないかというのである。ここでは略すが、さまざまな音韻上の難問の間を漕ぎ渡って、これが一つの説明たりうると、ネドンセルは主張している。霊や人物の名が、それを演じる仮面を通じて、「仮面」の意味をとる例は、larva という語にもみられるという。とくに、ラテン民族の演劇はエトルスク文化の影響を大きく受け、演劇用語はエトルスク語源のものが多いことが、この説を補強している。

正規のラテン演劇で仮面が用いられるようになったのは、紀元前一世紀頃さかんになったギリシア文化の影響下だが、それ以前、民族的・エトルスク的な民衆劇ですでに仮面が用いられ、ペルソナの語が役割の意味をも得ていただろうというのが、ネドンセルの説である。

困難な語源問題はさておいて、紀元前二百年前後、第二ポエニ戦争のころに、すでにペルソナの語は、(1)劇場の仮面、(2)劇での人物、(3)たぶん役割、(4)たぶん文法での人称、などの意味をすでにもっていたと思われる。そしてこの語の意味を一挙に広めたのは

(ほかの多くのラテン語のヴォキャブラリーにおけると同様)、やはりキケロだった。

キケロの用法としては、次のようなものがある。⑴法律の主体および対象としての個人、⑵社会的役割、⑶集団的人格(法人など、いわゆるコーポレート・アイデンティティー)、⑷尊厳を欠くとかもつとかする個人、⑸法的に、物と区別された人間、⑹個人の人格や具体的性質、⑺哲学的に、人間本性、一般的に理性を持つ者として、またはまったく個人としての人間。

キケロ以後は大きな発展変化はない。二世紀頃以降、もともと「人間」だったhomoが次第に「男」の意味に使われるようになり、それにかわって抽象的な「人間」にペルソナが用いられるようになったと言われる。これには、人間を、哲学的考察の対象のような抽象的次元ではないが、文学のような個性的次元でもなく、その中間の「法のもとなる人間」の次元でとらえるローマ法の発達が大きく寄与したらしい。ここには「万民法的ヒューマニズム」とも言うべき態度がある。このようにして、ローマ人の法的思考のうちで、ペルソナの語は、ギリシア語プロソーポンよりもはるかに豊かに発達し、かえってプロソーポンの語義を広めるのに影響したことが指摘される。ただ、法的発展をのぞいても、それ以前に仮面と劇の人物という意味から、タイプ、性格、社会的・道徳的役割という意味への移行は、日常言語のうちで行われていた。また劇のヒーローの尊厳やユニークさのニュアンスも、この語に与えられていた。ペルソナとはこのように豊かな社会的・法的・道徳的意味を含む語として、キリスト教成立以前にラテン語のうちに確立していたのである。

4　概念のポリフォニー

「沈澱」「基礎」が、「仮面」と訳されるという奇異な事態がおこったのは、既述のような歴史的経過の中で、おのおのの語の多様な意味のひろがりの中にある「個存在」という共通項・媒介項を介してであった。ラテン語のペルソナには、徹頭徹尾社会のうちなる個人というニュアンスがあり、役割、人に与える影響、印象、尊厳といった含意がある。ヒュポスタシスには、元来そうした意味合いはまったくない。そのかわり、ヒュポスタシスにはまた、ペルソナにはまったくなかった宇宙的視野と連関とがある。ヒュポスタシスは自然学的・形而上学的な存在論のことばであり、ペルソナは劇場と法律と日常社会生活のことばである。この両者が等置されて、一つの同じ対象を指すとされるとき、その対象には複雑な交響が生じ、多様な倍音が生じる。キリスト教思想の中核となったペルソナ＝ヒュポスタシスは、このようにしてきわめて豊かな概念となった。

ここで注目すべき重要なことは、両概念に共通する一つの性格である。それは、この両者いずれにおいても、個存在性と流動性・関係性という一見矛盾した二要素が密接に共存しているということである。ヒュポスタシスは、流動きわみない、一者からの存在の流出(πρόοδος, emanatio)のうちの束の間の留まり(μονή)としての純粋存在性であった。宇宙的流動と因果関連の網なしには、ヒュポスタシスは存在しえない。ペルソナはまた、劇場という演劇的場のうちの一要素であり、そこから転じて法体系のうちでの要素、社会的関係のうちで役割をもつ個人であった。

いずれの場合も、これらの概念の指し示すものは、一面では包括的な場の結ぼれのようなものであり(ネオプラトニズムのヒュポスタシスも、レヴィナスのイポスターズも、このような性格を顕著に示している)、しかし他方、場へ向い、場を形成する原点としてのアクチュアリティーももっている。その意味では、場をうちに含んでいるという言い方もできるだろう。両方とも、きわめてアクチュアルな概念であるが、他方、自分の包括するもの(ウシアや「実存すること」)によって現実性と自己同一性を得ている面もある。

ヒュポスタシスは、存在するものを存在せしめているアクチュアリティーそのものであったし、ペルソナは、これこそ劇場や社会のうちでの主演者であった。しかし、ヒュポスタシスは宇宙的循環の一要素であるし、劇全体の構成や社会全体の依存関係と関連性なしにはペルソナはペルソナたりえない。劇は成立しない。この両概念がそのまわりにひろげる関連の場は、異質なものである。しかし、両者とも個存在性と関係性の両面をにらみ、両面を必須とする概念であることは共通している。そして、この両者が等置されるとき、結合された概念のもつ場は、宇宙的かつ人間的、自然的かつ法的・社会的、非人間的かつ日常人生的なものが重なり合い、混じり合い、対位法的に関わり合う不思議な場となった。

したがって、この二つの概念は時にその意味内容を入れ替え、東方教会におけるようにヒュポスタシスが人格的な交わりの原理を意味したり、西欧キリスト教哲学におけるように、ペルソナが純粋存在性を意味するという、これも不思議な現象が生じてきた。これは西方教会がボエチウス、エリウゲナらを通じてギリシア的形而上学の知的態度を受けつぎ、制度的にも学問を宗教の下に吸収する体制をつくっていったのに対し、東方教会が学問と宗教を結合することにおいて西方ほど熱心ではなく、巧みでもなかったという事情にもよるだろう。ユスチニアヌスの政策によって、修道院と学問性の分離が生じたという説も、(のちに述べるように)語られている。そしてこのことは、他の諸般の外的事情と共に、ロゴスを中心的位格とする西方教会と、聖霊を重視する東方という、基本的志向の差とからみ合っている。

ただし、意味が入れ替っても、それぞれの概念はやはりもとの意味の倍音をしっかりと響かせている。ヒュポスタシスは抽象的で明確な存在概念であることをやめないし、ペルソナは神学的概念であると共に「神の似姿へと」造られた人間を示す語でもあり続ける。「ペルソナという語は、たとい人間と神との間には非常な相違があるにしても、人間もこの語で語られ得るほどに類的な名称である」とアウグスチヌスは言っている。(35)

こうして、二義性を持ったウシアというギリシア語が、スブスタンチアというラテン語の二義性を結果してしまったことから、そしてもう一つ、ネストリアニズムの異端が、プロソーポンという語を特殊な意味に用いたことから、とくにカルケドン公会議以後はこのヒュポスタシスがペルソナと翻訳され、キリスト教思想はきわめて豊かな基本概念を得ることになった。基本となる概念がどれだけの含みと幅をもっているかということは、その思想の形成にとって重要なことだったと思われる。それはいわば多面で豊かな種子をもったのである。——しかし、それは一見そうみえるように歴史の偶然だったろうか？　それはやはりもとをただせばローマ帝国というものの広大さ、多民族・多文化の交響であったのだ。互いに異質なものをもつギリシア語圏、それもヘレニズムの小アジア、シリア・エジプトなどの文化を含みもつギリシア語圏の文化と、ラテン語圏の文化と。東方の思弁と神秘と超越に対する西方の現世と人間の現実へのたしかな眼ざし。形而上学と宗教に対する歴史と法とレトリック。その出会いがこのヒュポスタシスとペルソナの出会いであった。キリスト教思想が豊かな種子をもったとすれば、それは、多文化混淆のローマ帝国の豊かさであった。この概念対の中には、当時、広大な「世界」

そのものとも思われたヘレニズム・ローマ帝国の全文化がおさまっている。

ただし、おそらくここで注意しなければならないことは、とくに西方ラテン世界から西欧にかけて、「ペルソナ」という、本来非哲学的で、社会的・法的・人間論的な語が、やはり哲学的存在論の語彙としては定着せず、次第に力を失って、存在論体系を支える語としては esse とか substantia つまり存在とか実体とかいうギリシア自然学に基礎をもつ語に席をゆずっていったことだろう。その結果、西欧の哲学は、ある程度、この時代の人びとが克服しようとあれほど努力したギリシアへと、戻っていったのではないだろうか？　しかしこれは後の物語である。

連想のままに、ふたたびバフチーンをひき合いに出せば、彼は『小説の言葉』第五章の中で、キリスト教が成立した頃のローマ帝国を、言語の多元性がはじめて自覚され、それに伴う文化の多元性・多声性が現実的問題として社会を支配した時期と規定している。ポリフォニックであり、そして多元なるものの対話が旧来の秩序を時に逆転させるカーニヴァル的時代であると。

その当否はさておいても、しばしば「折衷的」とのみ軽蔑的に評価されるこのヘレニズム後期のローマの文化が、その一見まとまりのない多声性・多様性のゆえに、ある自由とのびやかさをもち、人間というものの相対性の意識をもったであろうことは、注目されてもよいことである。ヒュポスタシス＝ペルソナもまさに「折衷的」概念にはちがいないが、それゆえに、この一つの概念の中にさえも、無限に豊かな対立と宥和と対話の可能性が含まれており、それは現代ヨーロッパに至るまでの思索の種を提供していることを見逃してはならない。自然学的な「もの」にも似た自存性と閉鎖性も、イデアに似た知性的存在特有のあり方も、生命も、他者によってのみ存し得るという開いたあり方も、すべてこの種子のうちにある。

第三章　カルケドン公会議——ヨーロッパ思想の大いなる転換点

濃い潮の香と、東方の息吹きが、キリスト教教義の生誕にはつきまとっている。異教の美神は泡立つ海から生まれたといわれるが、キリスト教理論も、地中海周辺の潮騒の中から生まれた。コンスタンチノポリスはヨーロッパ大陸の東端の岬というべきところに位置して、黒海とマルマラ海を見はるかし、せまいボスポラス海峡をはさんで、目の前にひろがるアジア大陸尖端まではひとまたぎであった。ニカイアはそこからおよそ百キロ、小アジアの少し内陸にはいった湖のほとりの王宮の避暑地だった。ところでここカルケドンはコンスタンチノポリスの対岸、アジア側の古い海辺の町である。ギリシアの盛時に、ここはすでに植民市であった。そこここに古い石組みの残る港を見わたす丘の上に、いまは聖エウフェミア教会の壮大な三層のバジリカが立っていた。夏の間白熱して激しく、港や町の白い家々や石だたみに照りつけた陽光も心なしか黄ばんでやわらぎ、日焼けした半裸の子供たちや犬や漁師でざわめいた港にも、ある静けさがもどってきた。海の色も、その紺碧を深くしているようだった。

三位一体論が確定した第一コンスタンチノポリス公会議から七十年が経っていた。西暦四五一年十月、聖エウフェミア教会の中では、熱い論争と政争がくりひろげられようとしていた。

1　前　史

(1) 帝国の政治

第一コンスタンチノポリス公会議を主宰したテオドシウス大帝は、三九四年には名実ともに帝国ただひとりの皇帝となったが、まもなく病死した。四十八歳であった。偉大な才幹と器量を備えていた帝であったが、その後継者たちは、唯一の例外と言われる孫娘プルケリアをのぞいては、精神的にも肉体的にも弱々しい人びとであった。ペルシアとの緊張、ゲルマン諸族との宥和・統合と対立・戦闘とのくりかえしをかかえながらも、首都は全ローマの富と文化を集めて、西方よりはゲルマンの脅威にもさらされること少なく、華やかな外貌を保っていた。これは、四一〇年のアラリックのローマ占領に象徴されるように、フン族に押し動かされたゲルマン諸族の激しい移動の余波をまともに受けた西方とは異なっていた。

西方はアラリックのローマ侵入によって貴族階級の力が急速に衰えたのを期に、それまで貴族の、したがって多くは俗人の、援助や庇護に依存するところの大きかったキリスト教聖職者たちの力と結束がこれまた急速に強まった。それまでは、異教を奉ずる大貴族の、キリスト教神学についての発言に、アウグスチヌスのような聖職者が謙譲に耳を傾けるということもあった(1)。キリスト教の布教にとっては、異教と古典文化の教養をふかく身につけ、莫大な富と地位を持つ貴族階級が大きな障害ともなり助力ともなった。キリスト教思想家たちにとっては大貴族との交流・交渉は、戦略的にもきわめて重要なものであった。宗教運動はしばしば、ペラギウスの場合のように、一部大貴族の尊敬と庇護をうける俗人思想家に指導され、貴族の子弟とくに女性たちの主導と財政的支持で隆盛した。四、五世紀当時の、ヒエロニムスやアウグスチヌスの周囲の女性たち、大メラニア、小メラニア、その他大貴族ケイオニウス家やアニキウス家のパウラ、デメトリアなどの伝記を見れば、そのことは一目でわかる。

しかし、四一〇年以降、西ローマ大貴族の力は急速に衰えた。多くは荒廃したローマを捨てて帝国東方へ、またそれぞれの所領のある属州へとのがれた。彼らに代って西方諸都市にふみとどまり、この危機にある西ローマ社会を支えたのが教会人、聖職者たちであった。彼らの分派の争いは、この大きな危機を経て、聖職者階級のソリダリティにとって代られた。教義的にはペラギウスに代表されるような貴族的・俗人的・古代的な個人的修養と完成へのすすめに、アウグスチヌスのおそるべき絶対的な予定説が冷水をあびせた。アウグスチヌスのペラギウスに対する論争は、個人の意志、資質、精進といったものに重きをおく多少とも貴族的・エリート的な文化への鋭い訣別、その意味で古代への訣別であったと言えるだろう。彼の絶対的な恩寵と予定の説によれば、万人は本来呪わるべき神の怒りの子である。自分の力による回復の可能性を絶たれた、原罪のしもべである。そのうちの誰を、何人を、救いへと定めたまうかは神の絶対的自由にのみゆだねられている。そこでは、信仰さえも、選ばれ、与えられるだけのものであり、個人の努力や善い意志も、自分に基づくものではまったくない。ただ洗礼により、救いの可能性をもたらしたもうたキリストに依存することだけが、わずかな救いの可能性に賭ける機会を提供するにすぎない(2)。

これはおそるべき教会専制主義である。しかしそれに従う者にはいわば平等に機会が与えられ、地位も、能力も、意志も、最重要な問題ではなくなるという、ある種の革新的な平等主義と救いとがある。この精神は次第に西方教会に浸透してその長所と短所を形づくっていくことになる。

テオドシウス大帝の孫、テオドシウス二世は、即位したときわずか七歳であった。彼は温順で手仕事を好み、能筆で知られるなど、芸術的才能をもち合わせていたようだが、政治や学問にかけての能力は、壮年に至っても示すことがなかった。しかし彼はよき補佐に恵まれていた。ギリシア系の民政総督アンテミウスや、六歳年長の姉プルケリアの助言と助力により、大過ない政治を行いえた。

この才色兼備の皇女の学識、思慮、判断力、行動力は、しばしば女性の力が大きく働いたビザンツ宮廷という社会のうちでも、並みはずれたものであったらしい。元老院は十歳の幼帝を導き補佐する十六歳の彼女に、女帝《アウグスタ》の称号を惜しまなかった。帝妃エウドキアも彼女に劣らず学識と美貌に恵まれ、ギリシア哲学の深い素養をもとに、膨大な旧約聖書の詩形での書きかえ、ホメロスとキリスト伝説の融合、その他聖者伝などの多くのすぐれた著作がある。エウドキアは貴族の出ではなかったが、当時の宮廷や貴族階級の女性にはこのような教養はさほど稀ではなかった。彼女らは政治にもしばしば独自の手をさしのべた。しかし、エウドキアの人物と力量は、プルケリアのそれには及ばなかったようである。ついにはおそらくプルケリアとの勢力争いに敗れたかたちで、エルサレムに隠棲のうちに没した。

プルケリアはいまだ西方のように教会化されない初期ビザンツ的宗教者としての一面をもっている。ふたりの妹と一群の処女たちと共に、彼女の宮殿は一種の修道院のおもむきを呈していたと言われ、そこで彼女らは祈りと、慈善と、教会の建立、対異端活動などに身を捧げ、しかも俗世帝国の政治の采配をも振っていた。弟テオドシウス帝も再三の公会議を召集して教義の統一につとめたが、彼はしばしばその論争、政争の意味を十分理解していなかったようにみえる。カルケドンにおいて、決定的で明確な統一教義がうち出されるのはテオドシウス二世の死後ただちに、プルケリアが帝国の実権を完全に握ってからであった。ただ、彼女の宗教性は、のちの西欧の修道女のそれとは異なり、帝国の政治の諸局面に目くばりすると共に、宮廷人としての華やかさにも欠けてはいなかったことが、美貌をうたわれた行政長官パウリヌスとのとかくの噂にも見てとれる。

(2) 教会政治と教理

キリスト教が自分を理論化しようとしはじめて以来、もっとも中心となった問題は何だったかといえば、それは疑いもなく、「イエス・キリストとはなにものか？」という問いだろう。最初の全ローマ的な解決の試みであったニカイア公会議の問いもそれであった。それから百二十余年経ったカルケドンの公会議の問いもまた、同じ問いであった。三位一体論と名づけようと、キリスト論と名づけようと、問いの内実は同じである。イエス・キリストとは人なのか？　ガリラヤの大工ヨセフの息子にすぎないのか？　それとも神なのか？——神人、つまり神的なところをそなえた人なのか？　それとも人神、つまり人間の側面をもつ神なのか？

百二十年間、というよりさらにその前から、そしてカルケドン後もほとんど百年近く、この議論はとだえたことがなかった。議論の糸はもつれにもつれた。しかし切れることはなかった。

三八一年の第一コンスタンチノポリス公会議は、いちおうニカイアを確認して、上の二者択一の後者を選んだ。つまりイエス・キリストは父なる神とまったく実体を同じくする神である。したがって、彼は神的なところをそなえた人であるよりは、むしろ人間的な面をそなえた神だといわれるべきだろう。

しかしここでふたたび、三位一体論にまさるとも劣らないキリスト論の難問が姿を現わす——「全く神と同一実体であるキリストと、その人間性との関係は理論的にどう説明されるのか？」

三位一体論によれば、彼は「全く神」である。しかし、彼は人として生まれ、死んだ。パウロを受けつぐキリスト教の救済思想は、彼の神性を三位一体論として要請したのと同様に、彼の人間性の真正さをも、同じく非妥協的に要請する。なぜなら、以前にも述べたように、贖罪による救いが全人類を救う最大のものであるために、贖いとして殺される者が神に等しいことを三位一体論は要請した。しかしその受苦と死が単に見せかけのものであったら、贖いは成り立たないだろう。受苦と死がまぎれもない真正なものであるためには、彼は「全く人」、真実に人でなければならない。ここには、三位一体論同様の、むしろそれよりも大きなパラドクスが姿を現わす。どうやって「全く神」である者が同時に「全く人」でありうるのか？　これもまた、完全にパルメニデスの自同律と矛盾律に対立する主張である。

第一章で述べたように、三位一体論には、まだしも古代思想との連続性・相似性がないでもない。「死んで甦る神」にも普遍的な地神の姿がある。しかし「贖う神」はそれらと同列には語られない。

大地神の死も苦しみを伴うだろう。しかしその死と復活は、悠久な生命の営みのパターンでありモデルである。それは私たちに諦めとささやかな慰めを与える。私たちの死は生物のさだめであり、私たちの朽ちた体はまた何かの生命の一部分になるかもしれない。――しかし、罪のつぐないのために十字架の刑を受けて死ぬ神の前提するのは、もっと激しい、人間の思いや行為への怒りと絶望である。この宗教は人間を単なる生物と見てはいない。その思うこと、言うこと、語ることが重大なのである。その悪さ、醜さ、赦しがたさが。そしてこの神の示そうとするものは、それをつぐない、贖い、買い戻そうとする、人間のスケールを超えた激しい愛である。この考え方に同調するかどうか、これを信ずるかどうかは、大きな決断である。それを信じたときどういうことが生じえたかという歴史上の一つの帰結を描いてみたいというのが私の意図である。

この思想の背後にあるのは、自分たちの「神に似る」本性を信じ、自分たちが神に選ばれ、神と交流していることを信じ、与えられた律法の正義の理想を心に保ち、その鏡に映して現実の自分たちの不正、醜さ、欲望と思いあがりと愚かさを嘆き苦しむ精神である。イスラエルの歴史のうちで多くの希望と失意を経験してきた人びとの心根である。

エジプトでの奴隷状態からの救出と約束の土地カナーンの授与は、ある希望の実現ではあったが、ダビデ、ソロモンの王国の繁栄のあとは、民族と預言者たちの激しい希みにもかかわらず、周辺諸国による占領・支配が続いた。その中でこの民族は、選ばれた民の誇りと義務感を保ちつづけ、預言者たちは現実の苦難を道徳的堕落への警鐘ととらえ、しかし、それに解消しきれない不条理な生存の苦難の洞察へと(ヨブ記にみられるように)、民族の思索を深めていった。それに伴って、慮りも力も人間をはるかに超える神の大いさの観念は明らかさを増し、「救世主」も地上の栄光や道徳的完成を超えたものとなり、見るかげもなくさげすまれるというイザヤ書の救世主の姿にまで至っていた。深い罪の意識と、神の偉大さの意識と、愛への信頼と、——そこから贖いの思想は生まれた。そしてこの贖いの思想なしには、したがってイスラエル民族の千年をこえる経験と思索の深まりなしには、カルケドンで生じて来たような新しい「純粋存在性」という抽象原理は生じなかったのである。

この贖いの思想が「全く神、全く人」というパラドクスを要請したとき、キリスト教思想家たちのうち、正統とのちに呼ばれた人びとは、それを三位一体論の場合と同じく、まったく非妥協的に文字通り受けとり、理論的説明を試みたのであった。キリスト論は、三位一体論より特殊にキリスト教的であり、イスラエル的な要素をも、より多く含む。したがってそれは三位一体論よりもさらに大きな理論的困難をもたらしたが、そこから、

第二章で語の由来を説明したヒュポスタシス＝ペルソナという概念のあらたな出現の舞台が用意されたのである。

キリスト論の理論的説明も福音書にまでさかのぼる。とくにヨハネ福音書は「ロゴスは肉となった」(ヨハネ一章14節)という言い方で、その理論化の指針を与えたのだった。ローマ帝国に浸透したギリシア的理論性は、この神秘をすら、自然学・論理学・形而上学の用語で説明せずには納得しなかった。カルケドンで採用されて正統となったのは「全く神、全く人」という救済の要請を、キリストには神の本性《ピュシス》と人の本性《ピュシス》という「二本性《ピュシス》」がある、という仕方で自然学的概念へと翻訳したものだった。

オリゲネスとアポリナリスにおける二本性と一本性

この表現を使った有名な例は、オリゲネスにまでさかのぼる。例のプロチヌスと同門と言われるアレクサンドリアの大神学者である。オリゲネスは人間イエスの魂が独立にすでに被造の人間霊魂として存在しており、そのうちへと、神の第二の位格である子なる神つまり「ロゴス」がいわば住み込み、ロゴスは人間イエスの清い魂を仲介として肉体と結びついた、という説明をする。[3] その結合、これが神性と人性という二本性《ピュシス》の結合と語られるものだが、これは共在(κοινωνία)、一化(ἕνωσις)、混合(ἀνάκρασις)などの語で表現される。[4] これがきわめて密な結合なので、ロゴスはその住み込んだイエスの魂と肉体とを次第に神化し、いわば神人（θεάνθρωπος）ともいうべきものにし、[5]ついにはイエスはもはや人間ではなく、ロゴスそのものと同一になる。[6]問題なのはこの結合の性格であろうが、オリゲネスはこれを一種の倫理的な結びつきのように語るところもあるが、[7]自然学のアナロジーを使って鉄と火の結合の例をひいたり、[8]あるいは上述のようにもっと形而上学風に、理性的霊魂が、ロゴス的なものと物質的なもの、両者との間にもつ親和性によって説明したりする。

オリゲネスのこの説はもちろん異端である。しかしこの早い時期に救いの要請をはじめて明瞭に理論化した点で、のちのすべての議論のもととなった偉大な仕事であった。この説はすでにアタナシウスはじめ正統の擁護者たちによって激しく批判はされたが、理論的にオリゲネスに対抗する説をたて得たのは、同じく異端とされた小アジア、ラオディケアの司教アポリナリスであった。彼はオリゲネスよりはるかに後年、百五十年余もあとの人で、アタナシウスとほぼ同時代を生き、第一コンスタンチノポリス公会議のあと、三九〇年前後に没したとされる。理論的にみごとにオリゲネスに対立する説をたてた第一の人である。ハルナックは、アタナシウスなどはアポリナリスに比しては、理論的には小児のようなものだという、九世紀の古代史家スイダスの評を引いてアポリナリスを称讃している。[9]

アポリナリスは、オリゲネスの二本性《ピュシス》説に対する一本性《ピュシス》説をたてた。七十年後のカルケドンの宗教会議前後の対立が、まさにこの二本性説対一本性説、ネストリウス派対単性説派であったから、問題も解答もいかに連続しているかがわかる。ただしそこで勝利した二本性説はオリゲネスのそれとはおもむきを異にし、敗れた一本性説も、アポリナリスのものではない。

アポリナリスはきわめて正当で論理的な反論をする。すなわち、完全な人が完全な神に結合されるなら、本性上神である神の子と、神に採られた(人間である)者との二者があることになる[10]。したがってキリストがニカイアの語るように神であり、しかも一なる存在であるとすれば、キリストの内なる人の本性は完全なものであるはずがない。

ところで人間の中核をなし、人間に自己同一性と自主・自由を与えるものは、理性的魂である。もしイエスを動かすものが人間的な理性的魂であったら、イエスは完全な人間であり、ロゴスと別の主体であろう。したがって、イエスのうちでは、第二の位格ロゴスが理性的魂の代りにあって、イエスを動かし、支配しているはずである。そこから、「神と肉とが一つの本性《ピュシス》を造り上げた。おお、何という未聞の不可思議ですばらしい創造であり混合であるか!」という彼の信仰告白が生ずる[11]。これは、オリゲネスのアレクサンドリア風の言－人間《ロゴス・アントローポス》型のキリスト論に対して言－肉《ロゴス・サルクス》型のキリスト論と呼ばれた。

アリストテレスの『霊魂論』は古代中世を通じてもっとも影響力をもった人間構造論

であり、その基本図式は現代の私たちの心理学や認識論の図式にさえなっている。当時の学者たちの共通知識であったことはもちろんである。その中でアリストテレスは人間霊魂を三層に分析し、栄養を司る植物霊魂、感覚と運動を司る動物霊魂、そして人間特有の理性的霊魂に分けている。上位の霊魂は下位の霊魂を動かし、形づくり、一体となってさらに下位の肉体を動かし、形づくる。アポリナリスはこれを応用してキリストの一性を説明した。神のロゴスが人間の感覚的・植物的魂と肉体をいわば身にまとうことによって、可視・可感の物質的・動物的存在として現われ、人びとの目に人間とみえるようになったのだという。これは一性を説明するにはもっとも巧みな説と言えるだろう。ただし、決定的な欠点が一つあった。すなわち「全く人」という救済論の要請をみたさないことである。

三六二年のアレクサンドリアの地方公会議はアタナシウスに主導され、アポリナリスを激しく糾弾して、キリストの全き人間性を強く主張した。ただし、その場合キリストが「二つの存在」になってしまわないかどうかという問題に対する答えは、アタナシウスは与えないし、そうした思弁への興味も持たなかった。「肉をとったロゴス」という表現に満足していた。

カパドキアの教父たち、とくに両グレゴリウスもまたアポリナリスに反対して「全く人」を救おうとし、しばしばオリゲネス風の「二本性《ピュシス》」について語り、理性的魂がロゴスと肉体を媒介するという説も採用している。しかし両グレゴリウスとも、その際どのようにしてキリストの一性が保証されるかの理論をつくり上げることはできず、アポリナリスに似た仕方で、ロゴスが融合をもたらすと語ったり、「混和（μίξις, σύγκρασις）」「不混の結合（ἀσύγχυτος ἕνωσις）」「ピュシスによる結合（ἡ τῆς φύσεως ἑνότης）」「ヒュポスタシスによる区別（ἡ κατὰ τὰς ὑποστάσεις διάκρισις）」等々その他きわめて豊かで多様で、しかし論理的には決して整合的でない語り方を並列させている。彼らはこの問題に関して重要ではあるが過渡的な段階を形成していると言うべきだろう。

ネストリウスとキュリルスにおける二本性と一本性

この問題への解答がより明瞭な形をとり、したがってより尖鋭に対立する二陣営に分れてくるのはテオドシウス二世の治下、アンチオキア派とアレクサンドリア派の対立においてである。おもしろいのは、この段階ではアレクサンドリア派が逆に一本性《ピュシス》説を、アンチオキア派が二本性《ピュシス》説を主張することである。ということは、「一本性」「二本性」という表看板が、実はのちにも明らかになるように、それぞれなかなか一筋縄ではとらえられない内容を含んでいるということを示している。

三〇〇年代の終りから四〇〇年代のはじめに活躍したアンチオキア出身者で著名な人物は、「金の口を持つ」と言われたヨハネス・クリュソストモスで、皇帝により首都コンスタンチノポリスの司教に任ぜられ、しかしいかにもアンチオキアの厳格さを代表する人らしく、皇妃エウドキアをはじめ、宮廷の華美と腐敗を糾弾して不興を買った。彼は道徳的、宗教的情熱にはすぐれていたが、理論的なアンチオキア派の中心はむしろ四二八年に没したモプスエスティアの司教テオドルスであった。この人の影響は、五五三年の第二コンスタンチノポリス公会議でなお彼の文書がとり上げられて排斥されていることからもわかるように、永続的で大きなものであった。

テオドルスを代表とするアンチオキア派は、アリウスにすでに見られたような、聖書の象徴的ならざる、忠実に字句的な解釈に基づいて、キリストの人間性が幻でも見せかけでもないことを強調する。「全く人」の強調である。ただしこの人びとはニカイア後の人びとであるから、アリウスとは違ってキリストの神性をも認める。すると理の当然として二本性説となる。

ただし、アンチオキア派の「全く人」の強調は、西方教会やアタナシウスの場合のような贖いの神学からの要請であるよりは(それも皆無ではないが)、むしろアレクサンドリアで力を持っていたプラトニズムの流動的・神秘的・象徴的な思想傾向に対抗する、現実的で乾いた思考態度によると考えられる。ハルナックなどもそう見ているようである。[12] アリウスのところでも述べたように、アンチオキアは聖書のリアリスティックで字義通りの解釈を重んずる伝統を持って、アレクサンドリアの象徴的解釈の伝統に反対していたし、アレクサンドリアの神秘的プラトニズムに対し、現実と自然の観察により長けたアリストテリズムの根拠地でもあった。聖書解釈の流派と、アリストテリズムという二つの傾向がアンチオキアで「全く人」の神学を興し、それがのちに西方の、救済の要求に基づく「全く人」の神学と手を結んだことが考えられる。ここアンチオキアではさしあたり、神は受苦するはずがないから人本性は神本性とは別であり、また聖書のイエスは明らかに自由意志を持つから別の存在であるという二つの観点が重視されていた。

いずれにもせよテオドルスの一派は、二本性が本性《ピュシス》的・実体《ヒュポスタシス》的に結合するという考えをしりぞけ、「恩恵(*χάρις*)により」「関係(*σχέσις*)により」二本性が結合するのだとする。ロゴスが人性をとり、またそのうちに住む。両者は思考により、活動により、あるいは意志の向うところによって一つであるだけで、実体的に融合するわけではない。いわば道徳的結合である。融合(*κρᾶσις*)ではなく結び(*συνάφεια*)である。ただし人性も次第に高められ、一ペルソナ(ヒュポスタシスまたはプロソーポン)と語りうるようになっていくとする。その結果、「ロゴスと人が一つのプロソーポンすなわち一つに見える対象を形成する」のであって、この対象をわれわれは人とも神とも語りうるようになるという。「プロソーポン」つまりペルソナに対応するギリシア語は、このアンチオキア派で、実在性であるよりは見せかけ、あらわれとしての「顔」の意に用いられてしまい、これがのちの正統の用いるギリシア語においてペルソナにあたる語をプロソーポンではなく、ヒュポスタシスとした一つの理由である。さらに二本性は基本的に別々であるから、マリアは「神を生んだ」わけではなく、人を生んだだけである。この問題がのちに二本性説と一本性説の重要な争点となる。

テオドルスの没した年、皇帝はテオドシウス二世だったが、やはりアンチオキア出身の論客ネストリウスをコンスタンチノポリス司教に任じた。聖職者間の意見があまりに分れていたので宮廷がイニシアティヴをとった形になった。この雄弁で激しい性格のアンチオキアの修道院長は、司教就任後、精力的にアリウス派をはじめとする異端の弾圧に乗り出した。しかし、異端の地図は錯綜している。不用意な激しい攻撃は、自らを孤立におとしいれかねなかった。ネストリウス派は後世に悪名をとどろかす異端となったが、その原因は学説の内容自体よりは、ネストリウスという人の不用心な発言や激越な攻撃性、さらにアレクサンドリアの聖職者たちの、首都コンスタンチノポリス司教座への強いねたみと敵意にあったということは、大方の学者のみとめるところである。

彼への東方聖職者たち、それに一般民衆の敵意をもかきたてた最大のトピックは、さきに述べたマリアを「神の母(テオトコス θεοτόκος)」と呼ぶべきかどうかという問題だった。この表現は、もとより「イエス・キリストは神である」という説からの論理的帰結である。だから、イエスの人間性を強調するアンチオキア派のネストリウスが、これに反対のキャンペーンを張ったのは不思議ではない。しかし、もともとはこのテオトコスという表現は古い正統の旗じるしだった。すでに三世紀頃からギリシア語圏でポピュラーだったこの語は、まさにニカイア公会議の主張の線に沿うものだったわけだから。したがってアタナシウスをはじめ、カイサリアのエウセビウス、ナツィアンツのグレゴリウスなどの東方の論客たちはすべてこの語を大切にした。また、ギリシア語圏の民衆にとっても、この語はなつかしく、大切な語であった。美しくやさしい「神の母」マリアの崇拝は、民衆の心深く沁み込んでいる地母神、すべての生命の母である大地神のおもかげとも重なって、人びとの心を強く捉えていた。ネストリウスの、彼らしく熱狂的な反テオトコス・キャンペーンが全般的な反感を呼びおこしたことは、想像に難くない。

それに対しネストリウスは、当然、やはりキリストの人間性を重視する西方ローマ教会と手を結ぼうとした。しかし彼は不用意にも、当時アウグスチヌスとの論争に敗れてコンスタンチノポリスに亡命していたペラギウス派の主導者たちへの同情を教皇に対して表明するという失敗をおかした。ペラギウス派の主張はもともと東方的ビザンツ的であり、心情的にもこの厳格な修道院長はペラギウス派と多くの共通点をもっていたにちがいないのだが、それをローマ教皇に語ることは、まったく時宜をえないことだった。彼と西ローマとの関係は一挙に悪化した。

当時、西方にもトリアの修道士リポリウスの、イエスと神は別々のペルソナだという説があり、アウグスチヌスの説得によって自ら説をひるがえしたが、マルセイユのカシアヌスは、リポリウスとネストリウスを重ねて、ネストリウス駁論の書を書いた。それはネストリウスの説をきわめて雑駁に単純化したものだったが、長らく西方でネストリウスのイメージを形づくることになった。それは実はかなり不当なものであったが、この時期にはすでに、ローマ帝国の東西両域は翻訳を通してしか相互了解ができなかったから、誤解は永続した。とくに西方でギリシア語のできる人は少なく、教皇自身や、高名な神学者でさえそうであった。アウグスチヌスもギリシア語にはあまり堪能でなかったことは有名である。したがって東西は、同一の帝国に属しながら、別々の伝統を形づくっていた。

ネストリウスのキリスト論はテオドルスのものとよく似ていたと思われる。(13) 彼は二本性説をかかげるわけだが、このあたりから、「本性《ピュシス》」という語の正確な意味の決定の必要性は感じられはじめている。このような議論ではまずそれが必須であろう。しかし実はこの段階ではまだそれが成功しておらず、その実現はカルケドン公会議後の論争のうちではじめて可能だった。

ネストリウスでは「本性《ピュシス》」はそのものの具体的諸特性を意味したらしい。したがって各本性はテオドルスの意味でのプロソーポンでもある。つまり自らを一つのものとして示している。また各本性はヒュポスタシス、つまり具体的に存在するものであるとも言われる。このあたり、まだ概念は未分化である。本性はしかしヒュポスタシスのような存在性のニュアンスよりは認識対象としてのニュアンスの方が強かったと思われる。神本性《ピュシス》と人本性《ピュシス》はキリストにおいてそれぞれの性質・働きすべてを保有して、不変、別個、不混和、不混淆な仕方で結合されると言われる。二本性説で最大の難問となるこの結合の仕方は、彼においてもときに意志により、恩恵により、などと語られ、このあたりの思弁はまだ不徹底である。この一性は彼にあっても、外から一とみとめられる(「顔」「外貌」つまりプロソーポンの一性)という性格が強いようである。アンチオキア学派としての彼が明らかに反対する説は、キリストにおいて神本性の方は完全な本性だが、人本性の方はそうでなく、神的ロゴスが基本存在で、それに人間の性質・特性が付加されるという説である。テオドルスとネストリウスがキリストの基体として何を考えたかは明らかでないが、もしそうしたものを考えるとすれば、それが単なる人でないことは明らかであり、他方また彼らは、それがロゴスであることは拒否するから、論理的にいって何か第三のもの、つまり独特の「キリスト」基体を考えざるをえないことになるだろう。

四一二年から四四四年まで、三十年余、アレクサンドリア司教の座を占めたキュリルスこそ、この時代を代表する人物である。彼の主張したのは、まさにネストリウスが拒んだ、ロゴスを基本とするキリスト観であった。ネストリウスとキュリルスという二巨頭の対立が、この時代を支配し、カルケドン公会議へと導き、理論的にはカルケドン後百年の論争の基本でもあった。

エジプトは広大で肥沃な土地からの農産物、とくに穀物の収入と、香料や農産物の地中海貿易で、ローマ帝国第一の富裕な属州であった。アレクサンドリアはその富と、蒼古のエジプトの文化と、新しいヘレニズム・ギリシアの文化とを併せ、そしてインドの文化との接触も多く、また多くのユダヤ人をかかえてセム系の文化をも擁した、まさにヘレニズム世界の華ともいうべき都市であった。交易と商業と学芸は栄え、あらゆる宗教、あらゆる思想の接点でもあった。フィロン、プロチヌス、オリゲネス、クレメンス等々の華々しい学問と思弁の伝統は、高名な大図書館やアテネのアカデメイアと並ぶ学園ムーサイオン(おそらく前三世紀に創設された)に支えられ、ローマ世界の頭脳ともいうべき位置を占めていた。紀元前三二〇年、アレクサンダー大王の将軍プトレマイオスが国王となって以来、この都の混然とした多彩な文化は頂点に達し、七百年を経たこの時代もその文化的威信は高まりこそすれ、衰えるきざしはなかった。

しかしこの時代、多彩で寛容なヘレニズム文化は、すでにキリスト教という時に偏狭でありうる国教のもとにあったので、その性格にはある変化がのがれようもなくしのび入っていた。キュリルスは傲岸不屈で高い知性をそなえた大教会政治家であったが、彼の司教としての経歴は、ユダヤ人や異教哲学者の迫害によって汚されて(飾られて?)いる。もっとも悪名高いのは、ネオプラトニズムの学園の長であった女性哲学者ヒュパティアの惨殺である。

エジプトの富と、アレクサンドリアの知性と、さらに、初期キリスト教時代からエジプトの沙漠に住み、共同生活を営んだ多くの修道者たちの群が、キュリルスの教会政治における権力を支えた。修道士の一部は住所不定・無職の群衆として、アレクサンドリア司教の手勢の暴徒と化することがしばしばだった。このあまり芳しくない力が、公会議の帰趨を左右することも稀ではなかった。

キュリルスは多くの著作を残しているが、その性格はきわめて論争的なものである。自己の理論の主張というよりは、他者の理論の論難に終始する。そこからあらわれて来る彼自身の理論は、まだ統一性と整合性を得ているとは言いがたい。この点はネストリウスとも共通している。ということは、この、表面上「二本性《ピュシス》説」と「一本性《ピュシス》説」をそれぞれ主張する両者の基本的立場が、どちらも明確に概念化・定式化されてはいなかったことを物語っている。彼らは他の人びとの説の欠陥をつくことはできた。また彼らの主張しようとする信念をそれに対して述べることはできた。しかしどちらもまだ完全に整合的に彼らの信念を理論化することはできていなかった。これはまた事実至難なことであった。どうやって、目の前にあるあるものが同時にまったく二であり、またまったく一であることができるのか？　全く神、全く人であり、かつ唯一の存在でありうるのか？　これは「多がどうして同時に一でありうるか」という三位一体論と基本的に同一のパラドクスである。この逆説は、ギリシア古来の、一つの原理で世界の多様を説明するという理論の要求に必ず伴ってくる逆説と同類のものであり、いわば理論と現実のかかわりの基本に触れる逆説である。ミレトス派の一元論も、その説明を素朴なかたちで試みているし、プラトンがイデアと現象の関係を分有とか臨在とか、苦心して説明しながら、十分に説明しきれなかったのも、この問題の困難を示している。アリストテレスの「原因」というのはこのような一と多の共在を比較的納得しやすいかたちで説明する最良のことばであった。ネオプラトニズムは「流出」を語った。三位一体論は「生み」を語った。これらはすべて似た系統の説明方法である。

しかし、キリスト論の一と多の逆説は、この仕方ではただちには説明しにくい。この一と多の混在は、目の前にあり、具体的な人のかたちで私たちに迫る。はるかな一なる原因から説明もできないし、超越的神の内部での遠く不可思議なこととして扱うこともできない。これは具体的なこの世の神秘である。この上なく見なれた、手で触れられるものが、同時に超越者であり、世界の創造者でさえあることは、見方によってはあらゆる宗教に共通する直観であろう。またこの世のものの美を通じてはるかなイデアの美を見るプラトンの直観とも、似たところがないでもない。さらに、目で見、手で触れられるもののうちに、不変で共通の「実体」を見るアリストテレスの視点は、一面でキリスト論の視点ときわめて似通ったところを持っている。しかしそれでも、この「神にして人」という奇異な存在を説明するには、これまでの形而上学、自然学のどの概念装置も十分ではなかった。もっとも親近なのはのちに述べるようにネオプラトニズムのそれであったが、それさえも十分ではなかった。キリスト論は新たな概念装置を造らねばならなかった。そこで重要になってくる基本概念・基本メタファーは、「原因」や「流出」や「生み」ではなく、これもギリシアの伝統的自然学、形而上学の重要な概念だった「混合」であった。しかしこの段階では、その新しい概念装置はまだできていない。

　キュリルスでもっとも中心的とされるフレーズは、「肉となった神のロゴスの、一なるピュシス（*μία φύσις τοῦ θεοῦ λόγου σεσαρκωμένη*）」である。これはキュリルスを語るときにつねにひきあいに出される有名なフレーズであるが、ハルナックによると実はこれはアポリナリスの表現であり、キュリルス自身はこの表現をむしろ避けていたという(14)。彼の表現も、モプスエスティアのテオドルスやネストリウスなどの彼の敵とまったく同様に多彩であり、確定していない。しかし方向としては、あの有名なフレーズの示すものにたしかにきわめて近いと思われる。「二つの本性《ピュシス》から一本性《ピュシス》が」「肉をおのれのものとする」「二本性《ピュシス》が非分離的《アディアスパストス》な結合により、混和することなく、一が他に変ずることなく結合されて」などの表現は両陣営に共通たりうるだろうが、アンチオキアの結び（*συνάφεια*）に対し、「本性《ピュシス》的結合《ヘノーシス》」「ヒュポスタシスによる結合《ヘノーシス》」などを語るのが特徴である。ただしアンチオキア派と同様、「両本性の差異はその結合によって消失しない」ことは強調される。注目されるべきは、キュリルスがしばしば本性《ピュシス》とヒュポスタシスをほとんど区別していないことである。これはきわめてネオプラトニズム的・ギリシア的であり、彼がまだギリシア的思考の枠から出ていないことを示している。アンチオキア派の方がその説の性格上キリスト論の持ち出す難問をよりはっきり意識せざるをえなかったふしがあり、両本性《ピュシス》を担う、本性《ピュシス》とは別の基体《ヒュポスタシス》のようなものへの視点が少なくともみえかくれしている。

キュリルスは、ネストリウスが首都の司教に任ぜられた翌年、四二九年にすでにネストリウス宛てに第一書簡を送って論戦を開始している。ある教会史家は、キュリルスとネストリウス両人の性格が、この後の大規模な政争・論争に対して責任があると語っている。[15] 三位一体論争の時のアタナシウスは、理論家ではなかったが、不屈の信念と印象的な人柄と大きな外交能力をもっていた。もし両者にアタナシウスの能力があったら、争いははるかに穏やかなものとなったろう。両者の主張そのものは、どちらも広くとった正統の範囲にはいると考えうるものであった。ネストリウスもキュリルスも、激しく攻撃的な性格であり、キュリルスにあってはそれが執拗な個人的敵意と、権力欲と、政治性とに結びついていた。ビザンツ的な、国家権力と結合した宗教の、ある頽廃のかげをここに見ることができる。キュリルスはきわめてビザンツ的な大人物であった。

興味深いのは、この頽廃と、教義の細かく尖鋭な理論化とが、わかちがたく結びついていることである。尖鋭で明晰な理論化もまた、宗教にとっては頽廃の附随現象なのだろうか？　これはにわかに答えがたい問題である。私にいま言えることは、はじめにも述べたように、ひとの心の望み、欲することの概念的明晰化には、大きな陥穽がありうるということ、しかしそれでも、明確化のメリットはけっして無視できず、それが西欧の思想のあり方の長所と短所であるだろうということだ。

翌四三〇年は西方ではアウグスチヌスが、ヴァンダル族の包囲の騒擾のうち、アフリカ北岸のヒッポで没した年である。東方はゲルマンの戦争からはのがれ、理論的争いに熱中する余力を持っていた。この年の一月に書かれたキュリルスのネストリウス宛て第二書簡は、二十一年後のカルケドンの宗教会議の基本的文書、つまり正統の基本となった文書である。デンツィンガーの『カトリック教会文書集』にのせられているその主要部分を次に引用しよう(ただし、翻訳はエンデルレ書店のそれからは逸れる)。

ロゴスの本性《ピュシス》は、自身の変化(*μεταποίησις*)によって肉となった、とはわれわれは語らない。しかしまた、ロゴスの本性《ピュシス》は、霊魂と肉体から成る全き人間へと変わった(*μετεβλήθη*)、とも語らない。そうではなくてわれわれは次のように語る。つまりロゴスは、理性的霊魂によって生命を与えられている肉へと、ヒュポスタシスにおいて、説明も理解もなしがたい仕方で結合されて、人間となり、人間の子となったと。それは単に意志によるのでもなく、恵みによるのでもなく、またいわば一つのプロソーポンをとることによって(*ὡς ἐν προσλήψει προσώπου μόνου*)でもない。これら本性《ピュシス》は異なるものだが真実の結合《ヘノーシス》へと共に至り(*συνενεχθεῖσαι*)、その両者から成るキリスト、御子は一なるものである。

この結合によって二本性《ピュシス》の差異が消滅させられたわけではなく、神性と人性が言いがたく語りがたい仕方で一へと結合し、われわれのために一なる主、キリスト、御子が完成されたのである。したがって、一般によく言われるように、まず処女から人間が生まれ、のちにロゴスがその内へと降りたもうたのではなく、ロゴスは処女の子宮の内で肉に結合されて、それによって肉的に生まれたと語られるのである。いわば、自身の肉の生まれを自らのものとしたもうたかのように。したがって聖処女を「神の母」と教父たちは信じたのである。

ここではアンチオキア派の意志・恵みによる結合やプロソーポンとしての結合が明白に否定され、またアポリナリス派の、人間の理性霊魂はイエスにはないという説も否定されている。しかし当然、神性は不変で非受動的であるから、それが人間に変わるわけはない。そこで彼が呈出しているのが「ヒュポスタシスに関して（καθ᾽ ὑπόστασιν）」という結合の仕方である。これが、カルケドンにおいて採用され、長く正統キリスト論の基本となる。しかし、ここでこの「ヒュポスタシスに関して」が何を正確に意味しているかは、明らかでない。彼自身、「語りがたく説明しがたく理解しがたい」と言うとおりである。しかし、ピュシスはそれぞれ変わらない、ということが続いて語られるところを見れば、一般にピュシスとヒュポスタシスを区別しなかったと評されるキュリルスとても、ピュシスとヒュポスタシスのある種の意味、ニュアンスの差は意識していたように思える。また、ロゴスが人間性をとるイニシアティヴが強調され、「神の母《テオトコス》」という呼称がこれに基づいて擁護されているのも注目される。

この書簡へのネストリウスの返書も保存されている。その中でネストリウスは、キリストという一つの名は、神性と人性に共通の名であり、いわば異なった二者が共通の名によって呼ばれ、しかし混同はされないという結合の仕方を語る。これは別にキュリルスと矛盾するわけではないが、「単に名が一つ」というニュアンスはたしかにある。さらに神のロゴスが受苦し、死んだとは聖書に語られておらず、キリストが受苦し死んだと語られていることを強調する。これに対応して、聖処女は「神の母《テオトコス》」と語られるべきではなく「キリストの母《キリストトコス》」と語られるべきだと、第二の位格ロゴスとキリストの等置につよく反対する。これが含意するのがどういう説であるのかはこれだけではわからない。つまりキリストはいわば複合者(反対者たちが言うように二人の御子、二ペルソナ＝ヒュポスタシス)なのか？　それともキリストのペルソナ＝ヒュポスタシスは神のそれでも人のそれでもない「キリスト」という第三のもののそれなのか？　それとも？——可能性は多くある。

同じ年の十一月に、キュリルスはふたたびネストリウスに宛てて書く。第三書簡である。彼はここで第二書簡で述べられた趣旨を再確認する。つまり神本性はけっして人本性に変ずるわけではないこと、ロゴスは魂が身体のうちに住むように人本性のうちに住み、その結合は単なる結びや並置ではなく、道徳的結合でもなく、「ヒュポスタシスによる」ものであること、またこのように、人間の肉へと結合されるので、「ロゴスの肉」について語ることができ、またロゴスが肉においてマリアの子宮から生まれると言うことができること。

この書簡が問題をひきおこしたのは、キュリルスがそのあとに付け加えた十二項目のネストリウス排斥(アナテマ anathema)によってである。

(1) インマヌエル(キリスト)が真に神であること、またそこから、聖処女が神の母《テオトコス》であること(すなわちマリア自身の肉によって、肉となった神のロゴスを生んだこと)を宣言しない者は排斥される。

(2) 父なる神のロゴスが肉にヒュポスタシスによって結合されており、固有の肉をもつ一なるキリストであり、神でありかつ同時に人であることを否定する者は排斥される。

(3) 結合のあとで、一なるキリストについてそのヒュポスタシスを分割し、それらを単に結びによって、または価値によってとか、権威とか力によってとか結合されていると考え、本性的結合《ピュシケー・ヘノーシス》によってではないと考える者は排斥される。

(4) 福音書および使徒たちの書に含まれていることばを、二つのプロソーポンまたはヒュポスタシスに分け、または聖なる人びとによってキリストについて語られたこと、またはキリスト自身によって自身について語られたことを分け、一方を神のロゴスと区別された人間にあてはめ、他方を父なる神のロゴスにのみ、いわば神にふさわしいこととして、あてはめる者は排斥される。

(5) キリストは神を担う人間であると大胆にも主張し、真に神ではなく、ロゴスが肉となったことによって、本性《ピュシス》により一なる神の子でもなく、われわれと血と肉に関して共通なものでもないと主張する者は排斥される。

(6) 父なる神のロゴスがキリストの神であり主であると語り、キリスト自身が同時に神でありかつ人である——聖書によれば「ロゴスが肉となった」(ヨハネ一章14節)のだから——と認めない者は排斥される。

(7) 人間としてのイエスは、神のロゴスの働きによって助けられていたとか、ひとり子の栄光は、ひとり子と別に存在する者に与えられたとか言う者は排斥される。

(8) ロゴスによって採られた人間が神のロゴスと共に礼拝され、共に栄光を与えられ、共に賛美されるべき、いわば(ロゴスとは)別の神であって、一なるインマヌエルが一つの礼拝において礼拝され、彼に栄光が帰するのではないと言う人びとは排斥される。

(9) 唯一の主イエス・キリストが聖霊によって栄光あるものとされたと語り、いわばキリストは別の力によって聖霊を通して働き、聖霊から悪霊に対抗する力を受けとり、人びとの中に神のしるしを示したのであって、自ら固有の霊によって神のしるしを遂行したのではないと語る者は排斥される。

(10) キリストは「私たちの信仰の使者、大司祭」(ヘブライ人への手紙三章1節)となったと聖書は語る。「私たちのために、香り高いいけにえとして、神に自らを捧げた」(エフェソの信徒への手紙五章2節)。ゆえに、大司祭、使徒となったのは「肉となった」、私たち人間と結合された神のロゴス自身ではなく、彼と別に女から生まれた別の人間であったとか、自らをいけにえとして捧げたのは自分のためであって私たちのためではなかったとか言う者は排斥される。

(11) 主の肉が生命を与えるものであり、父なる神のロゴス自身の肉であることを認めず、いわば他のものの肉がロゴスに、価値によって結合されているとか、神の住所としてのように結合されているとか語り、肉がロゴス自身のものとなって生命を与える力を持つと語らない者は排斥される。

(12) 神のロゴスが肉において受難し、肉において十字架にかけられ、肉において死を味わい、「死者たちのうちの長子」(コロサイの信徒への手紙一章18節)となった――生命であり生命の与え手であり神であるかぎり――ことを認めない者は排斥される。

これはアンチオキアに対するあからさまな挑戦であった。ここに表現されているのは、正統でありかつアンチオキア派が主張する言－人間《ロゴス・アントローポス》の結合説ではなく、アレクサンドリア派の特徴とされる(アポリナリスに近いが)言－肉《ロゴス・サルクス》説である。ヨハネによる福音書を典拠とするこの説が、マリアは神の母《テオトコス》であるという説と結びついて、地母神・生殖豊穣神のどこか生なましいリアリティーを帯びているは、やはりオリエントの風土であろうか？

おそらくこのアナテマは、キュリルスの本音にもっとも近いものではあるまいか。いくつかのそれらしい妥協的フレーズはあるものの、「全く人」の要素がきわめて弱まっていることは否めない。代りに前面に出るのが、結合基体としてのロゴスの強さ、人間本性《ピュシス》という異質なものをいわば自由意志で自らに付け加えるロゴスのイニシアティヴである。またアンチオキア派の二本性のゆるい単なる結びに対する強い結合、一性として、ピュシス的な、またはヒュポスタシスによる結合が主張されている。（少なくとも第三アナテマでみるかぎり）ピュシスとヒュポスタシスがほとんど同義に使われていることがわかる。

エフェソスの公会議

皇帝テオドシウス二世は当然自分の任命したネストリウスの味方であった。教皇がキュリルスの政治力にまき込まれて彼の味方となっていたので、皇帝は四三一年六月に小アジアの古代都市エフェソスで公会議を開くことを布告した。アンチオキア司教ヨハネスが両派の調停の努力をはじめ、一方ではネストリウスにテオトコスを認めさせ、他方キュリルスには十二のアナテマを撤回させようと努力していた。誰もが、エフェソスの公会議はネストリウスを正統とし、キュリルスを断罪する会議だと信じていた。

会議は支離滅裂というべきものであった。ネストリウスも、武装集団に守られた十数人の司教を動員したが、キュリルスの政治力ははるかにまさっていた。アジア、パレスチナ、パンフィリアなどから、結局は百六十人の司教たちを集め、ネストリウス派と皇帝から派遣された護衛の軍隊をも閉め出して、六月二十二日、「キュリルスの公会議」ともいうべきものを開いて、ネストリウス破門の文書に百九十七名の司教を署名させた。六月二十六日、仲介的立場のアンチオキアのヨハネスがエフェソスに到着、「ヨハネスの公会議」を開いた。四十三人の司教が彼を支持し、キュリルスと彼に味方したエフェソス司教メムノンを破門した。

両者からの要請に対し、六月二十九日、皇帝からキュリルスを断罪する返書と使節が送られた。他方教皇はキュリルスに味方する使節を送り、七月十日、キュリルス派公会議は教皇の権威をもってネストリウスの免職をみとめ、さらに「ヨハネスの公会議」を否認した。皇帝と教皇、東ローマと西ローマの分裂のかたちはすでにこのあたりにも見えはじめている。

皇帝使節は八月はじめに到着したが、問題をまったく理解しておらず、ネストリウスとキュリルス、メムノンなど両陣営の指導者の免職を宣言したのみであった。両派は皇帝自身への働きかけを強め、皇帝は自らカルケドンで両派の代表と会談し、とくにキュリルスの十二のアナテマをめぐって討議が行われたが、決着はつかない。皇帝には決着にとどまった。

結局、ネストリウスの後任者を任命したに
をつける力もなかったらしく、会議を単に解散し、ネストリウスの後任者を任命したにとどまった。

結局、ネストリウスの首都司教職を免じたことで、政治的に教皇とキュリルスは勝利したと言える。

この公会議は、いちおう西から教皇使節が参加したということで全地公会議とみなされているが、実態は惨憺たるものであった。

合同信条

教義上の抗争は、なおもキュリルスの十二のアナテマをめぐって争われつづけた。しかしネストリウスを追放したあとは、キュリルスの態度にもやや軟化のきざしが見られたし、アンチオキア派では理論家であったキュルスのテオドレトゥスを中心とする強硬な動きもあったが、さきに述べた司教ヨハネスは宥和の努力をつづけた。

その結果、ヨハネスは大幅に譲歩して、十二のアナテマについては一切触れず、ネストリウスの破門も認めた上で、さきのエフェソスでの「ヨハネスの公会議」で彼と彼の味方の司教たちが作成した信仰告白を、キュリルスに送った。主要部分は次のようなものである。(16)

神の母《テオトコス》である処女について、また神のひとり子の人間化についてわれわれがどのように考え、語るか簡単に述べたい。われわれは聖書と聖なる教父たちの伝承によるものに何一つ付け加えようとは思わず、それらに関し、必要にして十分に語るのみである。またニカイアにおいて明確に定められた聖なる教父たちの信仰に何も付け加えるものでもない。すでに述べたように、この信条は、すべての信仰の認識と、すべての異端の反論のために十分なことを語ろうとするものである。語りがたいことをあえて語ろうとするのではなく、自らの弱さを告白することにより、人間(の思量)を超えるとわれわれの考えることどもを攻撃しようとする人びとを排除するために語るのである。

したがってわれわれは次のように宣言する。すなわち、神のひとり子であるわれわれの主、イエス・キリストは、完全な神であると共に理性的霊魂と身体をそなえた完全な人間である。この世の創造の前に、神性に関しては父から生まれ、この世の終りの時期にあたって、われわれのために、またわれわれの救いのために、人性に関して処女マリアから生まれた。神性に関しては父と実体を同じくし、人性に関してはわれわれと実体を同じくする。

というのは二つの本性《ピュシス》の結合《ヘノーシス》が生ぜしめられたからである。それゆえわれわれは一なるキリスト、一なる御子、一なる主を宣言する。この非融合的結合(ἀσυγχύτου ἑνώσεως）の考えにもとづいて、われわれは聖処女を神の母《テオトコス》と宣言する。なぜなら神であるロゴスが、受肉し人間となり、聖処女の受胎に際し、彼女からとられた神殿を自らと結合されたのだから。

これがカルケドン公会議のもう一つの基本文書となった「合同信条」である。めだった特徴は「神の母《テオトコス》」についてのアンチオキア派のアレクサンドリア派への譲歩である。また「二本性《ピュシス》の結合《ヘノーシス》」がキュリルス風に語られ、ただし、重要なことは、この結合の性格が「融合、混和しない（ἀσύγχυτος）」という術語で明言されていることである。この語はカルケドン信経にもとり入れられ、カルケドン後の議論の中心テーマとなる。この語はどちらかといえば正統とアンチオキアの性格のつよい表現ではあるが、ナツィアンツのグレゴリウスにもすでに用いられ、キュリルスといえども認める表現であった。

キュリルスはこのヨハネスの提案を受け入れ、これを「ニカイアを完成するもの」と称讃し、彼のアナテマの説をやわらげて、ロゴスの人のうちへの「住み」や二本性「から」一なるものが形成されるという表現をも受け入れた。「キュリルス左派」ともいうべき一派はこれをあまりに妥協的と非難したし、反対にアンチオキア派はヨハネスが妥協的だと憤激した。しかし宥和を求める皇帝も、またアンチオキアの民衆自身もが、アンチオキアの論客キュルルスのテオドレトゥスに、合同信条に署名するように求め、ついに彼も折れるに至った。

キュリルスとの政争に敗れた硬骨のネストリウスは、アラビアへ、さらにエジプトの奥地へと追放され、しかしそこでも著述をつづけたが、彼の書は禁ぜられ焚かれた。『ヘラクレイデス教書』が西欧ではじめて出版されたのは、何と一九一〇年になってからである。彼の一派はローマの敵ペルシアに庇護され、さらにインド、トルキスタン、中国にまで勢力をのばした。

盗賊会議

いったん静まったかに見える争いは再燃する。すべての陣営で勢力の交替が生じ、彼らの間で新たなエネルギーをもって戦いが再開した。

四四〇年代にはいり、テオドシウス二世の宮廷では、才色兼備の皇妃エウドキアは次第に寵を失い、皇姉プルケリアの影響力も弱まって、ことばたくみな宦官クリュサピウスが帝の信任をほしいままにしてきた。

この宦官と親しかったコンスタンチノポリスの修道院長エウテュケースも、それによって力を得てきた。彼はカルケドン後の長い理論闘争の時期に、キュリルス左派(単性説派といわれる)の代表として、数多くの有名な『ネストリウスとエウテュケース駁論』という書の主題となる栄誉を担ったが、理論家としてはそれほど偉大でも明晰でもなかった。彼の言うところはしばしば不整合で不明瞭だが、傾向としてはキリストの神性の強調がうかがえる。アポリナリスとキュリルスに私淑しながら、キリストに理性的霊魂を認める点でアポリナリスとは異なり、キュリルス風に一本性《ピュシス》を言うときは、受肉の前は二本性だったが、後は一本性であるという言い方をする。ただしその場合、キリストの肉は、われわれの肉体と同実体ではないと語る。それは、オリゲネス風の、キリストの人としての先在説を避けるためである。両本性の結合は融合・混和ではないと言いつつも、受肉後の一本性を強調するのに、その結合の説明はつけていない。

　アンチオキア派のキュルルスのテオドレトゥスは、はじめには、いかにもアンチオキア風に、二本性の一つのプロソーポン(外貌、あらわれ)を説き、ロゴスではなくキリストが両本性の基体であると主張していた。したがって「神の受難」という考えには反対であり、人本性が神本性のうちへ、水のうちに混ぜられた蜜のように混和して一つになるという説にも反対だった。彼の反対したこれらの説はエウテュケースの説であったらしい。アンチオキア派は宮廷へ反エウテュケースの働きかけをするが、それはむしろ宮廷とエウテュケース派とアレクサンドリアの同盟した反「ネストリウス」運動を再燃させることとなった。ネストリウス自身はすでに亡命の身であったが、ネストリウスやアンチオキア派の主張の中のイエスの全き人間性の主張は、諸方に根づよい同調者を持ちつづけたのだった。一般民衆の素朴で現実的な心性にも、この「全く人」「全く神」の考えはつよく訴えるものを持っていた。

四四八年、コンスタンチノポリスの地方公会議においてさえも、エウテュケースを告発する動きがあった。エウテュケースは自らを、宮廷役人や修道士たちに守らせる必要が生じたほど、立場があやうくなっていた。皇帝のコミッショナーのフロレンチウスさえも、二本性説を認めるようエウテュケースに迫った。新しいコンスタンチノポリス司教フラヴィアヌスは、アレクサンドリアのディオスコルスに反対して、エウテュケースを破門するとりきめをこの地方公会議で行うに至った。

エウテュケース派はまき返しに出て、アレクサンドリア、エルサレムなどのほか教皇にも書簡を送って味方につけようとした。しかし理論的にはキュリルス左派のエウテュケース派の考えは、西方とは相容れがたいものであった。

皇帝テオドシウス二世は対立宥和のため、翌四四九年にふたたびエフェソスに公会議を召集したが、皇帝の立場はあいかわらず寵愛の宦官とエウテュケースの側にあり、したがってキュリルス左派風のアレクサンドリア司教ディオスコルスを座長に任じていた。ディオスコルスも前任者キュリルスに劣らず、むしろそれ以上に傲岸で、かつキュリルスにあった知性の広さを欠いていた。エウテュケースに批判的だったコンスタンチノポリス司教フラヴィアヌスは地方公会議の議論と議決をゆがめたとして告発されたが、皇帝に対し、きわめてキュリルス的な信仰告白を呈出してまぬがれた。

公会議への招請を受けた教皇レオ一世は、慣例に反するとして出席はしなかったが、使節を派遣すると共に、皇帝、フラヴィアヌス、公会議、コンスタンチノポリス修道士たちに書簡を送った。そのうちとくに、『フラヴィアヌス宛て書簡』はキュリルスの第二書簡と共に、カルケドンの公会議で読みあげられ、正統の柱として長く歴史にその影響をとどめた。

会議は暴力的なものであった。教皇レオ一世はのちに「盗賊団の会議」とそれを名づけたほどだった。参加したのは三人の教皇使節、エルサレム、アンチオキア、コンスタンチノポリスの各司教、エジプト、パレスチナ、その他小アジアからの五十名の司教たちを含む百七十司教だった。宮廷の高官たちが、議事を予定の方向に進ませるために監視の目を光らせていた。教皇使節のうち二人はその資格のために末座におかれ、四十二名の反エウテュケース派の司教たちは出席を拒まれていた。アンチオキア派の論客キュルスのテオドレトゥスもむろん出席を許されなかった。

議長であるアレクサンドリア司教ディオスコルスはレオの書簡の朗読を拒み、その代りにさきのコンスタンチノポリス地方公会議の議決を朗読し、エウテュケースは受肉の「前」には二本性を認めるという仕方で正統性を主張した。ついでディオスコルスはフラヴィアヌスの免職を宣言し、教皇使節はじめ列席の司教たちの激しい反対に対し、ディオスコルスは大声で皇帝の軍隊の導入を求めた。エフェソスの教会堂のすべての入口から、エフェソスの地方警備隊と共に、エジプトから司教に随って来た修道士、船員らが暴徒と化して乱入した。封鎖された教会の中で、百七十人の司教たちは、ディオスコルスの起草した公会議文書に署名を強いられた。こうしてエウテュケースは復権し、エウテュケースを告発したフラヴィアヌスは予定通り職を免ぜられ、投獄された。フラヴィアヌスの間もない急死はこの時受けた暴行が原因だといわれる。

公会議第二日めに、ディオスコルスは、アンチオキア派のエデッサの司教イバス、テュールの司教イレネウス、それにディオスコルスの提案に賛成したアンチオキア司教ドムヌスさえも、一方的に免職するという暴挙に出た。会議はさらにキュリルスの十二のアナテマを受容することを宣言し、アレクサンドリアの一方的で暴力的な勝利に終った。その際、宦官クリュサピウスの力が大きかったことは言うまでもない。

命からがらローマへ逃げ帰った教皇使節のひとりヒラリウスはのちに教皇となったとき、この時生命を全うできた感謝のために礼拝堂をラテラン大聖堂のうちに建立したという。ドリュレウムのエウセビウスもあやうくローマに逃れた。これらの人びとからの報告、またキュルスのテオドレトゥスからの訴えなどを聞いた教皇レオは行動を開始する。皇帝、皇姉プルケリア、フラヴィアヌス、首都の聖職者、修道士宛てに多くの書簡を書いてこの公会議を否認し、ディオスコルスを激しく糾弾し、新たな公会議が、このたびは西ローマで開かれるべきだと主張した。西ローマのいささか弱々しい皇帝ヴァレンチニアヌス三世も、その後見をしていた母、先大帝テオドシウスの娘で数奇な運命で知られるガラ・プラキディア（ラヴェンナには彼女の美しい霊廟がある）も、東皇帝やその周辺の人びとに手紙を送って教皇の呼びかけに同調した。しかしテオドシウス二世は頑としてエフェソスの公会議を支持しつづけた。追放されたフラヴィアヌスは死に、アンチオキア司教は修道院に退き、エルサレムにも新しい司教がイバスの代りに任命された。

しかし教皇レオ一世は、のちに大レオと尊称された精力的で敬虔で有能な人物であった。彼は新しいコンスタンチノポリス司教アナトリウスを説いて、ついにレオの『フラヴィアヌス宛て書簡』とキュリルスの第二書簡とを認める文書に署名させ、さらに四人の使節を首都に送った。

その時、正統派がのちに、これこそ神の恵みであったという出来事が起った。テオドシウス二世が、落馬がもとで急逝したのである。四十九歳であった。

教皇レオ一世と故フラヴィアヌスに傾倒していた熱烈な信仰者プルケリアは迅速に行動した。彼女はただちに宦官クリュサピウスを処刑させ、自分は、初老の軍人で元老院議員であったマルキアヌスを選んで配偶者・皇帝として立てた。この結婚の実態については種々な説があるが、いずれにしてもマルキアヌスは篤実・有能な軍人で、身分高い妻にまったく忠実であった。プルケリアは彼を通してその優雅な、しかし断乎とした手で帝国を動かすことを選んだのだった。これによって帝国の宗教地図は一変した。

すでに心を教皇の方へ傾けていた首都司教アナトリウスは公然とレオ書簡に同意し、新しいアンチオキア司教もそれにならった。ただアレクサンドリアのディオスコルスとエルサレム司教ユヴェナリウスは考えをひるがえさなかった。

西での公会議を望んだ教皇レオ一世に対し、皇妃、皇帝はただちに東で公会議を開くことを強く主張し、レオはそれに従わざるをえなかった。三位一体の正統教義の礎を定めたニカイアで、このたびはキリスト論の正統教義が宣布されるはずであった。

2　カルケドン公会議

(1)　第一・第二会議

三百五十人とも五百人ともいわれる司教たちが、九月はじめにニカイアに集って皇帝の到着を待っていた。しかし皇帝は、さし迫ったフン族の侵入に備えて、軍務のために首都を離れることができなかった。そこで会議の場所は急いで、首都からボスポラス海峡をはさんでひとまたぎのところにある古都カルケドンに変更され、数百人の司教たちは百キロの距離の移動を余儀なくされたのだった。

十月八日、第一会議が開かれた。正面の聖所と会衆席を分ける柵に沿って、十数人の宮廷官僚が座を占めて議事を監視した。議事の帰趨はもとより明らかであった。

教皇側とキュリルス左派はバジリカのうちで対峙した。左側の席にはまず教皇使節、首都司教アナトリウス、アンチオキア司教マクシムス、トラキア、小アジア、シリアの諸地方の司教たちが居並んだ。これに対する右側には、アレクサンドリアのディオスコルス、エルサレムのユヴェナリウス、テサロニケ、エジプト、パレスチナ、イリュリクム各地の司教たち。

宮廷の役人たちは、レオに破門されたディオスコルスに対し、公会議で正式の裁判が行われることを求めた。ドリュレウムのエウセビウスが原告となり、ディオスコルスの咎を糾明するため、エウテュケース擁護の会議であった「盗賊会議」の記録を読み上げさせ、ついでその前年のコンスタンチノポリス地方公会議（逆にエウテュケースを破門した）の記録をも朗読させた。エウテュケース－ディオスコルス側だった諸司教は次第に態度を変じ、アンチオキアのヨハネスの「合同信条」に同意するキュリルスの書簡が読み上げられるに及んで、大多数の司教たちは声をあげて、「これこそわれわれの信ずるところだ！」と叫んだと伝えられる。ディオスコルスに対する敵意ある呟きが増していった。亡きフラヴィアヌス、「ディオスコルスに虐殺されたフラヴィアヌス」がさきに皇帝へさし出したキュリルス風の信仰告白が読み上げられ、役人たちが、その正統性を会衆にたずねると、左側に座を占めた司教たちが賛同したのはもちろんだが、右側からもエルサレムのユヴェナリウスとパレスチナ地方の司教たち、イリュリクム地方の司教たち、ついにはエジプトの司教たちのうちからも数人が、立ちあがって左側へと席を移した。

残されたディオスコルスはしかし、受肉の後にも二本性《ピュシス》があると考えるフラヴィアヌスは破門さるべきで、正しいのは「神なるロゴスの受肉せる一本性《ピュシス》」だと主張しつづけた。

二日後の第二会議で、宮廷の役人たちは、あらたな正統の教義声明を起草するようにと司教たちにうながすが、彼らは、ニカイア信経、コンスタンチノポリス信経、キュリルスの第二書簡、それにレオのフラヴィアヌス宛て書簡を朗読し、これが彼らの信じるところだと主張した。「使徒ペトロがレオを通じて語り、キュリルスとレオは同一のことを教えている」というのが彼らの声高な主張であった。

(2) レオの書簡――西方世界のメッセージ

しかし、これははたして本当だったろうか？ レオとキュリルスの語ることは同じだったか？

ラテン語で書かれたレオの書簡の核心部分を吟味してみよう。

(第三章)両方の本性《ナートゥーラ》の特性《プロプリエタス》を保ちながら一つのペルソナへと共合することによって、尊厳から卑しさを、力から弱さを、永遠から可能性を受けとり、われわれの身に負わされた負債を解放するために、何かを蒙ることなどありえない(神の)本性が、苦を受けうる(人間の)本性と結合された。こうして、「神と人との唯一の仲介者である人間イエス・キリスト」(テモテへの手紙一、二章5節)が一方の本性に基づいて可死であり、他方の本性に基づいて不死であることになった。これは(キリストという存在が）われわれの癒しにふさわしくあるためにであった。それゆえに真の神は、真の人間の欠けることなく完全な本性のうちに生まれ、彼の特性のすべてを完全にもち、かつわれわれの特性のすべてを完全にもつ。……

（第四章）このように、天の玉座から降りながら父の栄光から離れることなく、神の子は、新しい秩序により、また新しい誕生によって生まれて、この世のもっとも低きところへと入りたもうた。

新しい秩序によってというのは、次の理由によってである。なぜなら本来不可視なものがわれわれの間で可視となり、不可解なものが理解されることを望んだのだから。また時間を超えたものでありつづけながら時間のうちで存在しはじめた。万物の主でありながら、自らの尊厳の無限を覆ってしもべのかたちをとった。受苦することのありえない神が受苦する人になることを拒まず、不死のものが死の法に従うことを拒まなかった。

新しい誕生によって生まれたというのは、けがれない処女が、情欲を知らず、肉の素材を与えたからである。主は母から本性を受けたが罪を受けとらなかった。また処女の子宮から生まれた主イエス・キリストにおいて、その誕生が驚嘆すべきものだからといって、（その本性が）われわれの本性と異なるわけではない。というのは、真の神であるものが、同時に真の人であり、その結合にはいかなるいつわりもない。

人間の低さと神性の高さとが互いに結びついているのだから。神が憐れみによって変化しないように、人間は尊厳を与えられても人間であることをやめない。なぜなら、両方の形が、それぞれ他方との交流を伴いながら、自分固有の働きをなすのだから。ロゴスはロゴスに固有のわざを、肉は肉のわざを行う。これらの一方は奇蹟に輝き、他方は侮辱に屈する。そしてロゴスが父の栄光との等しさを失わないように、肉はわれわれ人類の本性を捨てることがない。

ここには、きわめてわずかな自然学的、形而上学的関心しかない。第三章冒頭の、本性、その特性、一つのペルソナへの共合、などの語り方、また少しあとの、神の本性はいかなる受動性ももたないという考えなどがわずかにそれをうかがわせるのみである。そのかわりにここにあるのは、新旧約聖書への親しみ、救いと仲介と癒しへの一貫した関心、不条理と奇蹟とパラドクスをそのままにみとめて厭わない心性、である。キュリルスやアンチオキアのヨハネスのギリシア的心性は、レオの語る「新しい秩序」「新しい誕生」のパラドクスを、できるかぎり理性によって説明しようとする。そこに「ヒュポスタシスによる結合」とか「不混和の結合」とかいう新しい説明が生まれる。彼らはレオよりその解明しがたさ、語りがたさを明らかに見、困惑しながらその前に立つ。彼らはレオより多くの哲学的説明手段をもっており、その及ぶものと及ばないものを見分ける感覚をもっている。そして及ばないものに対する視力が、レオよりは鋭いようにみえる。レオには、彼らのような明晰への要求がない。

レオの書簡には、彼の言う「新しい秩序」の逆説への困惑は感じられない。それが困惑となり、新たな説明への要求となるのは、ギリシア的な自同律、矛盾律と厳密な推論の論理に養われた精神にとってだけである。西方ラテン文化の強味は、形而上学や宇宙論や論理学ではなく、歴史と、法律と、文学と、そして農業や経済などの、人間生活の具体的で実践的な分野にあった。カトーの農業論や、プリニウスの博物誌や、リヴィウスの歴史、そしてローマ法などは、この民族の偉大な業績の傾向がどこにあるかを示している。ラテン盛期の思想を代表するキケロにしても、その形而上学や宇宙論はギリシアのそれを咀嚼したにとどまっている。それらは彼の理想とする「学識ある弁論(oratio docta)」の一要素として、その時どきの歴史や生活の現実の要求に対処する一つの手段として、用いられているにすぎないようにみえる。キリスト教の教える、論理的には逆説的だが、人間の心の願いにとっては切実なことどもが、この西方の心性にとって、さほど抵抗なしに受け入れられたのも当然であった。ここは、テルトゥリアヌスの「不合理なるがゆえに信ずる」といったような、レトリカルな、しかし心理的・宗教的には有意味な命題が受け入れられる風土だったのである。

ここにはしたがって二つの心性、二つのメッセージの交響が生じている。それは、ローマ帝国の武力によって一つに併された、二つの異なった言語、二つの異なった文化の交響であった。カルケドンの決定は、この多声的メッセージの交響の結果である。そこから、カルケドンでの基本概念であるペルソナ＝ヒュポスタシスの多声性が生じたことは、さきに述べたとおりである。

(3) カルケドン信経の成立——第三会議から第五会議まで

第二会議からさらに三日後、十月十三日に第三会議が開かれた。ディオスコルスに対する裁きを、教皇使節が主宰した。ディオスコルスは欠席のまま、自己の説の正しさを主張しつづけ、東方司教たちは、彼を破門することはためらっていた——何といっても、教説自体の相違はそう大きくはなかったのである。教皇使節は、ディオスコルスが「盗賊会議」において地方公会議で破門されたエウテュケースに聖体拝受を許したこと、教皇書簡の朗読を拒んだことなど、主に法的理由をたてに、ディオスコルスから聖職の権利を剝奪した。首都司教はじめ百九十人ほどの司教がこれに同意し、会議の大勢をさだめた。

四日後の第四会議はまた荒れ模様であった。三百人余の司教が集まったが、エジプトからの十数人は、エウテュケースの破門には賛成したがディオスコルスの免職、レオ書簡の承認は拒んだ。エジプトの修道士たちの群はさらに強硬にディオスコルスの復職を求めて騒ぎをおこし、宮廷役人たちによって司直の手にわたされた。

五日後に第五会議が開かれた。宮廷官僚たちは教義の決議書(definitio fidei)を作成することをうながしつづけていた。しかし、ここでも対立は厳しかった。首都司教アナトリウスがおそらくフラヴィアヌスの信仰告白に基づいて、試案をつくったが、それにはレオの書簡がとり入れられていなかった。大多数の司教はこの試案に賛成したが、左右両極端が強硬に反対した。つまり教皇使節はレオの書簡の採択を求め、逆に東方司教の一部はディオスコルス説を擁護した。あわや決裂という事態にあたって、皇帝の意志が問われた。皇帝の返書は会議に対し、教義声明決定のための委員会を編成するか、または公会議を西へ移すかという二者択一を迫った。

西へ移せば東側の発言力は当然弱まる。会議は第一の道を選び、三人の教皇使節、六人の東方司教、小アジア、黒海沿岸、イリュリクム、トラキアからの三司教の十二人が集って、各方面を満足させるような教義文書の作成にとりかかった。そうしてできあがったカルケドン信経は次のようなものである。

信経はまずニカイア信経とコンスタンチノポリス信経の全文を引用し、本来、信仰の内容を明示し、確かめるにはこれで十分なはずだと、古公会議の権威を確認する。ついで、「しかし新しい異端説が生じたので」教義の新たな確認が必要となったと語る。その異端とは、(1)マリアが「神の母《テオトコス》」であることの否定、(2)キリストの一本性《ピュシス》が、神性と人性の混合して一つのものとなったものだとする、したがって神性が受難したと語るもの。

この二つに反対するためカルケドン公会議は三百十八人の教父により定められたニカイアの信経と、百五十人の教父により伝えられたコンスタンチノポリス信経の教えを受け入れる。

さらに、(3)マリアから生まれた者を単なる人間であるとする異端に反対するため、キュリルスのネストリウス宛て書簡(第二)を受け入れる。さらに、(4)受肉においてキリストを二人と考える異端に対し、また、(5)キリストにおいて二本性が混合または混同しているという考え、(6)しもべの姿をとった子なる神の本性が、われわれの人間性と実体を同じくするものでないという考え、また、(7)二本性の結合(受肉)の前にキリストは二つの本性をもっていたが、受肉後は一つになったという考え、の三つに反対するためにレオのフラヴィアヌス宛て書簡を受け入れる、と宣言する。

このさまざまな「異端」への反論を、一つの整合的な「キリスト構造論」に形づくることがいかに難しいかは、これまでも述べてきたとおりである。それは、(1)二でありながら一、しかも混和融合してはならない一で、(2)しかも一でありながら二、つまりはじめの二のどちらか片方だけであってはいけない一、という難問である。この小委員会の示したカルケドン信経はともかくも、それに対して一つの答えを出した。

われわれはみな、聖なる教父たちにしたがって、唯一なる子にしてわれわれの主なるイエス・キリストへの信仰を告白しながら、声を一つにして次のように教える。このキリストは神性に関して完全であり、同時に人間性に関しても完全であり、真の神でありかつ真の人間であって、理性的霊魂と肉体から成っている。神性に関しては父と実体を同じくし、人間性に関してはわれわれと実体を同じくしている。「罪を除いては、すべてについてわれわれと同じである」(ヘブライ人への手紙四章15節)。神性に関してはこの世のはじめ以前に父から生まれ、人間性に関しては終りの時代にわれわれのため、われわれの救いのために、神の母たる処女マリアから生まれた。唯一の同一の主なるひとり子たるキリストが二つの本性《ピュシス》において、融合せず、変化せず、分割せず、分離せず、存在する(*ἕνα καὶ τὸν αὐτὸν Χριστὸν υἱὸν κύριον μονογενῆ ἐν δύο φύσεσιν ἀσυγχύτως, ἀτρέπτως, ἀδιαιρέτως, ἀχωρίστως*)と知らるべきであり、この結合《ヘノーシス》によって二本性《ピュシス》の差異は消去されるのではなく、むしろ各々の本性《ピュシス》の特性(*ἰδιότης*)が保全され、一つのプロソーポンへとまた一つのヒュポスタシスへと(*εἰς ἓν πρόσωπον καὶ μίαν ὑπόστασιν;* in unam personam atque subsistentiam)共合し、二つのプロソーポン(ペルソナ)へと分割され分離されることなく、一にして同なるひとり子であり、神のロゴスであり、主であるイエス・キリストである。これはまず預言者たちが予言し、次にイエス・キリスト自らがわれわれに教え、ついで教父たちの信経がわれわれに伝えたことである。

傍点の部分が、核心である。とくに、二本性の結合の仕方「融合せず、変化せず、分割せず、分離せず」と「二つのヒュポスタシスへと」が問題である。また二つの本性《ピュシス》「において」という前置詞も問題となる。

三日後、十月二十五日、皇帝マルキアヌスは公会議で決定された教義文書を布告するためカルケドンに赴き、教皇使節をはじめとして四百五十名をこえる司教たちがこれに署名した。あと五日ほど、会議は教会法の問題の討議をつづけ、アンチオキア派の首脳、キュルスのテオドレトゥスと、ネストリウスに同情的だったエデッサのイバスを司教職に復させた。この法的問題の討議では、首都コンスタンチノポリスの司教にほとんど教皇と同等の権限を与えることが定められ、教皇と皇帝の間にある対立が生じたが、それについての詳細は略することにする。

(4) カルケドン信経の問題点

カルケドン信経はきわめて簡潔で、要領のよい妥協文書であった。多様でときに矛盾し合う要求のいずれをも満足させようという意図をある程度実現していることは、この起草委員会のメンバーのなみなみならぬ能力を感じさせる。しかし、所詮これは、かなり異質な諸志向を、皇帝の要求する統一の鋳型にはめ込もうとする無理な努力を含んでいた。さきに指摘したこの文書の核心部分をめぐって、この後百年の間、ローマ世界が揺れに揺れたのは当然であった。

対立の一つの根は、やはりローマの西方と東方の考え方の違いにあった。カルケドン信経は一見してすぐわかるように、カパドキアの教父たちや、とくにキュリルスの表現を核心部分に用いている。しかし、その全体の基調は、「全く神、全く人」を救いのために切々と説くレオの書簡のものであることは、教会史家のほとんどが指摘することである。この信経はいわば、レオ書簡のキュリルス用語による翻訳という性格が濃い。したがって、西方はこの信経を満足して受けとった。キュリルス風の用語は西にとってはいささか奇異であったかもしれないが、西方の人びとがそれによってひどく煩わされたふしはない。六十年も経った後に西の教養人ボエチウスが、西ローマの聖職者たちは「二本性《ピュシス》において」というフレーズの意味を誰ひとりとして理解せず、しかも自分ではわかったつもりでいると憤っているが、そのようなこまかい思弁は西方の得手ではなかった。彼らはそこに表現されたレオ的な思想に満足していた。

しかしギリシア的教養をもち、ネオプラトニズムの思想風土と、東方の神秘主義的宗教性に親しみ、キュリルスの激しいキリストの神性への情熱をわかち持っていた東方の人びとは、この信経には必ずしも満足しなかった。もっとも決定的だったのは、東方ではキュリルス風の一本性説が、キリストという特殊な例のうちで人間性がいわば神化されるさまを表現していると思われていたことだろう。上昇と神化への欲求は、プラトニズム的・ギリシア的東方の宗教性の根づよい憧憬であった。キリストという範型的な人間の神化は、人間全体の神化の可能性を示し、モデルを与え、道を開くものと解されていた。これは「全く人」の現実性にあくまで執し、仲介者についてもその現実的人間性を尊いものと思い、その受苦の現実性によってこそ罪の贖いと人類全体の買い取りが可能であると考える西方の、人間主義的で法律的匂いがしないでもない見方とは、同じキリストという存在の理解の上でも大きなへだたりがあった。これは二つの別々の宗教性といってもよいようなへだたりであった。キリストという姿は歴史によってその両方の性格をもたされ、その存在を理論化する理論も、この二つを綜合しなければならなかった。

技術的に言って最大の難点は、キュリルスの用語を借りた「ヒュポスタシスによる結合」の概念内容がまだ不明瞭だということであった。それと密接に関連して、信経が「神の母《テオトコス》」という表現をみとめながら、受難の主体は神としないということがどう整合するのか明らかでない。さらに、結合を説明する四つの否定形「融合せず、変化せず、分割せず、分離せず」のうち、あとの三つはたやすく了解できるが「融合せず(ἀσυγχύτως)」とは何を意味するのか?

これ以後百年の闘争は、教会政治的には、正統を疑うことなく受け入れた西方と、疑義をさしはさむ分子の多い東方との争いであり、理論的にはしかし、もっぱらギリシア語圏東方の内部での、キュリルス左派(単性説派)と正統派の争いであった。西方にはボエチウスを唯一の例外として、見るべき理論的業績はなかった。政治的争いと手をたずさえて、東方では両派の理論が次第に明確化し、争点を明らかにしていった。

3　カルケドン以後

(1)　キュリルス左派の抵抗

東方ではキュリルス左派の力がますます強まっていく。カルケドン後の論争は、「第二書簡と合同信条のキュリルス」対「第三書簡のアナテマのキュリルス」の論争だと言ってもよい。

カルケドンの会議に出席していたパレスチナの修道士たちのひとり、テオドシウスは、会議の終るのを待ちかねて帰国し、「正しいキュリルス主義」を教えたアレクサンドリア司教ディオスコルスに対する不当な迫害に対して反対の声をあげはじめた。その声に同調する力は大きかった。パレスチナではエルサレムに住んでいた先帝テオドシウス二世の妃エウドキア、権威ある橄欖《オリブ》山の修道院長ゲロンティウス、そしてまたその周辺の人びとの支持によって、テオドシウスはついに「会議でディオスコルスを裏切った」ユヴェナリウスを倒してエルサレム司教に選ばれた。ユヴェナリウスは皇帝の軍隊の力によって復職し、皇帝も教皇も軍隊も、不穏な動きをみせる修道士たちをなだめ、抑えるのに苦慮した。しかし、カルケドンへの反対の声はシリアやカパドキアなどでも強まっていった。

もっとも激しく抵抗したのはもとよりアレクサンドリアの修道士たちと民衆であった。この力はなみなみならぬものであった。ここには、エジプトで力のあったコプト系の教会のメンバー(その中にはエジプト州内の古い家柄の人びとが含まれていた)の影響が強いことを指摘する学者もいる。[17] アレクサンドリア司教は、ローマ、コンスタンチノポリスに対抗するエジプト文化の庇護者という役割も担っていた。アレクサンドリア司教の罷免は、エジプトの民族主義的自尊心をも傷つけた。エジプトの反カルケドン運動の一つの強い動機は、アレクサンドリア司教キュリルスとディオスコルスに対する聖職者、貴族、民衆、修道士の忠誠である。皇帝に任ぜられてディオスコルスのあとを継いだプロテリウスと、彼を守る帝国の軍隊に対し、民衆の暴動が爆発した。体制側は民衆への食糧の給与を止め、浴場と劇場を閉鎖するという手段でこれに対抗した。ローマ民衆の基本要求である「パンと見世物」を絶ったわけである。

それでも暴動は完全にはおさまらなかった。三年間くすぶりつづけた不満はディオスコルスの死の報でふたたび燃え上がり、皇帝がただちに送った使節もこれを抑ええなかった。反対派の頭領は、「いたちの《アエルルス》」とあだ名された司祭ティモテウスと、「しゃがれ声の《モングス》」監督ペトルスであった。彼らはキュリルスの「神のロゴスの受肉した一本性《ピュシス》」というフレーズをかたく保持するゆえに単性説派と呼ばれた。

ティモテウスは民衆に推され、ひとたびは司教座につくが、州知事とその兵力によって追放され、プロテリウスがいったん座に復した。しかし、ティモテウスがカルケドンの決定を異端と宣告していたにもかかわらず、彼の教会に集まる群衆は、正統の司教プロテリウスのもとに赴くわずかな人数とは比べようもなかった。カルケドンの会議を主宰した勢力のうち皇妃プルケリアはすでに没し、皇帝マルキアヌスも四五七年早春に没して、一将校であったレオ一世が強力なゲルマンの将軍アスパルの援護で即位し、首都司教アナトリウスに追認されていた。エジプトにおける州兵の防備態勢は、この政治の変化によって手薄となっていた。復活祭前の金曜、暴徒たちはプロテリウスを彼の教会において虐殺した。ティモテウスはすみやかに復権し、カルケドン派の聖職者たちをエジプトから追放した。

皇帝レオは正統派の首都司教アナトリウスの考えを重んじ、東方司教たちに回状をまわして、その意見を確かめた。答えは千六百余人のうち四人を除いてはカルケドン決定に賛成し、ティモテウスの免職を求めていた。教皇レオは宥和的な書簡をティモテウスに送ったが、彼は主張を変えなかった。皇帝レオはやむをえず「いたちの」ティモテウスを追放し、後任に穏和な正統派「白ターバンの」ティモテウスをおいた。

二本性を主張するアンチオキア派の牙城であったはずのアンチオキアにおいてさえ、事態は平穏ではなかった。のちに皇帝となるイサウリア人の頭領ゼノと、反カルケドン派の「フェルト屋の」ペトルスがむすび、カルケドン派の首都司教ゲンナディウス(アナトリウスの後任)と激しく対立し、何回もの追放と復帰ののち、ついにペトルスは修道院に幽閉された。しかし民衆の間にはキュリルス派は大きな支持を得ていた。四七四年、レオが没すると女婿のゼノが皇帝位を奪ったが、先帝の妻、つまり彼の妻の母が、自分の兄弟バシリクスを僭帝として立てた。首都司教は四七一年にアカキウスにかわっていた。アカキウスの立場は曖昧なものであったが、首都の空気は熱心なカルケドン派の修道士たちアコイメタイに大きく支配されていた。僭帝バシリクスは、教義の争いを一挙に鎮める意図で、老いた論客「いたちの」ティモテウスを追放先から呼びもどし、強力な反カルケドン・キャンペーンを展開した。彼は回状をまわしてカルケドンでの決定と教皇レオの書簡を排斥し、ニカイア信経に付加されたことすべてを否定した。断固たるカルケドン派だったアコイメタイの修道院の影響下にあった首都の民衆と修道士の一部と、それに司教もそれに反対した。しかしティモテウスは僭帝によりアレクサンドリア司教に任ぜられ、単性説派の司教たちをエフェソスに集めて、アカキウスの罷免を宣言した。

しかし、首都司教の権限に対するこの挑戦はアカキウスに受け入れられるはずもなく、また時の教皇シンプリキアヌスも、カルケドン信経への復帰とティモテウスの免職を要請しつづけた。バシリクスは折れて、回状を撤回したが、その直後、ゼノによって帝位から追われた。

ゼノは四七六年、帝位に戻ると、バシリクスの企てのすべてを撤回しようとした。アンチオキアに正統の司教をおき、エフェソスでは司教の転向と共働をとりつけた。しかしアレクサンドリアでは、皇帝の反感にもかかわらず、「しゃがれ声の」ペトルスがその人望と政治力により司教座を占めることになった。

この頃の徹底的キュリルス派、つまり単性説論者たちの理論は、まだそれほど整ったものではない。「いたちの」ティモテウスがこの頃の代表的論客であり、彼の『カルケドンで決定された教説への反論』[18]は大部なもので、他の二つの『反論』と共に知られている。彼らにとってカルケドンの決定はネストリウス主義以外の何ものでもない。ティモテウスがとくに非難するのは次の点である。(1)信経がキュリルスの中心的公式「神のロゴスの、受肉せる一本性」に触れていないこと。(2)キュリルスが第二書簡でも第三書簡でも強調している「ヒュポスタシスに関する(καθ᾽ ὑπόστασιν)結合」に言及していないこと(「一つのヒュポスタシスへと合する」と言うのみ)。(3)信経は「二本性において(ἐν δύο φύσεσιν)」と語り、「二本性から(ἐκ δύο φύσεων)」と語らないこと。この最後の点は長く争点となるところだが、ティモテウスによれば、まさにこの「二本性において」こそネストリウス主義以外の何ものでもない。「キリストについて二本性を語るものをわれわれは排斥する」。教皇レオはネストリウス主義者であり、信経は、キュリルスがその公式のうちで正しくも明言したこと、つまり受肉したキリストのピュシス＝ヒュポスタシスが、神のロゴスのそれであることを明言しないという大きな誤謬を犯している。——ここで注意しておくべきことは、キュリルスの第三書簡のアナテマにはっきり表現されていたように、キュリルスにとっても、キュリルス主義者たちにとっても、ピュシスとヒュポスタシスはほとんど同義に解されていることである。なぜなら「ヒュポスタシスを持たないピュシスは存在しないし、プロソーポン（あらわれ）をもたないヒュポスタシスも存在しないのだから」。ニカイア信経でもこれは明らかに見えていた考えである。またギリシア的思想の伝統からは当然の考え方である。しかし、この概念装置ではキリスト論の解決が難しいことが、のちに次第に明らかとなってくる。

(2)「統一令（ヘノティコン）」と東西教会の分裂《シスム》

アレクサンドリアの団結と強硬さは、皇帝にとって目の上のこぶのようなものだった。しかしアレクサンドリアにとっても、皇帝との対立は不利であった。歩み寄りの要求は両者にあった。

きっかけは、アレクサンドリアの司教に忠実な修道士たちが、「しゃがれ声の」ペトルスの司教職を正統と認めてほしいと皇帝に請願したことにある。皇帝ゼノは、ペトルスが首都司教アカキウスの起草した信仰告白に署名することを条件に、それを聞きいれた。この信仰告白が「統一令(ヘノティコン)」と呼ばれる歴史的に有名な文書である。本来は、アレクサンドリア司教の権威の及ぶ範囲、つまりアレクサンドリア、エジプト、リビア、ペンタポリスの、聖俗すべての人びとにあてた文書だが、事実上は東帝国全体の新たな宗教的態度を統一的に定めたものという性格をもった。アンチオキアでも、キュリルス派は多数を占めていたからである。

四八二年に布告された「統一令」は、ニカイア、コンスタンチノポリス、そして(カルケドンではなく)エフェソスの公会議の決定に従うことをうたう。四三一年のエフェソスの公会議は、さきに述べたように分割されたまま終った奇妙な公会議であったが、その始めの「キュリルスの会議」の部分の文書には、第三書簡とその十二のアナテマが収録されていた。それを根拠に「統一令」は十二のアナテマを受け入れ、レオ書簡には一切言及せず、さらに「二本性」という表現を一切避けた。これはあたかもカルケドンの公会議も、レオの書簡も、かつて存在したことがなかったような文書であり、キリストの神との同実体性をニカイアに基づいて強調する。その意味で、キリストの内なる神のロゴスの存在性を強調するキュリルスに沿った文書であった。カルケドン以後のこの時期においてニカイアを強調することは、つまりキュリルス左派に加担することを意味した。

ペトルスはこれを承認して、正式にアレクサンドリア司教として認められた。しかしアレクサンドリアとエジプトにはもっと尖鋭なキュリルス左派が多く、カルケドンとレオ書簡を無視するのでは足りず、はっきり排斥すべきだという声が高かった。三万に及ぶ修道士のデモも組織された。ペトルスは政治的手腕を発揮して両派の均衡を保っていた。

アンチオキアでは正統の司教カレンディオンは追放され「フェルト屋の」ペトルスがあとを継いで「統一令」を受け入れた。小アジア地方の単性説者たちは、これに満足し、カルケドン派の司教を追放した。パレスチナでもエルサレム司教が「統一令」を受け入れた。

東方の宗教的平和は確立された。それはしかし同時に、西方との決裂を意味した。事態は、当時の不便な情報伝達手段によってもゆっくりと西方に伝わった。四八三年に登位した教皇フェリクス三世は、ゼノとアカキウスが事態を隠そうと努力したにもかかわらず、四八四年の地方公会議でアカキウスを破門した。アカキウスは逆に教皇フェリクスの名を教会名簿から除いた。

カルケドン公会議後三十三年経って、会議はさらに三十四年間つづく東西教会分裂(アカキアン・シスムと呼ばれる)の原因となった。五五三年の第二コンスタンチノポリス公会議もまだ、単性説論者たちとカルケドンの宥和の努力にほかならなかった。シスム以後、東と西の教会は別々の歩みをつづける。そしてキュリルス左派とカルケドン派の理論闘争が頂点に達するのは、西においてではなく、東方教会内部においてであった。

四九一年、熱心な単性説の擁護者、アナスタシウス一世が帝位についた。生まれはスラヴ系といわれる。有能な官僚という型の人物であった。先帝ゼノは先帝レオの女婿で、少数民族イサウリア人の首長であった。アナスタシウスもゼノの死後、その妃との婚姻によって帝位についた異民族出身者である。レオさえも、事実上ゲルマンの将軍の力によって帝位を得ていた。この時代の皇帝には、もはや民族の壁は事実上なかったといえよう。アンチオキア司教候補にも擬せられたことのあるアナスタシウスは、宥和と曖昧さを事としたゼノと異なり、宗教政策にきわめて熱心であったが、それはしばしば衝突をひきおこした。アレクサンドリアは終始一貫反カルケドン・反レオの先鋒であったが、アンチオキアでは単性説のパラディウスを継いだフラヴィアヌスは「統一令」を認めたがカルケドン派に同情的であり、エルサレムでも「統一令」に忠実だった前司教に対し、カルケドンに同情的なエリアスが司教になっており、パレスチナ修道士たち全体に、ケドロン渓谷の修道院長サバス(カルケドン派)が、ガザの修道院長イベリアのペトルス(単性説)に代って影響力を広げていた。首都自身でも、司教はカルケドン派のエウフェミウスに代っており、彼は教皇ゲラシウスと交流を再開しようとしていた。アナスタシウスが即位した四八〇年代終りから四九〇年代はじめに、各所で世代が交替し、大勢は以前よりカルケドン派に有利になってきていた。

首都での司教と皇帝の対立は激化し、司教は暗殺の試みを何度か逃れたが、ついに大逆罪に問われて辞任した。後任は「統一令」に忠実なマケドニウスであった。しかしこれはまたアコイメタイの修道士たちや首都民衆の強い反発を招いた。マケドニウスは地方公会議でカルケドン信経を確認せざるをえなかった。カルケドン派の抵抗にてこずった皇帝もこれを黙認した。これによって西ローマとの和解は成るかにみえたが、フェリクス三世を継いだ教皇ゲラシウスは硬骨で闘争的な人物であり、「統一令」とカルケドンを並行的に認めるという、コンスタンチノポリスの曖昧な路線を許さなかった。シスムはむしろ拡大した。

コンスタンチノポリス、アンチオキア、エルサレムという主要諸都市にカルケドンに同情的な司教をもった皇帝アナスタシウスはしかし、強力な理論家たちの援護をもっていた。シリアのマツブーの司教フィロクセヌスと、のちにアンチオキア司教となるセヴエルスである。彼はパレスチナのガザの修道院で、著名な単性説論者イベリアのペトルスの弟子であった。

セヴェルスこそは、キュリルスに次いでこの争乱の時代の最大の思想家であった。単性説の理論化はその主要な部分を彼に負うている。しかし彼の学説については後にくわしく述べよう。

四〇〇年代の終りから五〇〇年代のはじめにかけて、フィロクセヌスは首都に赴き、アンチオキア司教フラヴィアヌスの辞任を求めて大きな反カルケドン運動を起した。しかし、首都司教マケドニウスも民衆も冷たい反応しか示さなかった。皇帝も当初は「統一令」（カルケドンを単に無視する）を超えた尖鋭な反カルケドン運動には懐疑的だった。しかしそこに起ったペルシア国境での戦いが、シリアでの反カルケドン派（反ペルシア）修道士たちの忠誠を保持する必要を生んだ。セヴェルスもパレスチナから二百人の修道士たちをひきつれて上京し、同じパレスチナから来た二百人のカルケドン派の修道士と対峙した。

司教マケドニウスははじめは皇帝と「統一令」に忠実であったが、次第にカルケドン寄りに立場を変え、フィロクセヌスやセヴェルスと対立してきた。五一一年、彼は職を免ぜられ、穏やかな単性説者ティモテウスがあとを継いだ。しかし、首都の民衆、修道士の多数、それに皇帝の軍隊の総司令官も、単性説とその反カルケドン・キャンペーンに敵意をいだいていた。

大衆の意志をこの時点で見誤った皇帝は、五一二年、古くからの神をたたえる定式「トリスハギオン」（「聖なる神、聖にして力あり、聖にして不死」）に、単性説風の付加をしたもの「われわれのために十字架にかけられた」を市中でとなえさせた。大衆は激昂した。皇帝の像は倒され、単性説の貴族、聖職者たちの館は焼かれ、さわぎを鎮めるために派遣された皇帝の官吏たちに民衆は石を投げつけた。追いつめられた皇帝は、粗衣をまとい、帝冠を捨ててかぶり物なく、群衆の集う競馬場にあらわれて退位の意志を告げた。皇帝に反抗して旧来のトリスハギオンを唱和していた群衆は心を動かされ、彼をふたたび皇帝と認めた。ビザンツの皇帝の就任には、民衆の歓呼による承認がいつも必要だったのだ。

しかしアンチオキアでは、フィロクセヌスとセヴェルスなど単性説派の、司教フラヴィアヌスに対する攻撃がつづいた。フラヴィアヌスの大幅な譲歩と、カルケドン派の抵抗にもかかわらず、ついにフラヴィアヌスは免職、追放され、セヴェルスが司教座を占めた。

アンチオキア司教となったセヴェルスは、五一三年のアンチオキア地方公会議、五一五年のテュールの地方公会議などで、精力的に彼の説を展開した。彼は「統一令」を受け入れたが、きわめて反カルケドン的な解釈をそれにほどこした。

いまやセヴェルスは、左右両派からの攻撃に対応せねばならなかった。左はもとよりアレクサンドリアと一部のアンチオキアの尖鋭な単性説者たちからであり、右としては、カルケドン信経に忠実だった首都やパレスチナの輿論に加えて、穏和なカルケドン派ともいうべき理論的一派が生じてきていた。主としてパレスチナに起源をもつこれらの理論家のうち著名なのは、ヨハネス・スキュトポリスと、カイサリアのヨハネス・グラマティクスであった。

(3) 単性説の理論家セヴェルス

セヴェルスは単性説の理論のもっとも分化した詳細なかたちを示していると言えるだろう。セヴェルスの著書は数多い。出版されたものだけでも『ネファリウスへの弁論』[19]『真理を愛する人びと』[20]『不敬な文法家へ(ヨハネス・グラマティクスへの反論)』[21]『セルギウス・グラマティクスとの往復書簡』[22]その他いくつかの書簡集が出ている。フィロクセヌスにも『三位一体と受肉について』[23]『十の論集』[24]その他書簡集もあるが、質量ともセヴェルスには及ばない。セヴェルスの論争的な著作の論敵とされたのは、一方は穏やかなカルケドン派のアレクサンドリアのネファリウスとカイサリアのヨハネス・グラマティクス、他方では極端な一本性説者、エウテュケース派のセルギウス・グラマティクスだった。

セヴェルスもフィロクセヌスものちに異端とされ、他方彼らの師とあおぐキュリルスは聖人に列せられ、ヨハネス・グラマティクスの傾向の人びと、後世に「ネオ・カルケドン派」と呼ばれる人びとは正統とされている。しかし、彼らの理論の基本線は、それほど異なるものではない。差異は微妙でわずかなものである。十八世紀啓蒙の歴史家ギボンが嘲ったように、正統と異端と聖人の差はこの頃においてはしばしば剃刀の刃のようにうすいものであった。

人びとは泥沼のような非難と攻撃とスローガンの渦に飽いていた。カルケドン公会議以来五、六十年の論争、「一本性」と「二本性」をめぐり、「神の母」「神の受難」をめぐり、「ヒュポスタシスによる統合」をめぐる論争は、激烈ではあったが、理論的というよりはむしろ「戦いの雄叫び」(25)にすぎないことが多かった。概念の明確化と体系の整合性への要求は徐々に熟しつつあった。

ヨハネス・グラマティクスの著作は、さきにあげたセヴェルスの彼への論駁書のうちに断片四十数個が伝えられているのが主なものだが、概念の厳密な規定に功績があった。とくに彼は、三位一体論とキリスト論というキリスト教の二つの根本教義における、術語と概念の整合性の問題を投げかけた最初の人であった。この意義はきわめて大きい。

つまり、三位一体論は、神の実体《ウシア》が一でヒュポスタシスが三と語り、キリスト論は、キリストは本性《ピュシス》が二でヒュポスタシスが一と語るわけである。その際、ウシアとピュシスはきわめてよく似た概念で、両方とものの本質・本性を意味し、存在をも意味する。それらの異同はどうなのか。キュリルスの流れをひく単性説派の人びとは、キュリルス同様にピュシスとヒュポスタシスを区別しない場合が多い。しかし、もしウシアとピュシスが同義で、しかもピュシスとヒュポスタシスが同義だったら、三位一体論は成りたたなくなる。神のうちですべてが区別なく一つになり、「三」は消えてしまう。これは、ヨハネスとセヴェルスの論争のうちで明らかになってくる問題点である。

ヨハネスは、カパドキアの教父たち、とくにバシリウスがウシアを「共通的なもの」、ヒュポスタシスを「個別的な存在」と解している[26]のを受けつぐ、これは三位一体論の説明にはいちおう好適であった。各位格(ヒュポスタシス)はそれぞれ特性(生み、生まれ、発出など)をもつヒュポスタシス(ὑπόστασις χαρακτηρική)であり、実体《ウシア》は父・子・聖霊に共通である。この見方だといわば神の実体と三位格をアリストテレスの実体と個とのアナロジーで考えることができる。そこがまた問題ではあるのだが。

これを受けてセヴェルスは、まず語源からして、ウシアとヒュポスタシス、ヒュパルクシスなどは同義であり、すべて「存在自体」「現実に存在するもの」を意味するとし、ピュシスもまたこの三つと同義であるとしばしば言う[27]。しかし他方、ヨハネスやバシリウスによって、ウシアとヒュポスタシスが異義に用いられていることをも認める。この二つの考え方を、セヴェルスは宥和させようとする。

セヴェルスによればウシアとヒュポスタシスは、現実に具体的に存在するものを名指すかぎり同義である。ただ、その具体存在の二つの異なった条件を共示するかぎり異義となる。一方では多なる個存在のうちに全体的に同一のものとして在るとみなされるかぎり、本来の意味でウシアと呼ばれ、他方では個々別々で特殊な性質を獲得して、同一のウシアを分有して個別に存在するかぎりヒュポスタシスと呼ばれる。ただし、この特殊な性質(*ἴδιον*)は、カパドキアの教父たちのような、「ヒュポスタシスを構成する」性質であるよりは、むしろあいかわらず「ウシア・ピュシスに付随する」性質である。というよりは、セヴェルスはこの二つをあまり明瞭に区別しない。これは彼の説の基本から生じてくることである。したがってウシアは多くの個別者を包含する類を意味し、ヒュポスタシスはその一つの個別者を表示する。ヒュパルクシスはこの両方の意味に使われることがある。ピュシスもまた、共通存在ウシアとヒュポスタシスまたはエイドス、ヒュポケイメノン、プロソーポンなど個別存在と両方の意味で用いられる。つまりピュシスとヒュパルクシスは、ウシア・ヒュポスタシス両者の中間で、曖昧な意味範囲をもつのである[28]。

ピュシスとヒュポスタシスがこのように規定されるとき、キュリルスにおいても単性説者たちにおいても、キリストが一なる個的存在として一ヒュポスタシスであるのはもとより、一本性《ピュシス》だとも語られるのは、不思議でなくなる——本性《ピュシス》が個存在をも意味すると考えるなら、キリストは一本性《ピュシス》だとしか言えないはずである。この意味で二本性《ピュシス》だと言うとすれば、それは極端なネストリウス主義になる。つまり、キリストはせいぜい表面的に一つと見えるだけで、実は二つの存在なのだということになる。アンチオキア派のキリストはプロソーポンに関して一だという主張がしばしばこれに近くなったことはすでに述べた。

しかし、一本性《ピュシス》であるとすると、「全く人」の主張はどうなるのか。セヴェルスら穏健な単性説論者のこれに対する説明は、キリストの人間性は、ロゴスの受肉と共に生じたのであって、ロゴスと結合していないキリストの独立の人間性について語ることは無意味だというにある。神性と人間性が別々に「結合の前に」存在したわけではない[29]。ロゴスは受肉の際に、マリアから理性的霊魂をもった肉体をとり、自らへと結合したのである[30]。その人間性は「完全なもの」である。アポリナリスの言うような、理性的霊魂ぬきの肉体でもなければ、またヨハネス・グラマティクスの言うような普遍的人間のウシアでもない(ヨハネスは、ウシアとピュシスを同一視することによってこの考えに導かれた)。そこでとられたのは完全な、具体的・個別的人間である[31]。

セヴェルスはキリストが「二本性において(*ἐν δύο φύσεσιν*)」存在するという表現はさすがにほとんど使わないが、キリストのうちに二本性があることは、ある意味で認める。つまり彼はカルケドン派との論争のうちで、われわれの認識にとっては(*ἐν θεωρίᾳ*)キリストのうちに二つの本性が認められると語り出す。これはカルケドン派への一歩の歩み寄りであり、セルギウスらのエウテュケース派のまったく混和した一本性説への反対のためである。ただし、キュリルスも単性説派も、その際ピュシスとヒュポスタシスを区別はしないから、この一性の結合は抽象的本質の結合ではなく、具体的存在者同士の結合である。

いったいそれではこのような結合、理論的には分けられても事実上は分けられない結合とは、どのようなものだろう。単性説者《モノピュシスト》セヴェルスは、この結合について、レオ書簡やカルケドン信経は、「一つのヒュポスタシスへと」と言いはするが、キュリルスのように「ピュシス的かつヒュポスタシス的な」強固な結合をけっして語っていない、それゆえ彼らはネストリウス派にきわめて近いと語る。[32] ここには一面の真理があるかもしれない。正統派の結合についての理論は、まだ十分なものができていなかった。一方でアンチオキア風の「一つのプロソーポンへ」の結合、みかけの一性、または恩寵や意志による結合と、他方で「一ヒュポスタシスへの」共合とどこがどう違うのかを語る理論はまだかたちをなしていなかった。セヴェルスの理論は少なくともそれへの道を示唆していると言えるだろう。

セヴェルスは、キュリルスから、結合(ἕνωσις)と共に綜合(σύνθεσις)の語をも受けついでいる。これはピュシスについても、ヒュポスタシスについても語られうる。極端な一本性説者であるセルギウスとの論戦の中で、セヴェルスはセルギウスの主張する二性の完全な混合をしりぞける。セルギウスは、結合のうちではウシアも性質もすべて一化して、別々のリアリティーは残らないとする。それに対し、セヴェルスはキュリルスを引合いに出しながら、受肉基体における綜合は要素の融合・混和を認めないと言う。[33] 綜合はしかし、要素を独立存在として分離させもしない。これはカルケドンの主張する、ある中間的な結合に似たものである。[34] したがって、セヴェルスの言う綜合とは、実は本質の次元ではなく存在の次元の出来事であることが推測されてくる。少し後にビザンツのレオンチウスで明確化するようなピュシスとヒュポスタシスの区別がセヴェルスで姿を見せはじめている。

この結合を説明するために、「特性の保存」を語るレオやカルケドン信経に対して、「特性」とは何であるかに立ち入った考察をはじめているのもセヴェルスになってからである。しかし、上述のように、彼は基体を別々に構成する特性というカパドキア風の考え方は受けついでいない。彼は特性(*ἰδιότης*)をいちおうある基体にのみ属して、他の基体によって分有されないものと定義づけている。[35] そのようなものとして彼は第一に基体の現実存在そのものを考えている。これは、のちのネオ・カルケドン派に受けつがれる。これがどこから来たかに関しては論争があるが、[36] 彼はこの意味での特性がキリストのうちに二つあることを否定するという仕方で、ネストリウス派に反対している。[37] しかし第二に、基体の本質存在を構成する特性については、セヴェルスはセルギウスらの極端な一本性説に反対して、いわば二種のそれをキリストのうちに認める。彼はそれを、キュリルスを引用しながら、「ピュシス的性質における特性(*ἰδιότης ὡς ἐν ποιότητι φυσικῇ*)」とかまたは「ピュシス的特性(*ἰδιότης φυσική*)」「ピュシスに関しての特性

(ἰδιότης κατὰ φύσιν)」とか時には「種差(διαφορά)」とか呼んでいる。[38] これの全き混和・融合は、セヴェルスは認めないのである。

セルギウスは「結合後には二本性《ピュシス》もなく、二特性《イディオテース》もない」と語るが、セヴェルスはこの仕方で分離と混和の中道を主張しているわけである。ただし、彼はレオに反対して各本性に固有の別々の働き(ἐνέργεια)はないと語る。[39] 基体が一なるかぎり、働きは一である。このようにして、キリストの「綜合的」基体またはピュシスは、はからいにより、意志により、受苦をも己れのものとしているのである。神的ロゴスのピュシス自体は変わることなく受動性を受けつけないにもかかわらず。[40]

これは、綱わたりのような議論である。二本性説と一本性説の間を(カルケドン派もそうであるように)あやうくよろめいている。しかし、すべての議論が、いかにかぎりなく正統に近く、「全く人」を考慮し、二性の非融合・非混和を主張しても、全体として響いてくる基調音は、やはり、キリストの中核はロゴスであり、神であって、人間性の採受、受肉は、そのロゴスのなしたエピソード的行為であり、仮の状態である、という考え方であることは、かなり明瞭に見てとれる。キュリルスの名を冠せられている単性説共通のスローガン「神のロゴスの、受肉した一本性《ピュシス》」がそれを如実に語っている。キリストの存在の基本であるピュシス＝ヒュポスタシス、このキリストの現実存在の芯は、どこまでも神なのである。

4 ユスチニアヌスの路線

(1) カルケドン派の勝利と変貌
――ユスチヌスとユスチニアヌスの政治

政治の流れも、民衆の考えも、次第にカルケドン派の方に流れていった。エピソードには終ったが、五一三年にはドナウ地方の軍団の将校ヴィタリアヌスが、カルケドン信仰を主張する反乱を起し、六万の兵をひきいて首都間近まで迫るという事件も起った。首都は一時危うくみえた。皇帝はヴィタリアヌスをトラキア軍司令官に任じ、さらに教皇が主宰する公会議をヘラクレアで開くことを約束して、あわてて教皇に和解の使節を送ったほどだった。ただ、反乱は失敗し、皇帝はただちにもとの宗教政策に戻った。そのうち、五一八年にアナスタシウスは没し、彼の長い単性説の治世は終った。新しい皇帝ユスチヌス一世は、イリュリア地方の農民出身の司令官で、ラテン語を母語とし、カルケドン派であったが、さしたる教育もない人だった。それに対しその甥のユスチニアヌスは同じ信仰に属し、しかも高度の教養をそなえていた。

状勢は一変した。ユスチヌスの即位後ただちに、首都の民衆は、これも新たに職についた首都司教ヨハネスに、カルケドンを認めてセヴェルスを追放するよう要求した。皇帝は司教たちにカルケドン信経を受け入れることを命じ、「異端者」を公務と軍務から追放した。首都で開かれた地方公会議は、先帝の時に追放されたカルケドン派の人びとを呼びもどす決議をし、エルサレムと小アジアもこれにつづいた。エジプトと北シリアだけがまだ単性説をひるがえさなかった。セヴェルスはアレクサンドリアに逃れ、彼の後任の司教パウルスは単性説派の迫害をはじめた。宗教地図はまさに逆転した。皇帝は四八四年にはじまった東西教会の分裂に終止符を打つ決意を示した。教皇使節はまったく非妥協的に、アカキウスはじめシスムに加担したとされる人びとの除名を要求したが、それらはすべて受け入れられ、首都のおもだった聖職者たちは教皇の要求したカルケドン風な「再統合の書」に署名した。

ヴィタリアヌスの反乱はいちおう潰えたのだが、彼は相変わらず強い圧力を宮廷に及ぼしつづけていたらしい。ユスチヌスのカルケドンにくみする宗教政策の背後に、彼の影を見る意見は多い(41)。五一八年に、ドナウ河畔の「スキタイ修道士たち」と呼ばれる人びとが、同じく東西教会のシスムを終らせる目的でコンスタンチノポリスにやって来た。彼らの意図は、多分厳格に正統に味方しながらの東西の統合であった(42)。彼らが旗じるしとして用いた一つの公式は、不思議に両義的な性格を持ち、結局東西教会の統一の誘因となったが、それが彼らの望んだ仕方であったかどうかわからない。その公式は

「神の受難」公式と呼ばれるが、この呼び名自身も両義的で誤解を招くものである。「三位一体の一位格がわれわれのために受難された」というのがその公式である。スキタイ修道士たち自身がこの公式の含み持つ重大な意味を意識していたかどうかわからない。しかし俊敏なユスチニアヌスはそれを見てとった。これは一見、カルケドンに反するようにみえる。というのはカルケドン信経は、神の受難を語るのを異端としているからである。しかしこの公式は、すでにカルケドン前から用いられた古い公式で、東方修道士たちの間でネストリウスの異端に対して用いられ、キリストの一なることを主張するのに用いられていた。そのかぎり、この公式は正統カルケドン派に同調するものであった。しかし同時にこの公式は、スキタイ修道士たち自身の意図いかんにかかわらず、もともと強くネストリウス派に反対するものだったから、単性説寄りの色彩をも持っていることは否めない。事実、かつてのアンチオキアの単性説派司教、「フェルト屋の」ペトルスもこれを用い、「統一令」にもとり入れられ、セヴェルスや皇帝アナスタシウスもこれを使っていた[43]。いわば反カルケドンのスローガンともなったのである。五一八年にコンスタンチノポリスでスキタイ修道士たちからこの提案をきいたアコイメタイ修道士たちが激しくこれに反対したのも当然である。もともとこの公式は、カルケドン後の首都でひどく不評を買った歴史を持っていた。教皇も、ユスチニアヌスも、当初はスキタイ修道士たちの主張を危険なものとみなした。教皇はコンスタンチノポリスについでローマを訪れ、一年以上滞在したこの人びとを、結局は追放した。

ユスチニアヌスも、はじめはこの人びとの考えに警戒するようにという書簡を教皇に送っている。しかしこの件で教皇にあてた第二の書簡で、彼は根本的に考えをひるがえし、この公式が「教会の平和のために」きわめて重要な意味を持つことを力説した[44]。この第二の書簡を、彼は早馬で、第一の書簡より先に着くようにローマに送らせたという。何かの理由で、この短い時間の間に、ユスチニアヌスにある思いつきがひらめいたことはまちがいないようである。「ロゴスの神性ではなく、神であるロゴス自身が、自身に基づいて人間となった[45]」という、スキタイ修道士の指導者マクセンチウスの考えは、「三位一体の一位格」つまり本性《ピュシス》と区別されたヒュポスタシスが、神人両性の結合の基体となるという仕方で解され得るものだった。そうすればこれは、のちにエルサレムのレオンチウスが体系化したような、ユスチニアヌスの提唱したキュリルス寄り路線でのカルケドン解釈の基礎となる、重要な洞察だった。ユスチニアヌスはすでにこの時点でこの意味に気づいていたのだろうか？　確証はないが、さきの書簡のいきさつはそれを示唆するようでもある。

五二七年にユスチヌスが死去し、ユスチニアヌスは位を継いだ。最後のローマ帝国統一をなしとげ、今に至るまでユスチニアヌス法典にその名をとどめている、最後の偉大なローマ皇帝である。

彼は深く古ローマとその正統信仰を尊崇し、異教や異端を最終的にこのキリスト教ローマ帝国から追放することに努力した。コンスタンチヌス大帝以来二百年、再三異教と異端の禁止令は出ても、その効果は決して徹底したものではなかった。ローマの学問の重要な要の一つはいまだに異教徒プラトンの学園、アテネのアカデメイアであった。ユスチニアヌスはついにこの学園にも手をのばし、これを閉鎖した。小アジアの山間地への大規模な伝道活動も報じられている。異端諸派に対しても、その教会を閉鎖し、公職と軍隊からしめだすという厳しい処置をとった。これは西ローマを事実上支配していた東ゴート族の王テオドリクの晩年をおびやかすことになった。アリウス派を奉じていたゲルマン人の王は、教皇や西の元老院とよい関係を保ち、英明な支配者として西ローマに君臨していたが、その最晩年に起ったユスチニアヌスのアリウス派の迫害に対して抗議しつつ没した。

唯一ユスチニアヌスの力によって抑えきれなかったのはエジプトを中心とする異教と異端であった。エジプトは代々の皇帝にとっても、属州とはいえたやすく意志に従わすことのできない経済力と独自の文化をもっていた。エジプトに強固な地盤をもつ単性説に対しては、ユスチニアヌスも一目置かざるをえなかった。

(2) 第二コンスタンチノポリス公会議

この広大な帝国の分裂の一つの大きな要因が信仰の理論であった以上、統一のためにはその分野での合意が必要条件だった。ユスチニアヌスはもともとカルケドン派で、信仰とその理論に深い関心をもち、自分で神学論文も書いている。『単性説論者への反駁』と『正しい信仰の告白』が知られている(46)。しかし皇帝である者の関心は、第一に国土の平和と統一である。彼の召集する第二コンスタンチノポリス公会議の定める「正統」が、きわめてレオ的・西方的であったカルケドン公会議の定めた「正統」と、その基調において微妙なずれを見せてくるのは当然だった。別な言い方をすれば、第二コンスタンチノポリスの決定は、カルケドンの決定の、ある色彩を帯びた解釈を示している。重心はわずかに東に寄ってくる。エジプトと北シリアの変わることない単性説への傾倒の重味と、そして皇妃テオドラの意見の重味と。踊り子から皇妃となったことで有名なこの怜悧な女性は、終始単性説の熱心な庇護者であった。

最初の統合と歩み寄りの試みは五三二／三年の、コンスタンチノポリスの宮殿における、カルケドン派と単性説派の司教たちによる小規模の会議であった。これは三日にわたり、最終日には皇帝も臨席した。結論の出るような会議ではもとよりなかったが、その直後に出された二つの教令が、ユスチニアヌスがここから読みとってきた宥和の路線を示している。

二つの教令は、スキタイ修道士たちが提案した「神の受難公式」(三位一体の一位格がわれわれのために受難した)と、カルケドン信経では明言されていなかったキュリルスの表現「ヒュポスタシスによる結合(ἕνωσις καθ᾽ ὑπόστασιν)」とをカルケドン的正統の不可欠の一部と宣言する。つまりキュリルス寄り、単性説寄りのカルケドン解釈である。これはかつて非妥協的な教皇ホルミスダスによっては却下された解釈だったが、現教皇ヨハネス二世ははるかにキュリルス寄りであった。彼はこの教令を容認し、ローマ元老院あての書簡で、首都の厳しいカルケドン派アコイメタイをネストリウス主義と断罪し、スキタイ修道士たちの公式を正統と認めた。

東西の和解は成立するかと見えた。それはたしかにユスチニアヌスの確固たる意志によって結局は成立するのだが(少なくとも表向きは成立するのだが)、しかしさらにある揺り戻しを経たことと、もう一つ別の抗争の影響とで、左右両派の極端な部分を両方とも容赦なく切り捨てるかたちで成立することになった。したがって、左右両極との分離、つまり単性説および西方との分離・対立も厳しいものとなってしまった。

ユスチニアヌスのもくろむ東西帝国再統一には、教皇との友好は不可欠だった。ヨハネス二世を継いだ教皇アガペトゥスは五三六年にゴート族の侵入をのがれて(西ローマ王だったテオドリクの後継者テオダトゥスの使者としてという説もある)コンスタンチノポリスに来たが、コンスタンチノポリスの司教アンチムスを手きびしく拒否し、より正統的なメナスを司教に据えた。アンチムスがエジプトの単性説者たち、セヴェルスとその派の司教と親しくなっていたためである。教皇はまたアンチムスを排斥し、シリア、パレスチナの反単性説運動を助けるための地方公会議を召集した。彼は会議の前に没したが、会議はメナスに主宰された。皇帝は半ば心ならずも、会議の議決に従ってセヴェルスと単性説の人びとを首都から追放せざるをえなかった。のちに教皇となるペラギウスは、アガペトゥスに随行していたが、そのまま首都に留まって、皇帝のアドバイザーの役をつとめた。皇帝の立場は次第に単性説に対して厳しいものになっていった。アレクサンドリアに対してさえも、セヴェルス派の司教テオドシウスを召喚・追放し、正統派の修道院長パウルスを、軍隊の保護のもとに司教として送り込んだ。一見、カルケドン派は東方全体で勝利をおさめたかに見えた。しかし、単性説派は、アラブをはじめ東方各地にひそかに分離教会を築きはじめた。単性説とイスラム教には、見のがしがたい相似性がある。これは、のちのイスラム世界を準備することになった動きであろう。

もう一つの問題はオリゲニズムだった。東方ローマはその内部に単性説以外にもさまざまな宗派をかかえている。当時パレスチナの大集住修道院(ラウラ)ではアンチオキア風神学が尊重されていたし、「新集住修道院(新ラウラ)」と呼ばれるその新しい支流組織ではオリゲニズムが勢力をもっていた。後者のひとり、テオドルス・アスキダスは当時首都の宮廷で勢力をもっていた。大ラウラの長ゲラシウスはオリゲニズムに反対であった。オリゲニズムとアンチオキア神学は、たしかに体質においては異なるが、かならずしも理論的に対立するとはかぎらない。しかしある程度偶然的なアンチオキア神学と反オリゲニズムのこの結びつきのために、アスキダスは皇帝に進言して、アンチオキア神学の代表者テオドルス・モプスエスティアとその全著作、さらにエデッサの司教イバスのある著作(ペルシア人マリスへの書簡)を排斥するようにとすすめた。

ユスチニアヌスはこの進言のうちに、彼の計画に有利な材料を読みとることができた。というのは、カルケドン後の東西分裂の一つの火種は、カルケドンの会議が、ネストリウスに親近なアンチオキアの思想家、キュルスのテオドレトゥスとエデッサのイバスを(エフェソスの公会議にさからって)復権させたことにあった。セヴェルス一派のカルケドンへの反対の理由の一つもそこにあった。もしこれらの思想家をもう一度排斥し、同時にスキタイ修道士たちの示した、反ネストリウス的なカルケドン解釈を採用すれば、単性説者が受け入れられるようなカルケドン神学ができるのではなかろうか？

古アンチオキア派の権威であるテオドルス・モプスエスティアとその著作、カルケドン時代のアンチオキア派の代表キュルスのテオドレトゥスの、反キュリルス的著作、それにエデッサのイバスのマリスへの書簡、これらがのちにひっくるめて『三章』の名で呼ばれるものであるが、その排斥を定める勅令が五四三年に出された。

西方の反対は予期されたことであった。カルケドン公会議以来百年間の再三にわたる東西宥和の試みは、いつも西方の、カルケドンの議決を文字通り尊重するという強硬さに潰えてきた。このたびも、西の論客カルタゴのフルゲンティウスは明瞭に主張する——『三章』の主張するところは、カルケドンの議決の骨肉となっている。『三章』を排斥することはカルケドンを排斥することを意味する——と。[47] 教皇ヴィギリウスもとより反対であった。しかしユスチニアヌスはヴィギリウスを首都に呼びよせることに成功し、かつ、たゆみない説得で彼の心をゆるがすのに成功する。結局彼はこの優柔不断な教皇の同意をとりつけて、公会議を開くまでにこぎつける。五五三年五月のことであった。

教皇はためらいつづける。公会議が皇帝の路線で進み、第六会議まで終ったところではじめて彼は彼の「決定」文書を呈出し、皇帝の『三章』排斥の内容に異議を唱える。一部の司教、聖職者はこれに署名するが、皇帝はこれに反撃して、第七会議では結局司教たちは皇帝側に立ち、第八会議で「議決」とそれに付された十四のアナテマを承認した。

十二、十三、十四のアナテマは皇帝の意向通り、テオドルス・モプスエスティアとその著作、キュルスのテオドレトゥスの著作のうちのキュリルスの第三書簡の十二アナテマとエフェソス公会議に反対したもの、またイバスのマリスあて書簡を、ネストリウス的であってカルケドンの真意をゆがめるものとして排斥した。

第一のアナテマはニカイアを受けて、三位が同一実体《ホモウシオス》であり、一なる神が三ヒュポスタシスにおいて礼拝さるべきだと語る。その際「一本性《ピュシス》または一実体《ウシア》」と、ピュシスとウシアを同義におき、ヒュポスタシスをこの二つと別にしていることが注目される。これは新しい点である。これまでのキュリルス－セヴェルス風の単性説は、むしろピュシスとヒュポスタシスを同一視して、ウシアと区別する傾向があった。

第二のアナテマは、神のロゴスが、神として父から生まれるという生まれと、受肉してマリアから生まれるという生まれと、二つの誕生をもつことを語る。これはつまり、受肉したキリストのヒュポスタシスが神のロゴスのそれであることを主張している。そのかぎり、キュリルス・単性説風であり、しかも「人として生まれる」とは言わずに「受肉して」というのもこの派のアレクサンドリア風・キュリルス風の語り口である。

第三のアナテマは、また同じくキリストとロゴスが同一であること、つまり奇蹟の主体も受難の主体も同一であることを語る。ロゴスがキリストと共にマリアから生まれたわけではなく、両者は別々ではなく、同一なるわれらの主、イエス・キリスト、受肉して人となった神のロゴスであると、執拗なまでに強調される。これはスキタイ修道士たちの「神の受難」の肯定である。受肉して人となったキリストのヒュポスタシス＝ペルソナは、神人の複合的なものではなく、ひたすら神のロゴスのそれなのである。

第四のアナテマはロゴスと人の結合の仕方についての異端を列挙して退ける。結合が恩恵・活動・栄誉などによるとか、名誉の等しさによるとか、権威や関係によるとか、善意によるとか（これらは主としてアンチオキア学派のさまざまな意見である）。あるいはネストリウス派は、神のロゴスとそれと分離されたキリストとを、両方神の子キリストと呼ぶのだが、それはこの公会議の立場によれば同名異義（ホモニュミア）の呼び方であって、その際二つの別々のプロソーポンのことを同じ名で呼んでいるだけだと考えられる。これは当然排斥されるべきである。その場合ネストリウス派は単に名称・名誉・栄誉・礼拝の点でその二つを一つのプロソーポン、一つの神の子キリストと呼ぶのみなのであるから。

ネストリウス派は神のロゴスの、理想的知性をもつ肉（反アポリナリス）への綜合（σύνθεσις）によりまたヒュポスタシスによる結合《ヘノーシス》を語らない。つまり神のロゴスの一なるヒュポスタシスが主なるイエス・キリストであり「聖三位の一位格」であると語らない。

それに対し正統は、一方にアポリナリスとエウテュケースの一派の語る融合による（κατὰ σύγχυσιν）結合《ヘノーシス》をしりぞけ、他方ではテオドルスとネストリウスの一派の、分割を主張し、関係による(σχετική)結合《ヘノーシス》を考えることをもしりぞける。正統の主張するのは、「神ロゴスの肉への、綜合(シュンテシス σύνθεσις)による結合《ヘノーシス》であり、これはすなわちヒュポスタシスによる結合《ヘノーシス》である」。

ここで目につくのはすでにキュリルスからセヴェルスに受けつがれた、ヒュポスタシスにより、かつシュンテシスによる結合である。

第五アナテマは、さらにくりかえしてネストリウス風と考えられる「二ヒュポスタシス・二プロソーポン」という傾向にカルケドン公会議の議決を解釈してはならぬことを説く。これは第二コンスタンチノポリス公会議の意図がどこにあるかをよく示している。

第六はマリアが「神の母《テオトコス》」と呼ばれるべきことを主張する。これはもとよりキュリルス・単性説の強い主張であった。

第七から第九はこれに対し、キリストの内なる二本性《ピュシス》の主張である。第七は「二本性において(ἐν δύο φύσεσιν)」という、単性説からは拒まれた定式の弁護で、ただしそれがネストリウス風の解釈になる恐れを排しようとしている。そこで「融和せず(ἀσυγχύτως)」が語られ、二本性の差異(διαφορά)の保存が語られ、ロゴスも肉も本性において変化(μεταποίησις, μεταχώρησις)せぬことが語られ(「ヒュポスタシスによる結合《ヘノーシス》が成っても、本性《ピュシス》についてはロゴスも肉もおのおのそのままに留まる」)、分割(διαίρεσις)が否定される。

これはカルケドンの追認にほかならないけれども、注目すべきは、「ヒュポスタシスによる結合《ヘノーシス》」と「本性《ピュシス》においてそのままに留まる」の並存がカルケドンよりはるかに明瞭に語られていることである。ということは、ピュシスとヒュポスタシスの両概念が、百年前よりはるかに明瞭に分化していることを示している。第八・第九アナテマで「ピュシスまたはウシア」として、ピュシスを共通者にひきつけて解釈しているのがこの分化の方向を説明している。これにつづいて、二性の差異(διαφορά)が「理論上のみのものでない」ことが単性説のセヴェルスに反して明言され、その事実上異なる二本性からなる受肉のロゴスが綜合され(συνετέθη)、しかも差異は消失せず、しかし各本性《ピュシス》が分離しておのおののヒュポスタシスをもつという仕方で二であるわけではないと語られる。これが例の困難な「ヒュポスタシス的結合」の、かなり詳細に分化してきた説明であることは言うまでもないだろう。

第八は、単性説によっても部分的に認められている「二本性から(ἐκ δύο φύσεων)」という公式の、正統的解釈を与える。したがってこの公会議の議決は、五一二年頃の「東方の司教たち」の宥和の努力の線をも吸収している。彼らは「から、そしてにおいて(ex et in)」という仕方で東方教会を和解させられないかと試みたのだったからである。これはキュリルスの旗じるしとされる「神のロゴスの、受肉した一なる本性《ピュシス》」といういかにも単性説的なフレーズの解釈にかかわる。つまり、このフレーズを「ヒュポスタシスによる結合《ヘノーシス》」によって一なのだと考えるのは正しいが、「二本性から一なる本性《ピュシス》またはウシアが生ずる」と考えるのは誤謬だというのである。キュリルスのフレーズのこの正統化には、かなり無理があるが、これもすでに多くのキュリルス主義者たちによって試みられてきた解釈であった。

つまりこのフレーズを、両本性が混和(ἀνάχυσις)するのでなく、両者がアイデンティティーを保ちながら、ヒュポスタシスによってのみ結合する、と解するのである。

第九はふたたび、キリストが「二本性において」礼拝されるべきだと言われるとき、神と人を別々に礼拝してはならぬこと、あるいは逆に、共合する二本性からの一本性《ピュシス》またはウシアを礼拝してはならぬこと、と両極端をいましめる。

第十は、またもやロゴスと肉の一性、キリストがすなわち神、つまり「三位一体の一位格」なることを語り、第十一はこれまで四回の公会議の異端宣告が遵守されることを告げる。第十二から十四は、上に述べた『三章』の排斥である。

さらに最後に、些か謎めいた『オリゲニズムに対する十五のアナテマ』が付け加えられている。謎めいたというのは、これがほんとうにこの公会議で論議されたのか、されたとしたらいつなのか、あるいは単に皇帝の書簡からひきぬいて公会議文書に付されただけなのか、などについては一致した学説がないからである。[48]

排斥されているのは次の諸説である。(1)人間の魂がまず永遠から神によって創られて神を観照しながら存在していたが、自由意志により、そこから逸脱して肉体に合したとする説。(2)キリストの魂もこのように、受肉してマリアから生まれる以前にロゴスときわめて近かったという説。(3)まず体がマリアの体内で形成され、そのあとでキリストの魂やロゴスと結合されたという説。その他、悪魔も含めたあらゆる堕落した存在が、いつか原初の完全性に戻る可能性をもっているとする説、キリストを神のロゴスとは別の被造の知性的存在であって、例外的に堕落しないで留まっていた魂であるとする説、受肉においてロゴスは、このキリストである知性と結合されるという説、終末において、堕ちた者たちはすべて恢復され、ロゴスに対してキリストたる知性がもつと同じ関係をもつだろうという説、等々である。

これはオリゲネス自身というよりは、エヴァグリウス(49)によって整理され体系化されたオリゲニズムの説と言われるが(50)、その内容から察せられるように、多くの東方修道者の精神の支えとして機能していた。五五三年のオリゲニズムの排斥は、学者によっては『三章』排斥に付随した偶然的出来事とされるが(51)、現代の東方教会の論客のひとりメイエンドルフは、この排斥がその後のビザンツ世界に及ぼした影響はきわめて大きかったと指摘する(52)。つまり、修道士たちが福音を理論化して自分たちの脱世間と霊的完成の生活の支えにしていた、その理論的権威を攻撃したのだから。このような仕方でギリシア思想と福音の不一致をも指摘した結果になったという点で、大きな影響をその後の東方世界に与えたというのである。のちの東方修道院での、学問や理論の疎外は、西方で学問がむしろ修道院を拠点として、次第に西方スコラにまで結実してゆくのと対比される。その原因には多くの政治的・社会的なものがあるが、ここでユスチニアヌスによって修道者の精神性の根幹に与えられた打撃もたしかにその一つかもしれない。

ユスチニアヌスは手をつくして西方教会および東方単性説にこの公会議を認めさせるように努力する。しかし東方単性説との宥和はまだ成功せず、ローマとも、次の教皇ペラギウスの部分的妥協をとりつけただけの状態で没する。後継者ユスチヌス二世も宥和の努力を受けつぐが、単性説は次第に力を失って分散し、より東方へしりぞき、ローマは次第に譲歩して、次の第三コンスタンチノポリス公会議(六八〇/八一)で、この第二コンスタンチノポリス公会議を認めるに至る。その間百年余を要した。しかし八世紀から九世紀にはまたイコノクラスム(聖像破壊論争)の嵐が東西をわかつことになる。

第四章　キリスト教的な存在概念の成熟

政治的には、ユスチニアヌスの路線は、左右両極端を切り捨てて、当時のローマ全体での中道をとった、一つの賢明な選択だったと言えるだろう。

しかし、第二コンスタンチノポリス公会議で決定されたキリスト論の教理は、その後現在にいたるまで東西両教会の正統理論となってはいるが、その歴史的経過から見ても、またこれから少しくわしく説明しようと思う理論内容から見ても、けっして唯一の可能な選択ではなかった。西教会の当初示していた怒りと不満は当然のことであった。ここで定められたのは主として政治的理由に基づく、単性説寄りの教義であった。もしも当時の西方に、ユスチニアヌス路線を支えたギリシア語で著作した神学者たち(いわゆるネオ・カルケドニズムといわれる人びと)に匹敵するだけの理論能力をもつ人びとがいたなら、もう少しちがったニュアンスを持つ教理を形成し提起することも可能であったろう。しかし西には、のちに述べる二人のレオンチウスに匹敵するような理論家はいなかった。両レオンチウスのうちでもビザンツのレオンチウスの主張には、アンチオキア派や西方の(カルケドンのレオの書簡に代表されるような)信条につらなるものが十分にあった。しかしビザンツのレオンチウスは第一にユスチニアヌスの公会議におけるオリゲニズム排斥によって異端の刻印をおされた傾向に近かったし、第二にこれを十分に理解・継承する能力をもつ神学者すら西方にはいなかった。これはある意味ではきわめて残念なことだったと言える。ドイツにおけるこの辺りの思想史研究の第一人者であるグリルマイヤーが、ニカイアにはじまる教義形成時代の思想の特徴を、信仰の論理に忠実で、それによってギリシア論理をさえも組み換えていく「徹底的な非妥協性」に見たということをさきに述べたが、ニカイア公会議やカルケドンの公会議の議決で私たちを当惑させつつも同時に深い感銘を与えるこの「非妥協性」は、第二コンスタンチノポリス公会議にはない。これはあまりに賢明に、理論的・政治的配慮を優先した公会議であった。その賢明さには敬意を払いつつも、この公会議は私たちを感動させない。

1　ネオ・カルケドニズム

ユスチニアヌスの理論的支えとなったのは、いわゆる「ネオ・カルケドニズム」と呼ばれる方向の理論家たちであった。「ネオ・カルケドニズム」については学界で多くの論争がある。はじめてこの語を導入したのは、以前にも引用したルボンの、単性説者セヴェルスに関する論文である。しかしこの語の定義について基礎的役割をはたした論文は、カルケドンの宗教会議から千五百年を記念してドイツのヴュルツブルクで出された浩瀚な論文集の中にある。モエレールの論文である(1)。ネオ・カルケドニズムなるものがもしあるとすれば(というのは、それは多くの神学者や民衆運動のうちにある、ある一定の傾向を抽象して語るものだから、誰も自分でネオ・カルケドニズムを標榜した人はいない。このレッテルに反対の学者も少なくない)、それは、さきにその経緯を長々と述べてきたように、キリストにおける二本性《ピュシス》を守りながら、しかもヒュポスタシス的結合の一を強調するという、カルケドン後の正統の努力のうちで、キリストの内なる基本的存在性つまりヒュポスタシスが、ひとえに全く神のそれであることを主張する傾向である。そのような統一的な動きや派は存在しないという意見からはじまって、それがどういう動きをとったか、誰がどう関与したかなどについての、細かい多くの意見の差はここでおくことにしよう。しかしネオ・カルケドニズムの存在を認める場合も、大別して二つのそれに対する態度がある。一つを代表するのはモエレールである。彼はその論文の最後で、ネオ・カルケドニズムの理論的業績は認めながらも、それが失わせたものを切々と訴えている。それは「イエスの人間性の生き生きとしたリアリズム」であり、「四四九年(いわゆる「盗賊会議」)に失われ、カルケドンでふたたびとりもどされた、キリスト論における平衡」である。アンチオキア学派のうちにあった、十全な救いをもたらすキリストの人間性への感覚の豊かさを、われわれは再び思い起すべきではないか、と彼は呼びかける。

モエレールの個人的情熱はひとまずおいても、この「ルーヴァン学派」の歴史解釈は西欧ではいまだに主流といってもよい解釈である。つまり、カルケドンの宗教会議の主調をなしたものは教皇レオの書簡であり、その旗じるしの下に、いわば単性説的アレクサンドリア派を抑えて二本性説的アンチオキア派が勝利をおさめたという図式である。したがって、ネオ・カルケドニズムと第二コンスタンチノポリス公会議は、その揺りもどしで、逆にアレクサンドリア・単性説寄りのカルケドン解釈が行われたとする。よく読まれているケリーの『初期キリスト教教義[2]』をはじめとする英米系の学者も大方この説をとる。

このどちらかといえばアンチオキア派に同情的な、典型的に「西方的」な立場からの歴史解釈の対極は、たとえばメイエンドルフやグレイに見られるような東方寄りの見方である。グレイによれば、ネオ・カルケドニズムと呼ばれる立場は実は、当時のキリスト教界で、聖職者・民衆を問わず、もっとも一般的に受け入れられていた伝統の表現にほかならないという。それは一口に言えばキュリルス的伝統であり、カルケドンの議決自体が実は深くキュリルス的なものだったというのである。そのカルケドン議決の真意を、ネオ・カルケドニズムと呼ばれる人びとや、ユスチニアヌスの路線は掘りおこしたものである。カルケドンにおける、いわゆる西方的・アンチオキア的表現は、中庸的なキュリルス派が極端なキュリルス派つまりエウテュケース派を排するために便宜上用いたもので、東方における信条と理論の大勢は、いつも変わらずこのキュリルス・カルケドン派であったという。

はたしてこのどちらの立場が正しいのかという歴史解釈の問題に、ここで立ち入る気はない。しかしこれまで述べてきた大ざっぱな歴史的説明からも、この双方の解釈が成り立ちうることはわかると思う。

2 ヒュポスタシス＝ペルソナ

この章では、困難な歴史解釈の問題はいちおうおいて、どの立場をとるにしても共通にこのカルケドン後の思想に現われて来ざるをえなかった、一つの重要な概念に焦点をあてよう。それは第二章に述べたヒュポスタシス＝ペルソナの概念である。これはさきに述べたように古い歴史のある概念だが、それがにわかに重要性をもってくるのは三位一体論の理論化においてであり、しかしそのアイデンティティー、概念規定は終始きわめて曖昧なものであったことも、上述のとおりである。三位一体論によれば、あたりまえのことだが、ヒュポスタシス＝ペルソナは、ウシア＝エッセンチア（実体）と同じであってはならない。しかし、異なってもいけない。この逆理は、当然その概念の輪郭を曖昧にする。せいぜい明らかなのは、ヒュポスタシス相互は異ならねばならないということであろう。カパドキアの教父たちがその「相互の異なり」を示すものとして「父性・子性」または「生まれざること、生まれること、発出すること」などの「特性」をあげたこともすでに述べた。ただし、これらの特性がヒュポスタシスを構成するのか、それとも単に示すのみなのかは、いまだ明らかではなかった。

他方キリスト論の中心は「全く神、全く人」である存在がどうやって説明できるかということであり、神人二本性《ピュシス》が「変化することなく、融合することなく、分割せず、分離せず」、「一ヒュポスタシスへと共合」するという説明がカルケドンで与えられた。しかしこれは説明だろうか？　ただ新たな謎を呈出しただけではないか？

結論から先に言えば、この「カルケドンの謎」は、ヒュポスタシス＝ペルソナという、一つの新しい存在性が独自なものとして確立されることによって解かれた。この新しい存在性（そう言ってよければ）の誕生は、ギリシア・ローマからヨーロッパに至る思想の流れの中で一つの大きなエポックをなすものだと思われる。この新しい概念が芽を吹き、おぼろげな姿を現わし、ついに明確なアイデンティティーを得、のちのヨーロッパ思想の胚種となる過程が、この本が辿ってきた過程である。それは三二五年のニカイアの公会議あたりでそのありようを予感させ、ニカイア後にやや明確な姿を現わしてくるが、それが他のさまざまな種類の（主にギリシア起源の）存在性、たとえばウシア（実体）やピュシス（本性）と、明瞭に区別されてはっきりしたアイデンティティーを確立してくるのが、五五三年の第二コンスタンチノポリス公会議前後である。この一つの概念が生まれるのに二百数十年を要した。その間どれだけの人びとの政治的・社会的運命が関わり、どれだけの論争と政争があり、かつしばしば血も流されたかの大まかないきさつは、これまでに述べたとおりである。

それというのも、この概念は、いわば概念というものの枠を破るところに成立しているので、これを「概念化」することは基本的に難しい作業だったのである。この論争の時代においても、そもそもこのものを言語化すること自体をはげしく批判した人びとも多かった。教義をつくった人びとは、このものをただ語りがたく、ことばを超える神秘と主張する人びとを曖昧で不明瞭な思想家として非難する。[3] その代表とされたのが、キリスト教神秘主義の源流とみなされる偽ディオニュシウス・アレオパギタだった。[4] ディオニュシウスの哲学者としての偉大さとヨーロッパ思想史にとっての意義はうたがいない。彼はまた、体制的キリスト教にあきたらぬ当時の民衆の間にあった「もう一つのキリスト教」ともいうべき神秘主義的潮流の表現者でもあった。しかし、教義をつくり上げようとした「体制派の」人びとの仕事は、ディオニュシウスの業績に比して不当に低く評価されてはいないだろうか？　彼らはあえてこの語りがたいものを言語で特定しようとしたのだった。これもまた重要で困難な仕事だった。中世西欧のスコラは、彼ら一流の明晰さで、六百年後にもなおこの試みの持つ問題点を指摘している。

たとえばトマス・アクィナスは『能力論』九問二項で「単一なものは定義できないはずである」という反論をあげてそれにていねいに答えている。ヒュポスタシス＝ペルソナは個存在であることをその本領とする存在である。[5] しかし、概念はもともと普遍をとらえるものであって個をとらえるものではない。そのとき、ヒュポスタシス＝ペルソナが特定の概念として成立するかどうかという疑問が生まれるのは当然である。トマスは、ヒュポスタシスやペルソナという名は、個的な存在のあり方(modus existendi)を表示する点で、ある共通のものを示すから定義可能であると答える。ただし、これらの名はある共通なものの名であるから個的実体そのものの名ではない。たとえばプラトンとかソクラテスとかいう名ではない。ヒュポスタシスやペルソナはたしかに奇妙な名である。トマスは「ある本性を個体化されたものとして表示する名」として、このミニマムな普遍性を説明している。

このような問いと答えは、この新しい概念がひきおこした当惑の一つの面を示している。三位一体論とキリスト論は、プラトン-アリストテレス風の、普遍を実体とし、真実在とする存在論を逆転する構図を人びとにつきつけてきたのである。その先駆はストアやネオプラトニズムにあったと思われるが、ここまで尖鋭に、非妥協的に正面から対決するに至ったのは、このきわめて抽象的な存在論的差異が、実は何よりもごくふつうの人びとの信条と希求の差であり、政治的党派の差でもあったからだ。存在論はここでは希み、愛し、生き、党派と体制をつくり、またそれに反抗し、利害と権力を争う人間のあり方をまるごと受肉しているのである。

ヒュポスタシス=ペルソナというかたちでここに姿を見せてきたこのものは、まさにあの透明な、いかなる属性をも顧慮しない、神の愛・隣人愛の向うもの、その対象でもあり、またその愛を与える源泉でもある。キリスト教的に、それを信じ、求め、しかもそれをあえて人びとに共通な認識の対象にしようとするか、またはヘラス的に、もともと万人の共通に認識しうる中性的な「真実在」の観照に救いを求めるか。そこに、ヒュポスタシス的存在概念をつくるかつくらないかのわかれ目がある。それはしたがって、現実の歴史のうちでの集団の対立にならざるをえなかった。

3　混合のメタファー

そもそもの出発点は、まだ人としてのイエスの記憶がある程度いきいきしていた時期にあっての、この人が「全く神」であるという要請である。それが三位一体論としてニカイアで公認されたことであった。これが認められるとさらにその存在が「全く人」でもあるということがふたたび確認を求められてくる。それがキリスト論の論点である。ここに「結合」とか「混合」とかいう問題が起ってくる。神は人に成った、のか、つまり変じてしまったのか、または人が神に成ったのか？　これはカルケドンの文言に明らかなように（「変化せず」）退けられる。どちらかになってしまえば「全く神・全く人」の両立はないからである。だとすればここでの根本問題は「異なれる二つのものがいかにして一つの存在をなしうるか」という問題である。

これは古い歴史をもつ問題である。

一と多、異と同の問題については古くから一つのメタファーが多用されている。それは第一章で三位一体論のギリシア的系譜を述べた時に触れた「混合」のメタファーである。ギリシア思想は多くのメタファーを重要な場面で用いている。プラトンはとくにその具象的なことばづかいで、たくさんの印象的なメタファーを生んだ。「分有」「範型」「想起」それに「混合」も。ネオプラトニズムの体系は、「流出」「照明」「還帰」などのメタファーなしには、語ることさえもできない。

　メタファーを用いて語る思想を、真の哲学とみなしてよいかどうかには、疑いがありうるだろう。ヨーロッパの哲学のはじめに、パルメニデスがあれほど厳しくいましめた「知識《エピステーメー》（ἐπιστήμη）」と「意見《ドクサ》（δόξα）」の区別を何よりも重要なことと考えれば、メタファーでしか語れないことは、むしろはっきりとドクサの領域のものだろう。しかし、中世の思想家たちがしばしば私たちに注意をうながしたように、厳密に、明晰には語れないことの方が、人間にとって重要であり、価値あることがらである場合も多い。だからプラトンはあえて神話《ミュトス》を語り、中世のある神学者たちは、神学は opinio つまりドクサだが、もっとも尊貴で重要なことがらについては、人はドクサしか語りえないと言った。ドクサを語るまいという純粋で禁欲的な態度は、哲学の良心のあり方かもしれないが、人間がものを考え、語る営みはそういう潔癖さを逸脱したところでも、それがドクサであることを意識しているかぎり、意味をもつのではあるまいか。

　「混合」に話をもどせば、すでに紀元前五世紀にアナクサゴラスは、世界のあらゆる変化生滅は、実は混合と分離に外ならないと説いている。この系統の説明は、一方では原子論の系譜につながる。「ヘラス人たちは生成(τὸ γίγνεσθαι)、消滅(τὸ ἀπόλλυσθαι)ということばを用いるが、これは正しくない。なぜなら、何ものも一つとして生じもしなければ、滅しもしないで、むしろすでに有るものども(χρήματα)から混合されたり分離されたりするのだから。そういうわけで、生成ということばの代りに、混合(συμμίσγεσθαι)ということば、消滅ということばの代りに、分離(διακρίνεσθαι)ということばを用いれば、正しいだろう」[6]。ほぼ同時代のエンペドクレスも、四元素の混合と分離が生成消滅の正体だと語っている。

アナクサゴラスの混合は、この第一の説明ではエンペドクレスや後の原子論が説くものと同じようにみえる。しかしおそらくそうではない。つまりはっきりした自分の本質・性格を保っている有限数の元素や原子の混合ではない。彼が基本的なもの(χρῆμα)と呼んだものは無限に微細で、その数もまた無限である。「すべてのもの(χρήματα)は一緒にあったが、それらは数においても小ささにおいても無限である。……そしてすべてのものが一緒にあった間は、どれ一つ、その小ささのために目につかなかった」。六世紀のシンプリキウスの解説によれば、アナクサゴラスは「すべてのものがすべてのもののうちにあり、それぞれのものは、そのうちに含まれた優勢なものによって、その特性を与えられるのだが、一つの(最初の)混合物(μίγμα)から無限の数の均一的物質が生ずる」と主張した。(7) このいわば第二の説明は、第一の「原子論的」ともいうべき説明とは違った面をもっている。すべてがすべてを含み、その意味ですべては同じ材料からできており、個別のものを生じさせる差異は、そのほとんど連続的にしか区別できぬ材料の割合の量的比例の差からくるとする考えである。アドのような論者は、この系統の混合論がストアの一元論のもととなり、さらにネオプラトニズムの一元論、たとえば第一章にも述べた諸存在・諸イデアの渾然一体となったヌースの存在様式の考えなどにも影響を与えていると論ずる。(8) もちろんその際、混合は物質的・量的なものではなくむしろ知性的・動的・エネルギー的なものと解され、上位のヒュポスタシスと下位のヒュポスタシスの関係にも適用されていく。

パルメニデスは、もちろんあらゆる混合をしりぞけ、「ある」と「あらぬ」の峻別を貫きとおしたが、それによってむしろ、現象と生成の説明には、なんらかの混合・結合の概念が不可欠なことを後に続く人びとに示したのだった。プラトンの関心はまさにその点にあった。「もし誰かが、例えば類似と不類似、多と一、静と動など、この種ののすべての形相を、まず第一にはそれ自体が独立に(自体だけで)あるものとして区別しておいて、次にそれらがそれら自体のあいだで混り合ったり、切り離されたりすることのできるものであることを明らかにしてくれるなら、わたしの感心と驚嘆は非常なものとなるでしょう(9)」と、『パルメニデース』篇のはじめで若いソクラテスは語っている。

読者はこれが、千年ちかく後のキリスト論の難題とまったく同系統の難題であることに気づくだろう。『ソピステース』ではこの「混合」(これはここでは「分有」「分取」などとほぼ同じ意味である)がよりくわしく論じられる。反駁されなければならないのは、パルメニデスの「ある」は「ある」であって他の何ものとも混じり合わないという純粋論理的な主張である。「そもそもわれわれは、(1)〈有〉を〈動〉や〈静〉と結びつけるべきでもなく、また他の何ものをも別の何ものとも結びつけるべきでもなくて、それらは相互に混じり合わないもの、分取し合うことの不可能なものとみなし、そのような想定のもとに、それらをわれわれの議論のなかで取り扱うべきなのであろうか。(2)それともわれわれは、すべては互いに関係をもち合うことができると考えて、何もかもすべてを一つに集めていっしょにすべきだろうか。(3)それとも、あるものは互いに関係をもち合うことができるが、あるものはできないというふうに、すべきだろうか[10]」。(1)はパルメニデス的立場で、これでは何ごとも説明できない。「それぞれのものを何もかも、すべてのものから切り離してしまうということは、およそあらゆる言表(言論)の最も完全な抹殺にほかならない[11]」とプラトンは明らかにパルメニデスを批判する。(2)はアナクサゴラス的考えで、のちのストア的・ネオプラトニズム的直観とも共通性をもつことは上述のとおりである。プラトンは、これでは対立するものも同じものになってしまうと、論理家らしいしりぞけ方をする。(3)はプラトンのとる考えで、ある「類」は他の「類」と混じり合う(例えば〈有〉と〈静〉)。しかし混じり合わないものもある(例えば〈静〉と〈動〉)。この「混じり合い方」の考察こそが、いわばある概念(プラトンではそれは単なる概念ではなくて実在の類・イデアであるのだが)が他の概念と結合して真なる言表を生じうるかどうかの、論理と真理の基本問題である。これこそは「最大の知識」「ディアレクティケーの知識[12]」にほかならない。この考察をさらにすすめてプラトンは、〈同〉〈異〉〈静〉〈動〉〈有〉という五つの基本的類を考える。そこから「あらぬものがありうる」つまり〈有〉と異なるものでも、必ずしも端的な非有ではないという、パルメニデスの袋小路からの出口を示したのだった。アリストテレスの『カテゴリー論』はこの「混じり合い」の可能性の考察の、言表の平面への移し変えであり、アリストテレスの論理学の全体はこの上に築かれている。

「混合」のメタファーが歴史的に、どんなに重い存在論的意味を担っているかは、ここからもわかるだろう。『ソピステース』が印象的に語っているように、分離と混合の問題は、英知的イデア界の構造の問題、したがって論理の構造の問題であり、そこからまた、感覚的世界の構造を定める基本でもあった。キリスト教教義論の中心問題は、まさにそれを引きついだ、存在論的な分離と混合(または結合)の問題である。キリスト教教義論は、この意味でギリシア哲学の正統の嫡子なのである。

4　アリストテレス以降の混合論

形而上学的メタファーのそもそもの基礎は、もとより私たちの感覚世界の経験である。混合というメタファーの基礎をなす、現実の物質界の現象を、経験的で理性的な仕方で観察したのは、例によってアリストテレスであった。彼は混合という概念そのものが、そう単純で一義的ではないことを明瞭に示してくれた。彼以後、混合という概念やメタファーを用いるときは、「どの混合か」を明確にしなければならないことになった。この点での彼の意義はきわめて大きい。

基礎となるのは『生成消滅論』である。その第一巻でアリストテレスは、生成――そこにはまったくないものが生ずる場合と、何かが別のものに変化する場合と、二つの場合があるが――その両方を可能にする条件を考察する。第六章で彼は、複数のものが互いに作用を与えたり受けたりすることができるための条件を求めて、それらに共通の基体とか、質料とかがなければならないことを指摘する。これは、キュリルスやカルケドンの、神人両本性が、キリストにおいて結合したときに、互いに他へと変化しないという考えの根拠としてよく引かれる。神本性と人本性の間には、共通の質料がないことは明らかだから、一方が他方に変わることは、自然学的に見てもありえないというのである。

ただしアリストテレスは、共通質料をもたない二つのものの結合もありうることを論じている。それは、たとえば能動因と結果の結びつき(医術と健康)、または形相因と結果の関係(形相としての健康と現実の健康)など、原因のヒエラルキーの上下の場合である。これをキリスト論に適用したのが、さきに述べたアポリナリスのたくみなロゴス・肉体の結合という論であった。これは人間の形相である理性霊魂の代わりに神のロゴスを置くもので、自然学的理論をたくみに使って、この神秘の説明をしている。

さらに第十章でアリストテレスは、ふつう混合(μίξις)と呼ばれているものを三種に分類する。(1)構成要素が変わらずに留まる場合。これは混合というよりむしろ並置(συνάφεια, παράθεσις)である。(2)混合されたものの一方が消滅する場合。これは他方の作用能力がすぐれている場合である。キリスト論などの例で言えば、単性説風に、神本性が人本性を吸収してしまうというのはこの場合にはいるだろう。アリストテレスの考えている物質的領域で言えば、一方の量が他方の量に比べてきわめて大きい場合、たとえば海にワインを注ぐなどがこの例であろう。(3)混合されたものが互いに質的変化を受けあい、第三の新しいものが生ずる場合。これは、物質的領域でいえば等量のものの混合の場合のように、作用する力が均衡している時のことである。

この第三の場合だけを、アリストテレスは真の混合（σύγκρισις）とみなす。その場合、混合される要素は、そのアクチュアルなかたちでは消えるが、潜在的に（アリストテレスの用語では可能態において〔δυνάμει〕）は存在しつづけていると考えられる。

ストア派はアリストテレスの混合論を受けついだが、主として並置（παράθεσις）と混和（κρᾶσις）の二つにそれを大別した。後者は完全混合とも呼ばれる。混和（κρᾶσις）がアリストテレスの真の混合（σύγκρισις）と異なる点は、混じり合う各要素が、その自己同一性をアクチュアルに保ちつづけると考えられる点である。この点でストアのこの説は、ネオプラトニズムの精神的なものの結合や心身結合理論にも、キリスト論にも、基礎的な役割をはたしたと言えるだろう。

理論的に可能なもう一つの混合は、構成要素がその自己同一性を完全に失ってまったく新たな第三のものを生み出す融合である。ストアのクリュシッポスはすでにこれをシュンキュシス（σύγχυσις）と呼んだと言われる。ストアの主張する完全混合は、それゆえ非融合的結合（ἀσύγχυτος ἕνωσις）としてすでに語られていたと[13]言われる。この非融合的（ἀσύγχυτος）という語がカルケドン信経の中枢をなしていたことを、ここで想起しておこう。

ストアにおいては、神の全世界への遍在も、心身の結合も、物への性質の帰属も、すべてこの「完全混合（κρᾶσις δι᾽ὅλου）」によって説明された。いわばストア存在論の基本となる概念の一つである。

しかし、ストア学説をキリスト論にそのまま適用することは不可能であった。なぜならストアはすべてを一種の物体的・物質的なものとみなし、キリスト教は神を超越的で世界や物質と共通性をもたないものとみなしたからである。ところが、ストアを批判しながらとり入れて、非物質的なものの相互や非物質的なものと物質的なものの間の「非融合的結合」を説いた学派があった。それがネオプラトニズムの人びとであった。プロチヌスは彼の最高原理についてては、そこからすべてが生ずるのだが、それ自身は「それ自身だけで存在し、それから生じたものには混じり合わない(14)」と明言する。だからと言って第一原理は万物から分離・孤立しているわけではない、逆に「かのものがいない所はない」。それは万物の「あらゆる所に全体として存在する」。「それ自身が他の一切のものを包んでいる。しかし包みながらも、それらの内へ散逸することはない(15)」。そのような「自立して存在し、純粋で何ものにも混じらず、すべてのものがそれに与るが、何ものもそれを保持しないもの(16)」という性格は多かれ少なかれ英知的とか精神的とか言われる存在の特徴である。全体的知性(第二原理としてのヌース)と個々の知性の関係も、知性とその対象であるイデアやロゴスの関係も、あるいは類と種の関係も、差異がありつつ一である、混じりつつ混じらない、多でありつつ一であるという関係であることは、さきに三位一体論についての議論の中でも触れたとおりである(17)。要するに、ネオプラトニズムの体系を一言で表現するとすれば、動的に見れば一者から万物が流出してまた一者へと還帰する円環運動だが、静的に見れば、あらゆるもののあらゆるものとの「混和なき混合」だと言うことができる。上位のヒュポスタシスと下位のヒュポスタシスの関係、下位のヒュポスタシスのうちでの多なるものの相互関係、精神的存在の関与するすべての場面にこのことが言える。精神的なものはその独自性・特性をいかに他と混じってもけっして失うことがない。それは単に潜勢的、可能的にでなく、現実的に働きつづける。物体的なものに関してはプロチヌスは、他のものと結合したとき、両者のおのおのの性質・本性は消失すると考えていたようである。ただし「現実態においては」と語っているから、潜在的に存続することは認めているようにみえる。[18]

いずれにもせよ、ネオプラトニストたちが主張し、守ろうとしたのは、魂が身体と結合してひとりの人間を構成しているときでさえも魂はまったく不変であり、純粋に魂でありつづけるという考えであった。魂は肉体の「あらゆるところに全体として」、自己同一を保って、その本性も働きも変えずに、存在しつづける。[19] けっして魂が肉体的に変じたり、肉体が魂的に変じたりはしない。[20]「完全に混じり合って」別の第三者を生ずるのでもない。[21]

この関係はしばしば光と空気の関係にたとえられる。光は「空気の全体にそなわっているけれども、そのいかなる部分とも混じり合わず、……(魂と同じように)静かにとどまっている」。したがって「光が空気の中にある」と言うよりは「空気が光の中にある」というのが適切であり、同様に、「魂が身体のうちにある」というより「身体が魂のうちにある」と考えるべきである。[22] 魂は身体全体を包むが、それを超え出る部分ももっているのだから。

5　キリスト教の混合論

アリストテレスからネオプラトニズムに至る、理論的に可能な二つのものの混合のさまざまな種類を、いま一度要約してみよう。

(1)共通質料が存在しないで、一方が他方を能動因としてまたは形相因として、動かし形づくる。(2)共通質料が存在する並置。(3)共通質料が存在しない並置。(4)共通質料が存在して、一方が他方を吸収する。(5)共通質料が存在せず、一方が他方を吸収する。(6)共通質料が存在して、作用力が均衡して、第三の新しいものを生ぜしめる。ただし二要素は潜在的には存在しつづけている。(7)(6)と同じで、ただし二要素は現実的にそのものとして存在しつづける。(8)(6)と同じで、ただし二要素は潜在的にも自己同一性を保たない完全な融合。(9)共通質料が存在せず(つまり非物質的な存在同士、または一方が非物質的)、完全に結合して新しい一つの存在を現出するが、ただし二要素は、たんに潜在的に存在しつづけるのではなく、完全に現実的にその自己同一性を保っている。

(1)(2)(4)(6)はほぼアリストテレスのさきにあげた混合である。(3)(5)はアリストテレスは問題にしなかったと思われる。(7)はほぼストアの完全混合であり。(8)はストアの言うシュンキュシスである。(9)がネオプラトニズムの非物質的存在にかかわる混合である。

このように見れば、キリスト論に適用できるのは、どの種の混合かが、おのずから明らかである。なぜなら、キリスト論は神と人の結合を論ずるのだから、共通質料を考える混合はすべて排除される。すると残るのは(1)(3)(5)(9)の四つとなる。
(1)は、最初の整ったキリスト論を呈出したラオディケアのアポリナリスのものであった。神のロゴスを人間の最上位の形相、つまり理性的霊魂の位置においたみごとなキリスト論であった。この功罪についてはすでに第三章1の(2)で論じた。
(3)はほぼネストリウス派‐アンチオキア派の路線である。彼ら(ネストリウス、モプスエスティアのテオドルス、キュルスのテオドレトゥスなど)は、キリストが全く神、全く人であることを強調しつづけたから、おのずと、その二要素の結合はゆるいものとならざるをえず、愛や恩恵による結合や現われ(プロソーポン)の一つであることを語ったのだった。この派の人びとがキュリルスやその他の正統から受けた、キリストが二であるのかという非難についてはすでに述べたとおりである。しかしカルケドン後の論争に明らかなように、カルケドン公会議の主張を定めたと思われる教皇レオの考えも、総じて西方ラテン世界のキリスト論は、すべてこの傾向があるとしばしば非難されたのだった。
(5)は、ネストリウス派の対極にある異端として、カルケドン公会議で斥けられた、エウテュケース派の考えにほぼ該当する。大まかに言えばキュリルスを信奉する単性説の一派であるが、キュリルス左派とも言えるような極端な単性説である。穏健な単性説の理論家としてカルケドン後の教理界を風靡したセヴェルスが論難した、セルギウス・グラマティクスの考え方もこのようなものだったらしい。つまり、キリストのうちでは、人性は神性へと変えられ、吸収され、多かれ少なかれ人性の全き神化が起るという考えである。これはキリストが「全く人である」ことを強調する正統にとっては受け入れがたい。しかしこれが東方の心性には強くうったえるものがあったことは、すでに述べた。

(9)のネオプラトニズム的理論こそはおそらく、四世紀から五世紀にかけての心身論・キリスト論の説明に、もっとも適していると多くの思想家に考えられた理論であった。しかし、このようなネオプラトニズム的結合は、はたしてキリスト論を説明するのに十分であったろうか？　ここでの「混合」は、プラトンの最高類「有」や「同」や「静」等々の「混合」と基本的には似ているところがある。つまり、いわば本性上親和性をもち、論理のおのずからの道筋で結合しあうものたちの「混合」である。ネオプラトニズムでも、下位のヒュポスタシスは自分のすぐ上位のヒュポスタシスと、流出と還帰の体系の論理に従って「混合」し、知性界の主ヌースは、対象を必要とするという必然性によって諸イデアと「一つ」であり、イデア相互もイデア界の本性的・論理的構造に従って混じり合う。ネオプラトニズムの言う「傾き(ῥοπή)」と「関係(σχέσις)」による結合・混合とはこのようなものだろう。

たしかに、H・デリエが指摘するように、プロチヌスやポルフュリウスでは、人間の魂の、上なるヌース界や一者との緊密な結びつきが強調され、魂の物質界や体からの超越がむしろ強調されるかもしれない(23)。しかしこれは、ネオプラトニズム的混合理論の、キリスト教のヒュポスタシス＝ペルソナ概念との密接な結びつきをも示唆する。というのは、肉体を包んでそれを生かし、動かす魂が、プロチヌスが熱心に語るように「一」との結びつきの強いものであるならば(24)、それは人間にいわば強力な「基体性」を与える。魂はあらゆる本質的、偶発的、精神的、肉体的なその人の性質を、一化する「一」の強力な力でまとめあげるものと考えられるからである。この性格は明らかにキリスト教のヒュポスタシス＝ペルソナに受けつがれている。

しかしそれでも、ネオプラトニズムでは、存在の階層がとびこえられることはない。魂は、上部では第一の原理にまで達するかもしれないが、なだらかな階層で物質世界にまでつらなり、それとの自然な親和性を欠くわけではない。

他方キリストにおける神人の結合は、自然本性によるものではけっしてない。それどころか、自然本性には真向から反する結合である。超自然であり、神秘であり、恩寵であると言われるのはそのためである。神本性と人本性がおのずから結合するものでないことは、一なる神の実体がおのずから三であるはずもないのと同様で、これらの出来事は徹頭徹尾不自然であり、逆理である。そのとき、ある「不自然な」強力な結合原理（キリスト論では）ないし区別原理（三位一体論では）が必要とされることは当然であろう。それが三位一体論においては区別原理として働くヒュポスタシス＝ペルソナであり、キリスト論では逆に結合原理として働くヒュポスタシス＝ペルソナであった。カルケドン信経の新しさは――というより、正確にはキュリルスの第二書簡の新しさは、このような「ヒュポスタシスにしたがっての（καθ' ὑπόστασιν）」二つの本性《ピュシス》の結合を語ったところにあった。

　区別と結合という二つの対立する機能をもつこのヒュポスタシス＝ペルソナという存在はいったい何ものだろうか。この不思議な存在の意味を問えば、それは神の強力な救済意志の具体化・存在化であることがわかる。三位のおのおのの区別はもとよりそのため、またキリストにおける二本性の結合も、三位の区別にも増して救済のためであったことは、何度も述べてきたとおりである。いわばヒュポスタシス＝ペルソナは、イエスという単一者として現われた、単一者なる人間への神の愛を、存在概念へと翻訳したものである。そこにこの存在概念のひとすじ縄ではとらえられない性格も基因する。

　さきに単性説者セヴェルスの項で述べたように、カイサリアのヨハネス・グラマティクスはおそらく五一〇年代後半に、その著作『アポロギア』の中で、三位一体論の術語とキリスト論の術語を橋わたしして、三位一体論で一だと言われたウシア（実体）と、キリスト論で二だと言われたピュシス（本性）の異同をはじめて論じた。キュリルスの十二のアナテマとカルケドンを両立するものと考える『アポロギア』によると（カパドキアの教父たちが論じたように）ウシアはもののうちの共通なるものを、ヒュポスタシスは特性によって区別される各個別のペルソナを、ピュシスは時にその両方の意味に用いられるとする。それゆえ、キリストの人本性をも彼はウシアとみなし、つまり人間の共通本性とみなした。これによって彼は、「二本性であれば二ペルソナであろう」というネストリアニズムへの非難を避けながら堂々とキリストの二本性を主張しえた。しかも、ピュシスという語の曖昧さにより、キュリルスが一ピュシスと語ったのは実は一プロソーポン（ヒュポスタシス）の意味だからアンチオキア派が二ピュシス（ここではウシアの意味）と語ったのと同じ意味だと弁護しえた。しかしヨハネスがバシリウスに従って主張したようにヒュポスタシスが単に特性の差によって定義づけられるとすれば、キリストの人本性は共通ウシアだけなのだから、人間的・具体的特性はキリストにはないことになってしまう。ヨハネスは、多くの問題点を（十分解決することなしに）明瞭化した人であるが、ここでも、カパドキア風のウシア概念やヒュポスタシス概念をキリスト論に応用するにはある補足が必要であることを示す結果となった。

6　新しい存在論の完成形――二人のレオンチウス

この煩瑣でスコラ的な手続きを要求される整合性の樹立にひとまず成功したのは、「エルサレムの」という名を冠して伝承され、エルサレムの修道士と伝えられるレオンチウスであろう。彼はそれゆえしばしば、ネオ・カルケドニズム最大の神学者と呼ばれる[25]。ユスチニアヌスの公会議での決定の理論的基礎をなしているのは、この人の学説である。しかし、彼の業績は実は大幅に同時代の「もう一人のレオンチウス」つまりビザンツのレオンチウスと呼ばれる人の業績に依存している。そして、ビザンツのレオンチウスの方が、より力強く、特異な思想家であったようにも思われる。

この二人の人物は、長いこと同一人物とみなされ、両方の書物がビザンツのレオンチウスに帰されてきた。それは、いまだにテキスト的基礎になっているミーニュの教父全集が両者を同一人物として扱っているせいもある。しかし多くの学者が古くから、伝承されている名前もちがうし、テキストの内容にもある相違があることに気づいていた。二人のアイデンティティー問題については現在まで論争が続いている。一九七〇年のケンブリッジ哲学史なども、その問題には触れることもなく、一人の人物であることを自明のこととして扱っている。しかし、ここではこの問題に立ち入ることはやめ、私は一九四四年のM・リシャールの論文[26]に基づいて二人を別人とする説にくみすることにする。

(1) 両レオンチウスに共通の理論的意図

ニカイアとカルケドン以来のあらゆる問題の解決に必要だったのは、東方の最大の理論家だったキュリルス、セヴェルスにおいても達せられなかった、ピュシスとヒュポスタシスのリアルな区別と特定であった。ウシアとヒュポスタシスの区別は、カパドキアの教父たちによって早くもなされていたが、ピュシスという概念はその具体的でいきいきした動的イメージのために、いつも具体存在者と結びつけられ、そのためヒュポスタシスと同義や不可分と考えられがちであった。

ここにはまた、ほとんど千年にも及ぶギリシア哲学の、とくにプラトン-アリストテレスを源とする理性主義的な伝統の、通念が働いていた。世界の、人間の、ものの本来の姿、それらをそうあらしめている原理。思想や学問はつねにそれを追求する。それを本質と呼ぶとすれば、キリスト教だろうとギリシア思想だろうと、世界や人間や出来事の本質を知ろうとしたことにかわりはないだろう。しかしギリシアは、その本質を、どちらかといえば普遍・共通なもののうちに、たとえばソクラテスの本質である「人間」、個々の馬に共通する「馬そのもの」のうちに見いだせると考えた。あるいは、ソクラテスープラトンだったら「勇気そのもの」とか「徳そのもの」、「美そのもの」などに。それらはすべて、個々のそのようなものをそのようなものたらしめる共通の原理原因であった。この考え方のすぐれていることは言うに及ばない。近代ではそれは「法則」のかたちになって、近代的な学問の基礎になっている。多様を単純で説明し、人間理性に現実を把握可能とする、この方向の探究こそは理性の探究であった。

この志向からすれば、個々のもののうちで重要なのは、それをめざして個々のものを見るべきは、本質であり、本性であり、普遍であった。個々のものはそれらを具現するもの、それらのあらわれ、その普遍の一特殊例であった。個々のものは、その本質に照らされてはじめて、たとえば「ひとりの人間」として認識されうることになる。それが個々のものの認識の基礎でさえある。そういう普遍なもの、アリストテレス風に言えば類とか種とか形相とか本質とか、ウシアとかピュシスとか言われるものをもたない個体は(定義上)この世に存在するはずもないし、アリストテレス風に考えればそういった普遍は逆に個のうちでのみ私たちに姿をあらわし、個はまた普遍の光の中でのみその本来の姿を示す。これが古代後期には常識であった。物質世界の存在を考える以上、私たちにもこの点に異論のさしはさみようもない。

したがってキュリルス、セヴェルス、ネストリウスその他、高名な理論家たちが、キリスト論において、ピュシスとヒュポスタシスをリアルに区別することを拒みつづけたのは当然であった。ヒュポスタシス(リアルな存在)をもたないピュシス(本性)はないし、ピュシス(本性)をもたないリアルな存在(ヒュポスタシス)はさらになおさら存在するはずもない。

しかし、物質世界では当然なこの原則を守るとき、キリスト教の理論化はほとんど不可能になることは、これまで見てきたところである。これもまた当然のことである。三位一体論やキリスト論の語る諸存在はすべて、ひとの希求の具象化である。物質存在ではない。たとえば実体は一でヒュポスタシスは三といわれたその父・子・聖霊という三は、「天の父よ」とひとがそれへ祈る存在、その「父よ」と祈るイエスという人の常人をぬきんでたあり方、またイエス亡きあとの人びとの共同のよりどころで教えのもとなるもの、の三つである。またキリスト論の二つのピュシスとは、パウロの贖罪の理論の要請する「全く人、全く神」ということの概念化、つまりは神の愛のわざへの信仰の概念化であることも、幾度となく述べたとおりである。

これらを述べるのに、自然学に起源をもつ言語、メタ・タ・ピュシカ(自然学を超えるもの)と言われる、自然学の上に築かれる形而上学の言語、を用いることへの疑義とその利点も、何度も述べてきた。ヘレニズム文化に浸されたローマ帝国末期という時代がそれを要請し、国教化がそれを必須とした。しかし、そういう歴史的状況をべつにしても、人びとの間に広まり、共同の信念、共同の文化をつくるためには、普遍を中心とするギリシアの概念が、どうしても道具として必要であったろう。

ただし、視線の方向は転換する。ギリシアがものの真髄として、本質として見たものが何といっても共通的なものだったのに対し、キリスト教がもっとも尊貴なものとして、その意味での本質として見るものは、個の個たるところである。トマスがアリストテレスをうけつつ、例の鋭さで「働きは単独者のものである(actiones sunt in singularibus)」[27]と語っていたのが思い出される。キリスト教があらゆる出来事と存在の真髄として説くのは、個々の人間の心の救いであり、そのために一回一回独自の仕方で、つまりいわば単独者として働く、神の行為と愛である。その神への愛と隣人への愛である。愛のめざすものはいつも単独者としての単独者である。そこにかけがえはない。そのとき、この思想の中で「個として個」という概念が独立なものとして生まれ出てきても、けっして意外とはいえない。このように、「個としての個」へと思考の焦点が集まってくるということはしかし、アリストテレスまでの古典的ギリシア的思考の射程内では起りえないことであった。ギリシア的にいえば、このような「概念」は自己矛盾だと考えられたであろう。したがって、この概念を独立に特定してとりだすことは、ギリシア的概念や用語を使って考えるキリスト者たちにとっても、当然きわめて困難なことであった。それがニカイア以来の混乱して苦渋にみちた理論化と論争の道程を形づくった。

両レオンチウスに共通なのは、この「個としての個」存在概念の、その他の存在をあらわす概念からの分離独立であり、同一人物説を主張する学者たちがしばしば強調するように、この基本的な意図、基本的な存在論枠組みが共通なので、両者は同一人だという説が生じえたのである。しかし、リシャールと彼にくみする学者たちが指摘するように、細部はわかれる。その差異をどう説明しおおせるかが、二人説と一人説のわかれるところである。

「個としての個」の析出は、両レオンチウスにおいて、ピュシス(ないしウシア)とヒュポスタシスとの間に、リアルで明確な区別を置くというかたちで理論化された。ピュシスとヒュポスタシスの切断こそ、コロンブスの卵だか、ゴーディアン・ノットだかのように、単純でありながら、これまでの経緯の中でなかなか成就されなかった理論的業績だった。なぜ成就されなかったかということへの「ギリシア的」理由は再三述べて来たとおりである。

この切断は、六世紀のボエチウスの普遍的実体と個的実体の区別でもあり、これはまた、内実とコンテキストにおいて異なりはするが十三世紀のトマスの essentia と esse のリアルな区別(distinctio realis)をもたらした一つの遠因であろう。近代では実存主義の本質と実存の区別にもよく似ている。トマスが『神学大全』で「ヒュポスタシスないしペルソナに自体的に属する esse」(28) と語る esse がこの存在性である。ヒュポスタシス＝ペルソナは本質・本性を個化するのかもしれない、基礎づけるのかもしれない、あるいは包み、動かすと考えられてもいいのかもしれない。ともかくも、それは本質でも、本性でもない。ウシアでも、ピュシスでもない。ウシアやピュシスのもつような一切の規定をもたない、純粋の個的動性、存在性である。これがヨーロッパ語の person, Person, personne または personality などと呼ばれるもの、主体と呼ばれるもの、日本語で「人格」などと訳されるものの正体である。

ついでに言えば、この訳語はあまり適切とは言えないような気がする。この訳は、personality に対する井上哲次郎の訳だとされているが、[29]明治十四年の『哲学語彙』の中では、まだ、パーソナリティーは「人品」と訳されている。品にしても、格にしても、これらはある性格と区別、文字通り格づけを含む語である。「格」を辞書で見ると、「長く伸びた木、車の横木、支え、正すこと、度、法」などである。「まっすぐで正しいこと、規格」という語で、ここにはある評価があり、倫理的あり方の規範が意味のうちに含まれている。しかし、ヒュポスタシス＝ペルソナは、まさにそういった一切を無化し、相対化し、一切の規格や属性を拭い去った裸の存在性そのものを善しとする概念である。

ネオプラトニズムでもすでにピュシスとは別の概念としてヒュポスタシスが出てきていたことは事実だが、それとピュシスやウシアとの関係は、けっしてこのキリスト論の長い論議のあとのようなかたちで明らかではなかった。またキリスト論におけるように、それ自体が重要なテーマとして脚光をあびる必然性もなかった。さらに、ヒュポスタシスが何よりも人として現われた姿の根幹をなすもの、いわゆる「人格」的なものとしてとらえられてきたのも、三位一体論とキリスト論を経由したからにほかならない。それにくらべてネオプラトニズムのヒュポスタシスは、はるかに広義で遍在する、存在の「結ぼれ」すべての名であった。

(2) ビザンツのレオンチウス

マニュスクリプトの数も少なく、状態もよくないので、両レオンチウスのものとして伝承される著作の真偽の問題も、決着のつきにくいところである。しかし現在では大体三つの著作がビザンツのレオンチウスの真作と考えられている。もっとも重要な著作とされてきた『ネストリウス派とエウテュケース派駁論』『セヴェルスの異論への解答』『セヴェルス駁論』がそれである。この人がどういう人物なのかについても多くの仮説はあるが、現在ではだいたい、ヨハネス・スキュトポリス(六世紀)の『サバス伝』(30)で言及されているオリゲニスト修道士ではないかといわれている。(31) しかし、彼が厳格なカルケドン派である面を強調する研究者もあり、彼の評価も実像も、まだ完全に明らかとは言えない。

ともあれ、彼の理論的立場は、書物の標題からもすでに察しがつく。カルケドン公会議での両異端であるネストリウス派とエウテュケース(単性説)派の両方を批判してカルケドン的中道を歩み、穏健な単性説派セヴェルスの理論的成果を大いにとり入れながら、それを反駁するというものである。

基本となるのは『ネストリウス派とエウテュケース派駁論』であり、『解答』はそのつづきであると、レオンチウス自身が冒頭で語っている。ミーニュ版で四十頁余の『ネストリウス派とエウテュケース派駁論』の内容は三部分に分けることができる。導入部では[32]、まず教義問題の錯綜の根本原因は用語の錯綜にあると語る。これはまったく正しい意見である。ついで、両異端の考えるピュシス・ヒュポスタシスなどの語義が述べられる。

第一部では[33]、両異端がともに一つの基本的な存在論的確信を共有しており、それから二つの両極に分れる異端が生み出されたと語る。これはみごとな分析と言えるだろう。その確信とは「ヒュポスタシスをもたぬピュシスは存在しない(οὐκ ἔστι δὲ φύσις ἀνυπόστατος)」という公式である。ただし、レオンチウスが異端の誤謬の元凶と見るのはこの公式自体ではない。この公式そのものはレオンチウス自身も認めるものである。ただ彼は、異端がそこからひき出す帰結を批判する。一方のネストリウス派は、「ゆえにキリストは、二ピュシスをもつからヒュポスタシスにおいても二である」と推論し、他方のエウテュケース派は「キリストは一であるから彼のヒュポスタシスは一であり、したがってピュシスも一でなければならない」と推論する。

この両極の推論に共通する小前提は、「ピュシスとヒュポスタシスは不可分一体である」という公式である。これは先ほども述べたように、ギリシア系の、この世界の事物について考えるふつうの哲学にとっては、疑うべくもないことだった。レオンチウスはこの第二の公式に、正統キリスト教理論を潰えさせ、その成立をこれほど長く妨げてきた巨悪を見たのである。

この簡潔でラディカルな問題把握には、彼の理論的才能が疑いもなくあらわれている。彼はキリスト論だけでなく三位一体論の両極端の異端、アリウスとサベリウスもまた、ウシアとヒュポスタシスを明確に区別し、正しく関係づけることに失敗したのだと語る。彼らはすべて、同じ一つの誤謬、同じ一つの困難においてつまずいたのである。

レオンチウスの解決はしたがってすでに明らかであろう。彼はヒュポスタシスをピュシス（ないしウシア、レオンチウスはヨハネス・グラマティクスなどの先蹤をうけて、両者をほぼ同義とする）から明確に切り離す。ここで登場するのがエンヒュポスタトン（ἐνυπόστατον ヒュポスタシス〔つまり基体〕のうちなるもの）という概念である。エンヒュポスタトンという概念自体も、くわしく見れば、ひとによって微妙にちがう使い方をしている。当時の通念としては、「現実に存在するもの」というぐらいの意味で使われたらしい。エルサレムのレオンチウスの使い方はこのようなもので、したがってキリストの中の人の本性《ピュシス》ばかりでなく、ロゴスの本性《ピュシス》もまたエンヒュポスタトンと語られる[34]。ネオ・カルケドニズムはキュリルス的だとするのが一般の理解だが、ロゴスのこの見方は、たしかにキュリルス的ではなく、一歩を進めていると言えるだろう。キュリルスにはこの区別・切断がない。ピュシスという概念は、第二章で述べたように、もともときわめて多義で、とくに大別して具体的なもの自体を指す場合と、ものの中の本性・本質を指す場合があった。この両義性がキリスト論論争の大きな障害だったのだ。ビザンツのレオンチウスははっきりと、ピュシスをもの自身ではなくもののうちなる本性、つまり基体に担われるもの、エンヒュポスタトンだとした。「ヒュポスタシスとエンヒュポスタトンは違う……ヒュポスタシスはある何ものかを示すが、エンヒュポスタトンはウシアを示す。……エンヒュポスタトンは他のもののうちに存在を持ち、それ自身においては認識されないところの付帯的ならざるものを示す。そのようなものは、本質的性質(αἱ ποιότητες οὐσιώδεις)及び特性的性質(ἐπουσιώδεις)である[35]」。ここに私たちは、すでにセヴェルスにその萌芽を見せていた術語を見る。セヴェルスはピュシスないしウシアを、「性質」的なもの、つまり「基体に担われるもの」と解することによってキリスト論の二本性説を何とか説明しようとしたことはレオンチウスと同じである。もともとアリストテレスの考えたピュシスも、どちらかといえばもの自体というよりはもののうちなる本性であったから、その意味ではこれは別に驚くような説ではない。ただアリストテレスの場合はピュシスをひき去ってしまった基体は無性質無形の、ほとんど無にひとしい「質料」であったが、レオンチウスで姿をあらわす純粋のヒュポスタシスはまったく逆である。これはネオプラトニズムの系統をひく、むしろ非質料的な、活動的統一原理、つまり「一者」の流れをひく能動的な個的存在性そのものである。

ただし、おそらくここで道はさらにわかれる。ピュシスなき純粋存在性を、それ自身においてとりわけて考える観点を強調するか、それとも、純粋的存在性はけっしてピュシスをもたずに存在することはない点を強調するか。ビザンツのレオンチウスは前者をとり、ネオ・カルケドニズムとエルサレムのレオンチウスは後者をとった。

つまり、具体的にエンヒュポスタトンが何のために必要かといえば、神人両本性をもつキリストの、とくに人間性のあり方を説明するために必要だったと伝統的に解されている[36]。それについてネオ・カルケドニズムはキュリルスや単性説同様、受肉したキリストの基体つまりヒュポスタシスは、どこまでも神のロゴスのそれだと主張する。そのとき、人間の本性《ピュシス》がもともと「基体に担われるもの」という性格のものであれば、何の不都合もなくそれはロゴスの基体に、神の本性《ピュシス》と共に担われるだろう。基体つまりヒュポスタシスと本性《ピュシス》が完全に切り離されうるものならばである。エルサレムのレオンチウスの説の大要はそういうものである。

ここには「基体なき本性《ピュシス》」は「エンヒュポスタトン」というかたちで姿をあらわしている。しかし「本性《ピュシス》なき基体《ヒュポスタシス》」つまり裸の純粋存在はない。ロゴスのヒュポスタシスは、いつでもロゴスの、神の、本性《ピュシス》を担っているのであり、受肉の際にそれに外から人間本性《ピュシス》が付け加わるだけなのだから。これはまったくキュリルス的な考え方である。そして、比較的無理のない理論である。これが現在に至るまでの「正統」になっている。

しかしビザンツのレオンチウスの考え方は、解釈の仕方によってはもう少しラディカルにもみえる。

『ネストリウス派とエウテュケース派駁論』の第二章第二節とも言うべき部分で、彼は受肉と人間の心 - 身結合のアナロジーを語る。「三つのもの(*πράγματα*)がある。単なる魂と、単なる身体と、両者から綜合された人間である。これらのものは互いに関係を持つ。魂と魂、魂とその身体、人間とその身体およびその魂。魂の魂への関係はウシアの同一性によって結合され、しかしヒュポスタシスの差によって区別される。……魂が身体に対しては、ピュシスの他性によって分たれ、ヒュポスタシスのゆえに結合される。……人間はまた、単なる身体と単なる魂に対し、全体が部分に対するように区別されている。しかしヒュポスタシス的関係によってそれらとの結合《コイノーニア》が生ぜしめられる」[37]。

このアナロジーでは、読みようによっては、神のピュシスと人のピュシス(両方ともエンヒュポスタトンと考えられる)が、神でも人でもない(または両者の結合体である)

第三のもののヒュポスタシスによって結合されるようにも読める。事実、ビザンツのレオンチウスはしばしばこの考え方のために非正統であると非難されている。なぜなら、こう考えればキリストの基体は神でなく、何か神と人の中間なるものとなるからである(38)。

この比喩は、ネオ・カルケドニズムに比して、本性《ピュシス》とヒュポスタシスの切断・差異をいわば一レベルひろげる。ネオ・カルケドニズムも、人のピュシスがロゴスのヒュポスタシスによってとられるというかたちである以上、ロゴス内部でもピュシスとヒュポスタシスがいちおうリアルに区別されていることはたしかだが、ロゴスのピュシスとヒュポスタシスは現実にはつねに一体をなして、付随的にそれに人間のピュシスが加わるだけである。しかし「ビザンツ」のこの箇所では、ヒュポスタシスは「全体のヒュポスタシス」であって、ロゴスのピュシスはその一部分をなすピュシスとなっている。切断の程度はたしかにより大きい。どちらの本性のヒュポスタシスでもないヒュポスタシスがここに出現しているからである。

(3)　「オリゲニスト」

これはビザンツのレオンチウスを「オリゲニスト」とみなす根拠ともなっている。この場合オリゲニズムとは、主として彼自身が「われわれのテオソフォス(39)」と呼ぶエヴァグリウス・ポンティクスの説であることは、学者たちが一致して認めることである(40)。四世紀後半のこの神秘思想家は、オリゲネスの豊かではあるが、つかみがたい点もある思想を体系化して、とくに東方修道士たちの精神的支柱として絶大な影響を及ぼしていた。キリスト論に関しては、オリゲネス自身が、『原理論』のうちで、あらゆる人間の魂がヌースとして英知界に先在し、のちにある種の堕落によって身体と結合すると説くことが基本となる。イエスの魂も当然そのようなヌースたちの一つであり、ただこれのみがその善性のために堕落をまぬがれ、原初のあり方のままに神のロゴスと結合しつづけていると考えられる。

キリストは堕落して身体と結合された魂たちに、上昇と救済への手本と道を示す。禁欲と観想によってこの道を辿る人びとの魂は、終末において、身体を脱して完全な観照知(グノーシス)にいたり、キリストの魂とまったく同じ仕方でロゴスとの結合に至ると考えられる。これはまったく、修道士たちの道徳的・知的精進の支柱となる思想であった。四世紀から六世紀まで、政治的にも理論的にも大きな力をもった、東方修道士たちを支えつづけたこの思想が、ユスチニアヌスによって禁圧されたことは、すでに述べたとおりである。このいきさつには、さきにも述べたように不明な点が沢山ある。教義史家たちが認めるように、反オリゲニズムのアナテマはたしかに第二コンスタンチノポリス公会議の記録のうちにある。しかし、それがどのように、誰によって討議されたかの記録がない(41)。エヴァンズは、宮廷で一時勢力をもったオリゲニズムの理論的指導者が、当時首都に住んでいたレオンチウスだったろうと考えている。しかし彼が代表したとされるオリゲニズムがその指導的な立場をどのようにして失ったのか、ユスチニアヌスの好意がどうして失われたのかは明らかでない。一つたしかなことは、修道院が独自の勢力をもっており、オリゲニズムがその重要な支えであり、修道院勢力は宮廷政策に対して、しばしば反対勢力たりえたということである。ユスチニアヌスにとって、それを抑えることは、意味のないことではなかったろう。

オリゲネスの思想は豊かで多面的である。彼の思想がアリウス派の異端を支えたことはよく知られているが、その同じ思想が、「厳格なカルケドン派」を支える要素をも含んでいた。つまり、その完全な二本性《ピュシス》説によってである。

オリゲネスが二本性の結合については、まだ十分な理論をたてているとは言いがたいことはさきにも述べたが、ビザンツのレオンチウスの中で、また、彼にかぎらずオリゲニズムに近い東方修道士たちの間で、オリゲネスの声望がカルケドンの二本性説を支えたとしても不思議ではない。ビザンツのレオンチウスをオリゲニストとする人びとは、彼の考えるキリストのヒュポスタシスは、オリゲネスやエヴァグリウスの考えた、神のロゴスとイエスの先在魂(ヌース)の結合した存在を受けついだのだろうと推測する。(42) この存在は、神のロゴスと被造のヌースという異種の存在が結びついたものである。それがさらに人間の肉体という異種のものと結びつけられるとき、神と人間の両方に親近性を持つヌースが、媒介者として働くと考えられる。

レオンチウス自身は、三位一体論や人間の心身論との対比を使って、技術的にこみ入った仕方で、カルケドン正統の「ヒュポスタシスによる」結合を第三者キリストによる結合のかたちで説明している。その原型をオリゲニズムのヌースによる結合に見るか否かが、彼をオリゲニストと見るかどうかのわかれ目である。しかしどちらにしても、キリストのヒュポスタシスが、「全く神」だけではない第三のものとみなされることはたしかで、この点が、ユスチニアヌスの路線を受けつぐ現在の正統からは疑いの目で見られる。カルケドンの真の精神はこの形でも解釈されうるものではなかったかと思われる。その場合の一番の難問は、ロゴス・ヒュポスタシスがキリスト・ヒュポスタシスへと変わるときに、そのヒュポスタシスの変化をどういう仕方で説明するかであろう。「ビザンツ」はそれには十分な答えを与えきっていないように思われる。

(4)　ビザンツのレオンチウスのキリスト＝ヒュポスタシス論

私には現在のところ、ビザンツのレオンチウスをオリゲニストとする推測の是非を判断するに十分な用意がない。おそらくそれは正しいかもしれない。上述の箇所からもわかる彼の、身体と魂を別々のウシアとして峻別する見方にも、オリゲニズムの匂いをかぎとることもできる。しかし、これはプラトニズムに共通の伝統でもある。それゆえ、ここではオリゲニズムの問題は未定のままにおいて、そういった歴史的推測によらずとも、「ビザンツ」の説をネストリウス派やセヴェルスの説への反論から発展した一つの正統擁護理論として構造分析できるという、もう一つの解釈可能性を紹介しておこう。これはどちらかといえば、レオンチウス一人説をとるドイツの学者オットーの線に沿う解釈であり、したがってエヴァンスとちがって、「ビザンツ」を「エルサレム」にひきつけて解釈することになる。レオンチウスの人物についてのさまざまな推測も、ここではわきにおくことにしよう。

さきにアンチオキア派について語ったように(第三章)、二本性説を主張する西方ローマとアンチオキアは、この「第三の基体」つまりロゴスではない「キリスト基体」に近い考えをすでにもっていたらしい。モプスエスティアのテオドルスの説はそのようなものだったと思われる。しかし、そこではまだ、ロゴスと人を結合して新たな「キリスト基体」を生ぜしめる結合の理論的説明はまったくできていなかった。

カパドキアの教父たちの、「特性(ἰδιότης)」(つまり生み、生まれ、発出させ、発出するという関係的性格)のみによってヒュポスタシスが構成されるという考えが、ネオプラトニズム的・ヴィクトリヌス的な、「純粋現実存在性」としてのヒュポスタシス概念と、三〇〇年代においてはまだ並列しており、その間になんらかの関連や整合性を見いだすことは、誰も考えも及ばなかった。しかしこれは大きな問題であり、現在でも論じられる個体論のうちの二つの大きな観点である。つまり、付帯性、特性、その個体に固有の性質が、その個体を個体として構成するのか？　それとも、個体はその内部に、れっきとした純粋存在性の働き、炎のようなものをもって、それが個体を個体たらしめて、他のあらゆる属性を包括し、または生ぜしめるのか？　それぞれに一長一短のある説明である。第一の説明は個の個としての存立性を弱めて、属性の束にしてしまう。またそれらの属性がなぜ一つの束たりうるかを説明できない。第二の説明は、どうやって一つの個と他の個の区別を根拠づけるのか？　無属性の純粋存在性には、互いを区別する標識がないではないか？　それではどうして「多なる個」が存在しうるのか？　プロチヌスの『エンネアデス』五巻七章一節で、はっきりとではないが言及されているような「個のイデア」の考えはこの困難への解答の一つの方向づけである。キリスト教思想はこれを受けつぐことになる。アウグスチヌスですでに示されているような、神の精神の内に個物のイデアがあるという考え方がそれである。「個なるものは各々固有のイデアにのっとって創造された(43)(Singula igitur propriis sunt creata rationibus)」。

アウグスチヌスはまた、さきに三位一体論のところで述べたように、この「個」の問題への、まったく独特のアプローチを西欧に与えた。それは、外界、自己の肉体などのすべてがそこから照明されてくる「心(cor)」という場の探索であった。自己の心の奥深くへ沈潜することが、すべての自己の意識、記憶、思考、意志、感覚を統合する一なるもの、あのプロチヌスのはるかな「一者」につらなる真我の体験に至ることを、アウグスチヌスは私たちに具体的にかいま見させてくれた。彼は東方でレオンチウスたちがうちたてた、人を統合し、またはキリストという存在を統合するペルソナ＝ヒュポスタシスの存在論を、いわば内側から、内的体験として照明してみせてくれたのである。そしてこれは、「透明な個がそれぞれかけがえないものとして単一であること、他の個と異なって独自であることを、どうやって説明するか？」という上述の個体論の難問への一つのたくみな答えでもあった。「わたくしの思考、わたくしの意識、わたくしの心」としてそれは明らかに他と異なるのである。おきかえがきかず、唯一なのである。

デカルトへつらなり、ドイツ観念論へとつらなるこの視野は「西方的プラトニスト」アウグスチヌスの西欧への偉大な遺産であった。ただしそこには、他の「わたくし」の存在をどうやって確実なものと考えるかという、新たな難問が執拗にまとわりついてきた。アウグスチヌスやデカルトにあっては、この「内なる確実性」に準ずる、またはそれを超える信仰の確かさが、この問題を解決する鍵を与えたが、その信仰が次第に薄れたとき、この思考傾向は自閉的で原子的な自意識の孤立を生み出しかねなかった。

それでは東方の個体論はこの「あらゆる属性を集め、一つにする純粋存在性のはたらき」をどう描写したろうか。ここ東方では議論はあくまでも普遍の領域を遠く離れることなく、「わたくしの心」の切実な確かさと独自性を欠くかわりに、他者と私を同一の土俵の上におく。——というよりむしろ、この思索の中心はもともと「わたくしの心」よりは「キリストという存在」へと集中していたことは明らかである。それは歴史的・客観的な存在であり、しかも同時に、私へと熱烈にかかわる愛の化身であり、それに基づいて私の熱烈な関わりを要求する他者であるとみなされるものだった。「全く人、全く神」と語られるキリストの「全く人」の部分はたしかに完全に歴史的・客観的存在であり、万人がそれと認めるものだろう。しかしそれが同時に救済神、つまり愛の化身であるという部分は、ひとのいわば主観的な「こころ」の部分である。ギリシア系の東方神学は、「こころ」の思いに可能なかぎりの客観的存在を与えるというギリシア形而上学の正統をひいて、キリストのこの部分をも、ピュシスと呼び、ヒュポスタシスと呼ぶ。このピュシスやヒュポスタシスと、物質的存在のそれとは明らかに異質であるけれど、彼らは両者をひとしなみに、どちらかといえば自然的存在の明瞭な客観性と具体性にひきつけて、論じるのである。「私のこころ」の客観的に捉えがたく、しかもこの上なく私にとって確実な現前性という不思議な性質を、それとしてとりあげていった西方と、それをも可能なかぎり論理的・自然学的思考にひきつけて分析しようとする東方と、それぞれに一長一短のある考え方がこの時期にはまだ並存していたと言えるだろう。

それが別人の説であろうと、または同一人の時期による差であろうと、二人のレオンチウスの説のニュアンス、比重のおき方はたしかに異なる。おそらく「エルサレム」の先駆者である「ビザンツ」の説は、ヒュポスタシスという独自存在自体に光をあてようとする。これは当然のことであろう。さきにこの章の6の(2)で見たように、彼はそれまでの正統・異端各派のキリスト論がかかえていた種々の困難が、ヒュポスタシスがピュシスと別の存在性であることを指摘することで解消されるのに気づいた最初の人と言ってよいのだから。それに対し「エルサレム」では、そのように特定されたヒュポスタシスの、それ以外のもの、つまり他のヒュポスタシス、他のウシア、自己のウシア、諸特性などとの関係がより多く問題になってくる。

　このようなヒュポスタシス存在をビザンツのレオンチウスは「自立存在(*καθ' ἑαυτὸν εἶναι*)」と特徴づける。「ヒュポスタシスという語は端的に、また第一に、完全性(イデア的なもの、本性・本質等)を表示するものではなく、自立存在するものを表示する。第二次的にそれは完全性をも表示するが。それに対しピュシスという語は決して自立存在するものを表示せず、主として完全性を表示する」[44]。ピュシスとヒュポスタシスはこの点ではっきり区別される。そして、「諸ヒュポスタシスに属する諸特性は、それら複数のヒュポスタシスを相互に異なる各個存在(*ἕκαστον εἶναι*)とする。しかしピュシスに属する諸特性はそうしない。ピュシスに属する諸特性は他のものと異なる各個存在を作りはせず、ヒュポスタシスに属する諸特性のみが、単一存在(*μόνον εἶναι*)をつくる」[45]。

ここで、個体化の構造はかなりはっきりしているようにみえる。すなわちピュシスに属する本質的諸性質と、ヒュポスタシスに属する個的(付帯的)諸属性とがあいまって、一つの個体を特徴づけるのである。他の個体からある個体を区別するものは、そのような「属性の集合(*τὸ ἄθροισμα*)」である。[46] つまり「ビザンツ」においてヒュポスタシスは「すべてを包含する全体」というアスペクトが前面に出てくる。それに対し、「エルサレム」では、「全体を集約し、生み出す根源」という面が強調されると言えるだろう。

ビザンツのレオンチウスはピュシスとヒュポスタシスの峻別に大きな一歩をしるしたとはいえ、まだ時に古いものをひきずっている箇所もあるようにみえる。それに対応して、「ビザンツ」の全体たるヒュポスタシスを構成する種々の「特性」をあらわすさまざまな語(*ἴδιον, ἰδιότης, ἰδιώματα*)は必ずしも一義的な意味をもたず、コンテキストによって種的ピュシス(本質)を特徴づける性格を意味する場合も、または種的ピュシスを個別的ピュシスに限定する性格、また、特定のヒュポスタシスをそれとして特徴づける性格を意味する場合もある。[47]

そのようなゆらぎがあるにもせよ、彼において、種の特性と、個的ピュシスの特性と、個的ヒュポスタシスの特性とが一応区別され、それらが集まって一つのヒュポスタシスに統合され、担われることによって「全体」である個としての個が成立するという考えがかなり明瞭に姿を見せていることはたしかである。これが、ビザンツのレオンチウスの大きな功績であろう。

(5) エルサレムのレオンチウスのキリスト＝ヒュポスタシス論

エルサレムとビザンツのレオンチウスの間に、ヒュポスタシス概念の明確化という観点から見て（教義という点からは別だが）本質的な差はないと思われることはすでに述べた。「エルサレム」の説はある面では「ビザンツ」より明確となる。しかしまた逆に、諸派の宥和をめざす意図が明らかなだけに、きわめて譲歩的で、それによって表現が曖昧になる面がある。リシャールは「ビザンツ」を、より「独立不羈の思想家」と評し、「エルサレム」をより宮廷的で、政治権力を重視した思想家だろうと考えている。[48] 他方エヴァンスは上述のように、「ビザンツ」も宮廷政治家だったと考える。[49] いずれにしても「エルサレム」は、オリゲネス派の人びとが勢力を失ったあとで、宮廷の宗教政策を支えた人だったと思われる。

主著『ネストリウス派駁論』の第一巻六章で「エルサレム」は、あるヒュポスタシスをそれとして規定するのは、ウシア的な、またはウシアを規定する、諸特性（人間については「理性的」など）に加えて、付帯的諸特性であり、後者は可分離的（狭義の付帯性たとえば「色白な」など）と非可分離的（いわゆる特性たとえば「笑いうる」など）両方を含むと語っている。[50] これは「ビザンツ」の説と同一と言える。

しかし用語は少し異なる。そしてその差異はおのずと、内容のニュアンスの差を示している。「ビザンツ」ではほとんど登場せず、「エルサレム」で中心概念になるのは、キュリルス－セヴェルスで用いられていた「綜合(シュンテシス σύνθεσις)」という概念である。ロゴスのヒュポスタシスは受肉によって単純なヒュポスタシスから「綜合された」ヒュポスタシスとなる。[51] これが、キュリルス－セヴェルスですでに好んで使われていた概念であることは、第三章のセヴェルスの項で述べたとおりである。エルサレムのレオンチウスが、この系統、つまり穏和な単性説の流れを汲む思想家であることは、この用語からもわかる。レオンチウスはしかし、この概念を拡張して、ヒュポスタシスばかりでなく、特性についても、またピュシスについてさえも、使うことがある。神のピュシスは人のピュシスに「綜合」されるし、ロゴスのヒュポスタシス的特性と、ロゴスによって採られた人本性の特性とは「一つの綜合された特性」となって一つのヒュポスタシスを特定するのである。[52] この「綜合された特性」はビザンツのレオンチウスの「属性の集合」とほぼ同じものであろう。ただし「綜合」という語が表現する集約と統一の働き、いわば働きの源である一点としてヒュポスタシスを見る、見方の角度はたしかにちがう。

この「綜合されたヒュポスタシス」がネストリウス風の「二人のキリスト」にならな

いことはもちろん入念に説明される。人間における心と身体、キリストにおける神性と人性は、ネストリウス派によってはキリストというヒュポスタシスの「部分」として語られるが、それがまちがいのもとであると。つまり「部分」には並列的な性格がつよい。並列的な部分はたしかに全体の単一性をさまたげるだろうが、個々の人間の単一性もキリストの単一性も、むしろある意味での本性《ピュシス》的結合《ヘノーシス》であるからヒュポスタシスの単一性は心身・神人などの本性やその持つ特性の複数性によってはさまたげられない(53)と語られる。しかし天秤の針はここで逆の方へゆれかねない。「ピュシスの結合《ヘノーシス》」は単性説を意味しかねない。ちょうど「綜合的ヒュポスタシス」がネストリウス主義を意味しかねなかったように。

そこで今度は「ピュシス的結合《ヘノーシス》」という語が説明されることになる。『ネストリウス派駁論』二十二章は、以前引用したビザンツの『ネストリウス派とエウテュケース派駁論』二章二節と対応する。ここでエルサレムは、本性的結合《ピュシケー・ヘノーシス》と呼ばれるものの四種を区別して、受肉結合の特質を明らかにしようとする。(1)ピュシス(ここではウシアと等置される)を結合原理とする三位格の結合《ヘノーシス》、(2)自然界の諸ヒュポスタシスを一つの種が結んでいるという意味での結合《ヘノーシス》、(3)複数の異種のピュシスから一つの「新たなピュシス」を生ずる心身の結合《ヘノーシス》、(4)複数のピュシスを「ヒュポスタシスによって」一つのピュシスへと結ぶ結合《ヘノーシス》(54)。言うまでもなく、最後のものが受肉の結合である。ここでは、まぎれもなく心身結合と受肉結合は区別されている。リシャールがビザンツのレオンチウスでは心身結合をモデルに受肉結合が考えられているがエルサレムのレオンチウスではそうでないと言うのは、この辺りに典拠がある。「ビザンツ」の前述の箇所では、心身はピュシスにおいてわかれ、ヒュポスタシスにおいて結合するとして、(3)(4)を一つにしている。それに対し「エルサレム」のこの箇所は、心身が「あらたなピュシス」つまり「ビザンツ」風の包括的なものである人間を成し、そうした包括的な人間ヒュポスタシスの部分ウシアとして心と身体があると言う。それに対し、(4)の「ヒュポスタシスによる結合」では、熱された鉄において火のピュシスが自分のヒュポスタシスを失って鉄と結合するように、別の「新たなピュシス」が形成されることはない。そうではなくて、火のピュシスは鉄のヒュポスタシスを「共通のヒュポスタシス」として、そのうちに共存しうる。[55]

(3)と(4)はどちらも、「ビザンツ」の言う「ヒュポスタシスによる結合」の条件を満たしているようにみえるが、大きく異なるのは、集合的・包括的な「新たなピュシス」したがって、場合によっては新たなヒュポスタシスができるか、それとも結合する二者の一方のヒュポスタシスが、いわば他者のピュシスを併合するかである。どちらの場合も、二ピュシスは融合混和するわけでなくそれぞれの特性を保っている。したがって単性説の言う「ピュシス的結合」ではないのである。

この⑶と⑷の区別は、具体的には、キリストなる存在が単なる人でも単なる神でもない「新たな全体」と考えられるか、またはあくまでも神であって、それが人性をいわば吸収併合するのか、という区別であって、「ビザンツ」のアンチオキア風の(オリゲネス風の?)キリスト論と「エルサレム」のキュリルス風のキリスト論の差を示していることは、明らかであろう。

しかし、この二つの語り方の差は、主として観点の差であると私たちには思われる。たしかに、前者においては後者においてよりもキリスト存在に対する人間性の寄与が、より大きく評価されることになる。また理論的には、ビザンツのレオンチウスではいわば神人の本性的またヒュポスタシス的諸特性が集まって一つのヒュポスタシスを決定するというアスペクト、つまり特性の、ヒュポスタシスに対する決定性のアスペクトがより強調され、エルサレムのレオンチウスではロゴス・ヒュポスタシスが人性をも、またその特性をもつくり出し、併せもつという、基体であるヒュポスタシスの能動性がより強調される。しかし、基本的に両者の言うことがそれほど異なるとは思えない。

「エルサレム」のキリスト＝ヒュポスタシス構造論でもっとも目をひく箇所は、少し遡るが、『ネストリウス派駁論』十九章の一部である。「炉の中の鉄が、火のヒュポスタシスの一部を自分のヒュポスタシスに併合するのではなく、ただ火のピュシスだけを自分のヒュポスタシスのうちに受けとるように、……ロゴスもまた、われわれ人間たちのピュシスのうちの、ある固有の〔個的な〕ピュシス(φύσις ἰδική)を自分のヒュポスタシスのうちへととりたまうたのである。……それは、ヒュポスタシスに従っての(κατὰ τὴν ὑπόστασιν)二つのピュシスの互いの綜合《シュンテシス》であり、結合《ヘノーシス》である。しかし、それらから、綜合《シュンテトス》されたピュシスが生ずるわけではない。なぜなら、融合《シュンキュシス》に従って綜合されるわけではないから。また、二つのヒュポスタシスから成るという意味での「綜合《シュンテトス》されたヒュポスタシス」でもない。そうではなくて、ロゴスのヒュポスタシスの特性は「より綜合的(συνθετώτερον)」[56]になるのである。なぜなら、受肉のあとでは、(それぞれのピュシスの)端的な特性が、ロゴスのヒュポスタシスのうちで、より多なる特性へと積み重ねられるからである。というのはロゴスのピュシスもヒュポスタシスも、綜合的でもなく可変でもないことが明らかだから[57]」。

ここでもわかるのは、エルサレムのレオンチウス用語がよく言えば実にフレキシブルで、悪く言えば同語異義的だということである。受肉ロゴスにおける「二つのピュシスの綜合《シュンテシス》」を肯定した舌の根の乾かぬうちに「綜合されたピュシス」を否定する。しかしこの後者がさきに述べたように二十二章では、どういう意味で肯定されるかがふたたび語られてくる、という具合である。「綜合されたヒュポスタシス」も、ここである意味で肯定され、ある意味で否定されている。少し前の箇所ではロゴスのヒュポスタシスは受肉によって特性を増すから可変と言われ[58]、ここでは可変でないと言われる。——

「エルサレム」を読むには、細心にコンテキストを読まねばならない。ただし、そうすれば、彼の言おうとすることはほぼ推測がつく。

彼の語り方の中でいちばん不明瞭なのは、「特性(*ἰδίωμα*)」と呼ばれているものが、ピュシスのそれなのか、それともヒュポスタシスのそれなのか、という点である。モエレールなどは、「エルサレム」が、カパドキアの教父たちによって確立された「ヒュポスタシスの特性」を、「ピュシスの特性」からはっきり分けてとり出していないから、単性説的だと非難している。[59] 上に引用した箇所はたしかにそう解釈することも可能である。「固有な(個的な)ピュシス(*φύσις ἰδική*)」という表現がこの非難をさそう。しかし「エルサレム」では、その個的なピュシスは、けっしてそれ自体で前もって存立しえず、「先在するロゴス(ヒュポスタシス)の存立のうちで」はじめて存在を得ることが強調される。[60] イエスの固有の個的なピュシスは、ロゴス・ヒュポスタシスに担われることによって、普遍的な種としての「人間」のもたない固有のあり方を得たピュシスなのである。

そうしてみれば、個体化の原理、個者の存在原理は、やはり、ヒュポスタシス的特性をそなえたヒュポスタシスであろう。そしてその際、人の個的ピュシスのもつ諸特性をも併せもつことになる受肉ロゴスのヒュポスタシスは、「より綜合的」つまりより単一的・集約的になるのである。「より綜合的」という興味深い語は、神と人、超越と世界ということの豊穣を集めるヒュポスタシスの凝集力を表現する。この凝集力は逆に言えば、その強烈な一性から流出する存在の多面性と豊かさと無限を示しているわけである。

この人本性をも人の特性をも集めもつロゴス・ヒュポスタシスが神と人の「共通のヒュポスタシス」とも呼ばれることはすでに述べた。これはビザンツのレオンチウスには見当らない用語であるが、これによってエルサレムのレオンチウスは「綜合」ということばと同じように、何よりも、基礎となるロゴス・ヒュポスタシスが、キリストの個的存在の細部に至るすべてを生み出す力を表現していると考えられる。ついでに言えば彼はこの同じことばによって、三位一体論とキリスト論の構造を、「ビザンツ」よりも簡明に対称的に説明することができた。つまり三位一体論では複数の「固有のヒュポスタシス」が一つの「共通のウシア(ピュシス)」をもち、キリスト論では複数の「固有のピュシス」が一つの「共通のヒュポスタシス」をもつ。三位一体論もキリスト論も、これら「固有」と「共通」のさまざまな関係性の理論として構築されることになる。ピュシスとヒュポスタシスそれぞれの、また混じり合った、固有と固有、共通と固有の、多くの組み合わせ関係が分析される。その一部はすでに述べたことであり、詳細を追うことはここでは控えたい。

このようなことはすべて、受肉のロゴスのヒュポスタシスについて言われることである。この個こそが、もっとも範型的な個、個の内の個であることは明らかだろう。この強烈な凝集力、無限の抱擁力、無限の多様性は、あらゆるヒュポスタシス－ペルソナの範型であり、キリスト存在の類比者として語られる人間存在にも弱められたかたちで似姿的に存在するわけである。それゆえ、人間の心と身体を集めるヒュポスタシス＝ペルソナも、同様に「綜合されたヒュポスタシス」と呼ばれる。(61) 学者たちが指摘するようにエルサレムのレオンチウスが受肉結合と心身結合をビザンツのレオンチウスよりは明確に区別するといっても、「エルサレム」でもキリストと人間のアナロジーは、つねに意識されている。キリストのペルソナ＝ヒュポスタシスと人間のそれとは、きわめて親近なもの、前者が後者のより完全な形とみなされていることは疑いない。キリストの構造を語りつつ、彼らはいつも同時に「隣人」の構造をも語っているのである。

ここまで述べてくれば、エルサレムのレオンチウスの理論が、第三章の終りで述べた、第二コンスタンチノポリス公会議の諸アナテマの背後にある基礎理論であるらしいことは、もはや明白だろう。これはたしかにそれまででもっとも理論的によくできた正統教義論であり、個体存在論である。ビザンツのレオンチウスで問題として残った、キリスト基体とロゴス基体の関係も、先在ロゴス基体をただ一つのよりどころとすることで、きれいに解かれている。

いずれにしても、ペルソナ＝ヒュポスタシスという語のもつ二面性、つまり現前する全体を包んで一にする力と、それらの細部を生み出す原動力とを、「ビザンツ」と「エルサレム」は描き分けていると言えるだろう。

＊現代文庫版に際しての追記

本章第六節に挙げた、ふたりのレオンチウス、特にビザンツのレオンチウスの解釈は、現在では大幅に修正されています。詳しくは以下の書籍を参照されたい。

Alois Grillmeier, *Christ in Christian Tradition: From the Council of Chalcedon (451) to Gregory the Great (590-604)*, tr. John Bowden, Mowbrays, London, 2nd, 1987.

第五章　個の概念・個の思想

1　残されたものと成就されたものと

二十世紀初頭にドイツの学者ハルナックによって書かれた『教義史』は名著として知られ、その古い年代にもかかわらず、いまだに基本的な書物である。この書物のよさは、多くの素材を、比較的単純で説得性のある図式で押さえているところにもあると思う。ビザンツのレオンチウス（ハルナックは、二人のレオンチウスをまだ区別せず、同一人とみなしている）を教義史の中でいわば「発見」して、その価値を力説したのは彼であった。

ハルナックに言わせれば、――そして私もそう思うのだが――レオンチウスこそは、キリスト教界の最初の正統の神学者だということになる。(1) その前に、二世紀から六世紀に至る雲のように群がる大勢のキリスト教思想家たち、神学者たちがいる。有名な教父たち、ユスチヌス、クレメンス、オリゲネス、アンブロジウス、ヒエロニムス、さてはアウグスチヌス、キュリルス、等々。それらの大思想家たちをさしおいて、最初の神学者と言われるのは、きわめて由々しいことである。しかし、ハルナックはもとよりそれを十分に意識してのことだし、ある意味ではそれはまったく正しいと思う。それ以前の思想家たちはそれぞれ偉大ではあっても、三位一体論とキリスト論というキリスト教義の整合的理論化には成功していなかった。

さらに、キリスト教義の理論化に大きな寄与をした人びとはほとんど異端と言われる方向の人びとであった。オリゲネスしかり、アポリナリスしかり、キュリルス左派やセヴェルスしかり。アウグスチヌスはその偉大さには疑いないが、キリスト論の理論化を十分に果たしてはいないし、ましてや三位一体論とキリスト論を整合的に説明する理論的枠組みをつくりはしなかった。そのためには、もっとギリシア的な形而上学者である必要があった。形而上学者でないところに、アウグスチヌスの偉大さはむしろあったとも言えるだろう。

しかし、形而上学も大きな長所と大きな短所をもつ、無視できないものである。それはものごとの静止化、固定・安定をめざし、固定されたものの間に論理の連関をめざす。静化・固定化に伴う危険も大きいが、かっきりした固定と連関づけという、思考にあらすじと手がかりと地図とを与える長所も大きい。ギリシア形而上学の枠組みを受けつぎながら、その内部からそれを修正して、新しい直観にかたちを与えるという仕事は大きな価値のある仕事であった。それがこの本で述べてきた歴史の行ってきた仕事であり、その集大成者が二人のレオンチウスである。その仕事の中核が、ヒュポスタシス＝ペルソナという概念の特定であったことはくり返すまでもないだろう。この仕事の価値と重味は、現代の西欧で書かれる思想史においても、あまりに見逃され、見過されているように思われる。それは、はじめにも触れたような西欧の学問のセクショナリズムと、近代西欧に独特の偏見のためである。

ハルナックはまったく正しくも、この概念の中にすでに「自然と区別された〈人格(Persönlichkeit)〉という近代的概念が、もとより影のようにではあるが、姿を現わしている[2]」と書く。ただし、私はこれが近代の人格概念の影であるというよりは、むしろアウグスチヌス－デカルトという線を辿ってひたすら意識的内省へとその場を移していった近代の人格概念の方が、もとのヒュポスタシスにあった存在の重味を見失っているのではないかと思う。

それはさておき、彼らの成就したものは記念碑的に大きいとしても、彼らの限界もまた明白だった。彼らはやはりまだあまりにもギリシア的でアリストテレス風の思想家であった。彼らが相変わらず「本質と付帯性」という、アリストテレスのカテゴリー論の分類を捨てられないでいることが、それを如実に示している。『カテゴリー論』によれば、そしてまた、アリストテレスの存在論全体において、実体(本質)つまりウシアのカテゴリーに属するものと、付帯的なもの（συμβεβηκός, accidens）と呼ばれるものとは、根本的に区別されている。後者は文字通り「本質的でない」ものであり、基体にただ表面的にかりに付随するものである。イエスの色が白かろうが、どのような髪の色を持とうが、背が高くとも低くとも、それら量・質・能動・受動・関係・時・運動、状態等々は、すべてイエスの本質ではない。これらはギリシア風存在論の探究にとっては、とるに足らない、つまらないものどもである。

ところで二人のレオンチウスのどちらにおいても、ロゴスの「ヒュポスタシス的特性」はもちろん重要なものとして扱われている。しかし、人間としてのイエスを、個である、一回きりのイエスとするはずの人間の「ヒュポスタシス的特性」は、相変わらずアリストテレスの分類にひきずられて「付帯性」と呼ばれてしまう。したがってどうかすると、アリストテレスの場合とまったく同様に、ピュシスないしウシアに依存してはじめて成り立つ性質のように扱われてしまう。これはしかし彼らの新しい存在論とは不整合だし、この存在論の意味を失わせる扱い方である。このあたりに彼らの限界はもっともよく見えている。

しかし、考えてみると、この不徹底さは無理からぬものだし、彼らの歴史的境位をよく示している。彼らはギリシア哲学の伝統の古い皮袋に、新しい酒を盛らねばならなかったのだ。実は両レオンチウスの業績は、まさにこの二種のもの、本質と付帯的なもの、の区別を無意味なものにすることを意味していたはずである。彼らが明らかにしてきたのは、カパドキアの教父たちやその他の人びとの先蹤に従って、「本性・本質・実体等々が存在の核心をなすのではない。そうではなくて、存在の核心はヒュポスタシスである」という、非ギリシア的・キリスト教的な思想であった。それを語りながら、彼らはまだ、アリストテレス風の本性的性質と付帯的性質の区別を踏襲している。これは、この新しい存在論を述べるのに、けっして最適の言語ではなかったろう。ヒュポスタシスが本性を担うとしても、担われるもののうちあいかわらずもっとも重要で「本性的」「本質的」とされているのがアリストテレス的な「理性的動物」という類いのものであるならば、そのとき、たとえば人の歴史というもの、時間の中での成熟といったものは、その人にとって本質的ではないということになる。時間のカテゴリーは外面的な付帯性にすぎないし、感覚や感情にうったえるものもそうである。しかし旧約聖書の思考は、人を歴史の中で見、経験による成熟をきわめて本質的なものと見る。出エジプト記のモーセの姿、自分のひきいるイスラエルの人びとへの働きかけ、対立、交流によって熟していく大きな指導者の姿。サムエル記の、若々しい英雄から、年老い、息子に反逆されつつ、愛憎のはざまに立つ父親となるまでのダビデ王の姿。歴史と時代のうちに働く神の手を激情的に語る預言者たち。——さらに新約の説く愛も、感情的要素を切り捨てるものではありえないし、イエスの姿の細部もまた、キリスト教にとって大きな意味をもつ。

近代の生の哲学・歴史の哲学・経済社会の分析、社会や個人の心理分析などが発見し、描いてきた人間の新たな「本質」も、まさしくそうした、動的で、変化するものであった。生命の躍動に基づき、または実存の自由に基づいて自らを創るもの、他の人間や自分の家族や、歴史・社会の状況と互いに働きかけ合い、または自らの生活の手段を生産する働きにおいて根底から変化していく動なるものとしての人間であった。ニーチェや、ベルクソンや、マルクスや、フロイトが描いたものは、まさしくアリストテレスが付帯性の名のもとに人間に関して二次的で重要でないものとした「能動・受動・時間・関係等々」こそを人間の中核におくものだった。

さらに、もっとも付帯的な付帯性、具体的な生の断片と細片が、私たちにとってどれだけ本質的であるかを、私たちは日々知ってはいないだろうか？　ふとした眼ざし、声の抑揚、笑い方が、稲妻のように私たちの心に触れる。それらが、出来事や人の核心を、どのように瞬間的に照らし出すかを私たちは知っている。ある些細な出来事が、私たちの生きている社会や歴史のしくみの骨組みを、突然私たちに閃かせる。私たちはまた、ある時が、どのように人や社会を変え、熟させると同時に破壊もするかを知っている。ある時、ある所で、ある人にしか言えないことばの輝きと恐ろしさをも知っている。

これらは、パスカルなら「繊細の精神」とでも呼ぶものが捉えるものだろう。それはまた、ニーチェによって語られ、ディルタイや精神分析や実存主義者などが、それぞれまったくちがった仕方ででではあるが「了解」や「解釈」などと呼んだ知のあり方が、捉えるものでもある。イスラエル的伝統では重要だが、アリストテレス的なカテゴリーでの人間観からはまったく抜けおちるものである。

両レオンチウスの、「ピュシス」から切り離されたヒュポスタシスを中核とする存在論は、このような人間理解を支えうるはずのものであった。

しかし、千五百年も経って、二十世紀の実存主義者たちがまたもや「本質」に縛られない人間観、ハイデッガーが難じたように「理性的動物」でない人間観を今さらのように説かねばならなかったということは、このアリストテレス的呪縛が、たしかにそれなりの利点をもち、容易には脱しがたいものだったことを物語っている。もとより西欧中世が、十二世紀にあらためてアリストテレス思想の全貌をアラブ経由で知り、ほとんど「アリストテレス・ショック」ともいうべきものを体験したという歴史的事情も、西欧のアリストテレス依存を過度に高めたとは考えられるが、レオンチウスたちを頂点とする四世紀から六世紀にかけての思想的・政治的闘争の相手は、まさしくこの「アリストテレスの利点」であったのだった。その意味で、この、近代から極度に蔑視されているキリスト教義形成の思想的努力は、むしろ逆に近代を先取りするものだったのだ。

この存在論はまた、古代哲学の対象とも、西欧中世スコラの対象ともならなかった、人類と個人の細部と一回性に満ちた歴史をも、理論の内に拾い上げる可能性を示している。イスラエルの伝統、旧約というドキュメントは、まさしくこの歴史の特異性への感覚に満ちているにもかかわらず、西欧中世スコラは、ふたたびむしろ静的で実体中心の傾きを持つ形而上学をこそ学であり、真実の探究と考えてしまったのだった。しかしその七百年前にキリスト教義を形成した思想家たちは、形而上学的な衣は着ながらも、よりはっきりと、個的なものの個性が基本的に重要だと語っている。なぜなら彼らは何といってもヒュポスタシス＝ペルソナにとって、本質的特性とはっきり区別されるヒュポスタシス的特性が、きわめて重要であり、決定的だと語るのだから。しかし、この考えはまだ十分に展開されていない。のちの近代ヨーロッパは、さまざまなかたちで、この存在論の種子を育てることになる。時間の重要性への感覚、また西欧独特の「わたくし」の内面への深い眼ざし、概念をのがれるものへの生き生きした関心、制度や既成概念を折にふれて破壊してゆく自由の衝動、——こういったものはその種子からの芽ではなかったろうか。

ヒュポスタシス＝ペルソナ、それがいわば「神」をも「人」をも包み込む愛と交流の概念化であることは、いくども述べてきた。このとらえがたく動的なものを、抽象化し、一般化し、凍らせ、凝固させ、しかしそれによって万人の思考に共通なものとする数百年の仕事の、いわば仕上げの一筆を、彼らは加えたのであった。それは、完成などするはずもない仕事だが、いちおうの区切りがついたのがこの時期だったといえるだろう。だから、彼らの仕事は、正統キリスト論の最終的教義として、さらにもう一段凝固してしまい、そのまま現代にまでひきつがれているのである。

「付帯性」の扱いに示されたように、理性優位の古代思想が、明らかにその痕跡をとどめているとはいえ、この思想の中心であるヒュポスタシス＝ペルソナは、知、情、意、身体的なもの心的なもの、すべてをひとしなみに集め、かけがえない個として形づくるものである。しかもそれは、それら多なる要素を束ね、集め、覆い、あるいは生み出す純粋な働きであり、他のそのような純粋な働きたちと、根において連なり、交流している純粋存在性である。

そのモデル、範型は、もとより神の性質をも人の性質をも、これほど相容れないものどもを、集め、束ね、一つにしている受肉した神の第二の位格、キリストである。彼はまた、神としても、三位の交流関係によってはじめて存在する、関係者にして存在者、とでも言うべきものである。存在が関係においてはじめて成り立つことのモデルでもある。

「集め」はもともとロゴスの働きであった。ギリシア語のロゴスの語源レゲイン(*λέγειν*)が、集めるという動詞だったことはよく知られている。多を集め、一で集約し、整理し、秩序づける、それはことばと理性の働きである。しかしこのギリシア風のロゴスは、遅くとも紀元ごろまでにセム系の思想の中で変貌して、キリスト教に伝えられている。アレクサンドリアのフィロンの思想などがそのかなり完成したかたちである。ヨハネによる福音書のロゴスもとよりそのようなもの、したがってそれを受けるキュリルスからレオンチウスに至る理論の中のロゴスもそのようなものである。

第一章で述べた「旧約伝統のヘラス化」は、当然「ギリシア伝統のヘブライ化」でもあった。そこにあらわれているロゴスには、ヘブライのダバルの色彩が濃い。かつてボーマンが指摘したように、(3) 図式的に言えばギリシアのロゴスは静、ヘブライのダバルは動である。ダバルの語源は「駆り立てる」で、ことばが次々と連続して出てくるさまを表現するという。それはむしろ行動によって存在をあらしめる働きである。「ことばによって世界を創る」旧約の神のことばである。この両伝統が紀元頃の地中海東方とエジプトで合したとき、そこには、第二章でペルソナという概念とヒュポスタシスという概念の融合について語ったのとまったく同様の、二つの文化伝統を併せるきわめて複合的で豊かなロゴス概念が生じていたのである。それは集め、整えると共に、語り、働きかけ、存在せしめる。

キュリルス－レオンチウスあたりのロゴス概念は、ギリシア・ヘブライ・キリスト教の三つの要素を併せもった豊穣なものとなっていた。世界と現象と感覚的多様のかぎりない多を集め、担うのみならずそれをあらしめるもの。かぎりない拡散とかぎりない一化のダイナミズム。それが、このあたりでのキリスト－ヒュポスタシスの語るものであり、それがまた、それと「同じ名で語られうる」人間ペルソナの原型であり範型なのである。人とキリストの共通の構造を形づくる「かぎりない細部と多様を併せもつかけがえない一」、それへの愛を、この一見乾いたスコラ理論は、語っているのである。

＊

この人びとのなしとげたことは、これから生まれ出ようとする西欧に、どのように伝わったのだろうか？

すでに述べたように、初期ビザンツの西方ラテン世界は、形而上学的な理論に対してはきわめて冷淡だった。しかし、例外ともいうべき人がひとりいる。西ローマ「王」テオドリクの官房長官だったボエチウスである。彼は当時のラテン世界きっての教養人であり、古ローマ第一級の元老院貴族でもあり、「アニキウス家の富」と言いはやされた名家の人だった。彼は両レオンチウスより少し早い時期の人であり、彼らの理論ときわめてよく似た構造の、神学論文のスケッチを残している。これが後の西方思想に大きな影響を与えている。彼はまた、ラテン中世にアリストテレス論理学の骨格を与えたことでも知られている。またそのもっとも有名な著作『哲学の慰め』は古代の文学と哲学思想の百科全書的な集成であると共に、アウグスチヌスの『告白』と並ぶ自伝文学の傑作であった。彼は十二世紀までの西欧、中世前期の西欧の、あらゆる面での教師であった。

東方でスコラ的に精錬されたヒュポスタシス＝ペルソナ思想の概括を、ペルソナの定義というかたちで西方中世に伝えたのは彼であった。しかしその「功績」には多少の疑義もある。彼の定義「理性的本性の個的実体(substantia individua rationalis naturae)」は、アウグスチヌスが賢明にも注意深く避けた実体(substantia)という語を、ペルソナの定義の中心にふたたび導入してしまった。そのことによって、個なるペルソナの中核は、ネオプラトニズム系・セム系の動性を失って、アリストテレス風の静的に閉じた個になりはしなかったか？　少なくともそう誤解される種を、彼は新生の西欧のうちへと蒔きつけはしなかったろうか？　ボエチウスの影響に加えて、十二世紀にアラブを経て西欧に導入されたアリストテレスの絶大な影響力は、西欧の哲学を、いわばレオンチウスたちが到達したものから後退させてしまったという面をもつと思われる。せっかく初期ビザンツの東方の多くの思想家たちが築きあげた、キリスト教特有の存在論を、十三世紀スコラは、その輝かしい理論性にもかかわらず、曇らせ、曖昧にした面があると思われる。それをふたたび見いだして、人格と個と歴史の哲学をつくり上げるのはむしろ近代の仕事であった。

＊

ボエチウスのいかにも俗世的でアリストテレス風の用語の危険を察知した人も中世に少なくはなかった。十二世紀サン・ヴィクトル学派のリカルドゥスが「神的本性の非共通的存在(divinae naturae incommunicabilis existentia)」と、ボエチウスの個体定義を訂正したのは有名な話である。この訂正の骨子は、(1)どちらかといえば下位の人間的理性に用いられる理性(rationalis)という語を、はっきり神的と言いえた。(2)実体(substantia)という、アウグスチヌスの避けた多義的語を避け、存在(existentia)として、それが本質と区別された存在性・実存性であることを明らかにした。(3)個体的(individualis)という、これも物質的世界で主として使われる語を非共通的(incommunicabilis)に変えた、の三点である。十三世紀スコラは、とくにこの存在のインコムニカビリタス(incommunicabilitas)によって、ペルソナを定義することが多かった。ボナヴェントゥラ『命題集注解』一巻二十五部一項二問第三、第四異論解答、トマス・アクィナス『神学大全』一部二十九問三項第四異論解答など。インコムニカビリタスによる定義、つまりコミュニカチオの否定による定義、これはまたもや誤解を生みそうな表現である。しかし、実はコミュニカチオの可能性の否定というのは、非交流性ではなく、非共通性である。普遍者ではないということである。第二章に述べたヒュポスタシス＝ペルソナの原義からすれば、どちらも個存在を意味し、ペルソナは仮面として、劇場という人間的関係の場での一つの役割として、交流の内でのみ存在を得るものであり、ヒュポスタシスは宇宙的・存在的な全連関のうちでの、生命的存在の大きな流れの束の間の沈澱・結ぼれとしての存在であった。どちらも、基本的に動のうちの一点、関係あってはじめて成り立ちうる存在性であった。インコムニカビリス(非共通的・非交流的)なるこのものは、交流そのものを成り立たせ、交流によってはじめて在りはじめるものであった。トマスがペルソナの基礎としたesseも、そのような動の流れであった。

そのように三位一体のヒュポスタシス＝ペルソナはカパドキア以来変わることなくまさに交流性、関係性によって定義されつづけた。人間の核心をなすものも、そのようなものの似姿なのである。

それにしても、十三世紀のあれほど論理性とアリストテリズムに満ちた人びともまた、もっとも尊貴な存在を、まさしく非‐普遍性によって定義していることは、あたりまえのこととはいえ、注目すべきだろう。

残された問題のうち、もう一つの大きなものは、この東方の思弁において、主としてキリストという他者においてみつめられているペルソナ――そのため、主として客体的な語られ方をしているペルソナ――と、西のアウグスチヌスがこの同じものを語るときのような、自己意識の確実さを最大の手がかりとし、自己の現実存在のたしかさを執拗に見すえる目との、この二つの視点をどうやって綜合するかということであったろう。アウグスチヌスも、けっして自意識の確実さを至上とも絶対ともしなかった。しかしこの世界のうちではもっともたしかなものとされるこの真実から、それを超えるより大きく、包括的な真実への、困難な一歩を、どう歩み、どう語るかの問題が、アウグスチヌスにはあって、東方の人びとにはなかった。西方の思想は、千数百年にわたって、この問題を考えていくことになる。

個という概念がはっきり現われたことは、ヨーロッパの恵みでもあり呪いでもあった。中世では、この考えのもつ問題性、とくに孤立と閉鎖の問題は、すべてをひとしなみに創り、統御している神の存在により、また、西欧中世が大幅に取り入れたアリストテリズムにより、あらわにならずに済んでいた。アリストテリズムは、普遍の尊重によって個の存在論の光を曇らせもしたが、その欠陥を覆い、無害化もしたのだった。たとえばトマスは、人間のペルソナの尊貴性をも、その能動的な個別性をも、大幅にその担うピュシスの理性性から説明する傾向を持つ(4)。

その二つを失った近代には、個の思想の光と影が両方とも明らかになっていった。私たちの現代の考えも、いまだにその光と影の相克のうちで生きてはいないだろうか？その端緒をつくったのは、このビザンツの数世紀であった。

2 ビザンツ的インパクト

ドイツのビザンツ学者ベックが、ある講演の中で、崩壊前のソヴィエト連邦を暗に指しながら、東ヨーロッパの歴史のうちに千年をこえて生き残りつづける「ビザンツ的構造」を指摘したことはすでに述べた。そのひそみにならって、私は現在に至るまでヨーロッパの思想的営みが、大幅に「ビザンツ的インパクト」とでもいうべきものに動かされてはいないだろうかという視点を提起してみたい。ベックの「ビザンツ的構造」は、西欧の視点に立って、どちらかといえば東方をネガティヴに批評する語り方だった。しかし、かりに「ビザンツ的インパクト」と名づけてみたモチーフは、けっしてネガティヴなものではない。もちろん西欧では「ビザンツ的」という形容詞自体が、骨董品的で生気なくいたずらに複雑な文化をネガティヴに意味することが多いから、この名づけ方はあまりうまいものではないかもしれない。私がそれで意味しているのは、むしろ、原初のキリスト教的インパクトなのだと言ったら、ひどく逆説的に聞こえるだろうか。

しかし私がこの語で語ってみたいのは、結局は、律法の遵守ではなく律法の「完成」をめざし、弟子たちが安息日に麦を摘むことを弁護し、複雑きわまりないユダヤの律法を「神の愛と隣人の愛」に帰すると言いきった、あの精神のことである。人間のあらゆる格づけや属性を無視して「隣人」「目の前にいる人」、その中核の透明な存在をこそ、神への通路、愛と注視の対象とした思想のことである。

なぜそれを「キリスト教的」ではなく「ビザンツ的」と呼ぶかといえば、イエスの愛の思想が本質的に含みもっていた既成の道徳・規範・文化の絶対視への対抗と批判が、私がここで扱ってきた時代には、より抽象的で理論的な次元のものとなり、これがその後のヨーロッパの思想生命の根幹をなす形・図式を示していると思われるからである。これを一言で言うなら、静的・共通的・理性的・制度的等々の形容が冠されるもの、つまり「普遍」や「本質」や「形相」などに対して、「純粋に力動的なもの」「透明な存在のはたらきそのもの」をぶつけてゆく姿勢であり、この二つの方向の対決の図式である。これはいわばギリシアとイスラエルの対決の図式とも言えるだろう。言いふるされたことだが、ヨーロッパはやはりこの二文化の対決と綜合に多くを負っている。そしてこれがもっとも鮮明なかたちをとったのが、このビザンツ初期の教義の争いにおいてである。この対決を支えた原動力はもとよりイエスの強烈な精神以外のものではない。

これまでずっと述べてきたように、初期ビザンツの教義形成時代には、原初のキリスト教の絶対的愛の教えの衝撃力は、一つの文化闘争・思想闘争のかたちをとっていた。対抗すべき相手は、イエスの場合の当面の敵だったユダヤの伝統と律法であるよりは、今や古典古代の偉大で強力な文化であった。制度と、学問と、美と、倫理との、ある有機的結合をそなえた古典古代文化複合体とでもいうべき一つの世界への、基本的な異議申し立てであった。その対決のうちで、古典古代文化を支えた思想とはちがうものとしての自らの思想が自覚され、成熟していった。

普遍なものをこそ実在の根拠として、また真実在として考える思想——時間空間の差異を超え、個々人の恣意や種々相を超えて、人びとにとって、私たちにとって、共通に真実と考えられる、この不思議にも共同的なものをこそ要請し、求め、そこから個々のものを理解しようとする思想。イデア・実体・形相・法・ロゴス、これが古典古代文化の背骨であった。これも人間にとって基本的で重要な夢であり、その重要性は現在に至っても変わらない。ギリシアに基礎をもつ学問も、道徳も、制度も、たぶん芸術も、このようなものを求め、把握したと考え、少なくともその把握への方法をたしかなかたちで見いだしたと考えた。じっさい、古典古代の知識人たちの確定した方法、ソクラテスの論駁法や、プラトンの仮説の方法、オルガノンと呼ばれるアリストテレスの論理学の体系と、公理的学問論は、二十世紀に至るまでの長い間、ヨーロッパの学問探究を支えたのだった。

このような世界に対決しようとするキリスト教の教えるところは、あらゆる法や制度や価値観を批判するものであり、個たる隣人へのラディカルな愛を説くものである以上、その「理論化」は、どの時代、どの場所でも多かれ少なかれ似たかたちはとったかもしれない。しかし、現実の四―六世紀の教義論争が辿った鮮明な「普遍との対決」という思想的構図が可能となったのは、一つには古典古代の普遍を中心とする思想がすでに成熟していたという状況をぬきにしては考えられない。二つには、当時、ネオプラトニズムのような、単なる普遍至上とは異質な思想が、イスラエルその他の東方宗教系の超越思想をよりどころにして、古典古代の普遍思想の発展でもあり、それへの対決でもあるような体系を、すでにつくっていたということも見逃すことはできない。キリスト教理論化の仕事は、大きな基礎工事がすでに仕上がって目の前にあるのを見たのだった。

ビザンツ初期のこのような状況の中で、キリスト教は、自らを「普遍に対抗する個の思想」「本質に対抗する存在の思想」として形づくりえたのであった。もしキリスト教が別の時代、別の文化状況のうちで自分を理論化したとすれば、これほど「カテゴリー的なもの」「本性的なもの」「本質的なもの」に尖鋭に対立し、それらではないものの領域を強調する思想というかたちはとらなかった可能性もある。そのため私は「ビザンツ的インパクト」と言ってみたのである。このような思想の基本図式が、現在にいたるまでヨーロッパには生きつづけているのではないかというのが、私の一つの仮説である。

もちろん、キリスト教の「個への愛」は、ネオプラトニズムにかいま見られる「個への関心」よりも、より鮮烈で、尖鋭で、具体的であった。その衝迫力はネオプラトニズムよりもするどく、またこの具体者と絶対なものとの同一と断絶のドラマは、ネオプラトニズムの連続的な思想におけるより、はるかに振幅が大きく、緊張に満ちたものであった。ここにおそらく、キリスト教思想の最大の魅力がある。

三位一体論をふまえて、キリスト教理論の頂点を形づくったキリスト論は、キリスト教思想の「普遍に対する対決」の主張の最終的表現であり、この思想のもつ緊張と逆説と、それを貫く確固とした宗教的・人間的主張とが集成されたものである。したがってそこでは、矛盾しあう多方面な志向と、多様な現実解釈を、ヒュポスタシス＝ペルソナという概念によって一つにまとめ上げる、困難な仕事が要求されていた。

キリスト論は古代に現われた種々な存在論を、ほとんど不可能な仕方で一つに結び合わせる。それは、キリストという存在が、もともと不可能な存在だったからである。全く人・全く神。つまり人としては私と種的に同一なもの。しかし個なる私にとっては他者。神としては私と絶対に異であり他であるもの。しかも創造者として種的にも個としても、私の存在の根源であり、私を包み、あらしめているもの。私にとって絶対に他であり私と非連続であり、しかも私とある意味で絶対に同一なもの。物質的・人間的存在であり非物質的・非人間的な神存在。——それはこの世界と絶対者が一つに結合する場所であり、絶対者が自らを世界のために失うところであり、逆に世界が自らを失って絶対者に参与するところでもある。しかもまた、両者が自己を失わずに差異と区別を保ちつづける場とも考えなければならない。

どのような仕方でこれが可能なのだろうか。絶対的な超越者とこの世の事物・人間の関係が、どういう仕方でこれほど緊密でありうるのか、一つの存在を成すほどに？　そしてしかも、絶対に、本性としても存在としても、異なりうるのか？　キリストは超越と世界との連続の図でもあり、切断の図でもある。私と他者の、絶対的な差異性の図示でもあり、根底的なつながりの図示でもある——それも、さまざまなレベルで。ひとはこの不思議に包括的な存在を、あらゆる方向に解釈することができるし、あらゆる理論をそれに基づいて作ることができる。

この不可思議な存在を、ともかくも「一つの存在」として理解可能にしたこと、この集約の集約ともいうべきものを説明可能にしたこと、それが、ヒュポスタシス＝ペルソナという概念の仕事であった。教義時代の思想家たちが長いことかかってあらゆる実体や本性から、この概念を分離抽出したこととの成果であった。

この概念は、キリストという多義的存在、つまり集約の集約・綜合の綜合である存在の、核を言いあらわすものであるから、当然、かぎりなく多様な意味をもつ。ただ一つ確立しているのは、ピュシス的、本質的、属性的、等々のあらゆる規定以前の、純粋存在性だということだけである。そしてこれも言うまでもないことだが、この「集約の集約」「綜合の綜合」であるヒュポスタシス＝ペルソナの存在性は、何らかの仕方で私の自我の核と、同じ名で呼ばれうるものなのである。どのような仕方でこれが同じ名で呼ばれるかの説明の可能性も、けっして一つや二つではない。

内省の意識のうちに姿を見せる「わたくし自身」をもっとも適切でもっとも相似性の高い、このものの類似者として描いてみせたのは、アウグスチヌスの天才であったけれども、ネオプラトニズムはすでに自己の魂のうちに、より高いヒュポスタシスとの連続性を見ていた。アウグスチヌスはもとよりその流れをひいている。アウグスチヌスでは「わたくし」と神のペルソナは、相似と同時に、もっと深い非相似の姿でとらえられていたが、近代は次第にこの非相似の相を忘れ去り、私の意識に現前する、私の意識である働きを、この世界の根源なるヒュポスタシスと同等なものととらえはじめてきた。しかし他方、近代を批判する人びとが好んで指摘するように、私の意識は、それ以前の意識されない何ものか――それを生命と呼ぶべきなのか、存在そのものとでも呼ぶべきなのか、――によって支えられている。そのものもまた、たしかにこのヒュポスタシスの一面であろう。

ヒュポスタシス＝ペルソナという概念が、多くのものを含み、豊かであると共に単純に割り切れない概念であることは、すでに第二章でも述べた。ヒュポスタシスつまり「沈澱」のラテン訳語としてペルソナつまり「仮面」が可能であったのは、この二つのまったく関係なさそうな概念に、共通項があったからである。

なぜ沈澱イコール仮面なのか？　それはさきに述べたように、「沈澱」は流動する存在の流れのうちのいっときの留まりであり、仮面は舞台と劇のうちの一役割であり、共に交流の一結節として存在をもつものであり、しかも共に、この時代には「個存在」の意味をもつ語であったからだということは、すでに述べたとおりである。これは静と動を併せ、個存在と交流を併せる、矛盾と多様をうちに含む概念であった。さらにその「動」「静」「交流」「個」はヒュポスタシスでは存在的・宇宙的なもの、ペルソナでは社会的・人間的なものであった。このようにして、この概念ほど包括的なものはまたとないような概念が生じてきた。

広義な概念はいくらでもある。しかし、うちに矛盾を含むことをその中核とする概念というのはめずらしい。ヒュポスタシス＝ペルソナという概念はまさにそういう概念である。しかしこれは、その由来、つまりキリストという複雑で逆説的な存在を言いあらわすために生じてきたということを考えれば、当然なことである。そしてこの、矛盾を本質とする、しかも、人間的・宗教的要請の筋金で一本太く貫かれている概念が、キリスト教を母胎とするヨーロッパの思想の営みに(意識的・無意識に)与えてきた影響は絶大なものがあると思われる。ヨーロッパ思想の胚種、原動力、ストアなら種子的理性《ラチオ・セミナーリス》とでも言うだろうものが、この名で呼ばれているのである。

この概念はまったくの空虚とも解されうるし、また逆に存在と生の充実そのものとも解されうる。「本質」や「構造」を人間の内実と見る立場からは、どうしてもそれに解消されきれない残渣、どうしても本質からは説明できない存在性という、理論にとっての必要悪、じゃまなものであり、学問の枠からはみ出る傍若無人な、計算できない厄介物である。

他方逆の立場からは、それは世界の存在の根源であり、人間の人格性や自由の源であり、理性的・情意的なあらゆる活動の源でもある。アウグスチヌスによって、内省のうちにあらわれる「わたくし」ととらえなおされたこのものは、デカルトのコギトを通して、カントの空虚な先験的主観の統一のはたらきにもなっていった。これはヒュポスタシス＝ペルソナの一つのすぐれた解釈と言えよう。フッサールの「超越論的主観性」もこれを受けつぐものであることは言うまでもない。

人間の芯であり、全存在の芯でもあるこのものは、ポジティヴに見ればあらゆる限定を超え、あらゆる限定を統合・包括するもの、「存在の充溢」でもあり、ネガティヴに言えばまったくとらええぬもの、「無」「空虚」「残渣」でもある。

「わたくし」の主観の集約をもたらしたこのものは、また、「非‐わたくし」的な、私の意識を完全に超える、意識前、または無意識の、宇宙的な生と存在の流動とも解されうる。したがってこれは個別者とも考えられるし、全体とも考えられる。ネオプラトニズムのヒュポスタシスはまさしくそのようなものであり、キリスト教のヒュポスタシスもその色を濃く保っている。とくに東方ではこの傾向が強かったことも、何回か述べてきた。

さらにこの生と存在の流動も、一方では欲望や欲求やリビドーの流れとも解されうるし、他方ではエラン・ヴィタールのようにも解されうる。人間を動かし、支え、生むものとして、ヒューマニズムの根にもなりうるし、理性的で意識的であるはずの人間の本質とは異なる、形なき流動として、反ヒューマニズムの根を形づくることもできる。

同様に、自でもあり他でもあるこのものは、レヴィナスのような「絶対的他者への開け」の考えを支えることもできるし、逆にすべてを呑みこむ同一的なエネルギーの思想を生むこともできる。「わたくし」として一回きりの顔をそなえたものでもあり、また顔なきエネルギーとも解されうる。理性を生み、まず理性と結びつくものとも考えられる――理性の普遍性・交流性をペルソナのそれの中心をなすものとしたトマスのように。しかしまた、多くの近代の生や物質や欲望の哲学のように、理性に反するもの、理性をあやつる力とも考えうる。

それぞれ細かく差異化され、時には正面から対立するようにみえるこれらの諸思潮に、しかしきわめて大まかに見れば共通の構図が一つないだろうか？　そのときどきの限定と制約と固定化への異議申したてという「ビザンツ的インパクト」がそこに働いていないだろうか？　そのインパクトはしかし、「本性」や「構造」や機構を否定的に超えると共に、それらを自ら創り出すものでもある。それはすでにネオプラトニズムの体系でもそうだった。キリスト教の神も、もとよりイデア世界・物質世界の創造者であり、キリスト教はこのとらえがたい個の概念を基本にして、あれほどのスコラの体系と、強大な教会の制度・組織をも造ったのだった。

しかし、いずれにもせよ、かぎりなく多様な形に発展・変形しうる、特異な存在としてこの原初存在を取り出したのが、両レオンチウスを集成者とする、初期ビザンツの教義形成の努力であったことは明らかであろう。そこで達成されたヒュポスタシス＝ペルソナの、つまり個的な純粋存在性の、普遍的本性からの切り離しこそが、ヨーロッパ思想の自由な動きを可能にし、これらさまざまな思想的ヴァリエーションをもたらしたのである。「限定するもの」「形を与えるもの」から切りはなされたこの原理は、いわば思考の自由の化身であり源であった。さらに、この強い力を秘めた概念を古代の思想・文化に対抗して取り出さざるをえない状況に思想家たちを駆りたてた原動力が、イエスの、あらゆる既存のものをのりこえて、裸の個人としての個人への愛を説いたことばであったこともまた、明らかであろう。

近代西欧は、この概念の発展形の一つである個と自由と、そして人間と理性とを、語りつづけてきた。その個や自由の主張がしかし、複雑なメカニズムで、かえってさまざまなレベルの束縛や抑圧の機構をつくり、支えるものにもなった。資本主義にしても、民主主義にしても、観念論にしても、マルクシズムにしてもそういう性格を示している。これは人間の思想の宿命であり、ビザンツ初期に、自由であるべき愛と個の思想、キリスト教とペルソナの思想が、正統思想のかたちをさだめ、教会がそれを中心としておそるべき巨大な組織へと成長していく素地をつくったのも同じ硬化のメカニズムであった。

この近代を受けて今日では、もはや無邪気に個や愛や自由や人間について語ることはできない。しかし、きわめて繊細となり、複雑となり、ソフィスティケーションに満ちた多くの思想、そのときどきの抑圧するものに対しての自由を求めるあらゆる思想のうちに、また、生の中核への洞察を求める思想のうちに、私たちはなお同じ「ビザンツ的インパクト」を見ることができるのではないだろうか？　ニーチェの既成道徳、宗教、学問への批判。マルクスの社会経済機構と形而上学への批判。ハイデッガーやサルトルなど実存主義の「本質」や「存在忘却」への批判。さらには構造主義的な探究を成り立たせる、人間を規定する種々な構造を分析することへの情熱のうちにも、その構造を洞察し、超え、相対化することへの情熱が働いている。あるいは構造から逃れ、または変革しようとする欲望の「漂流」や「逃走」。あるいはレヴィナスの、パルメニデス的同一性への批判。――これらすべては、ビザンツ的インパクトのその時々の変幻自在な表現形ではないだろうか？

ヒュポスタシスをピュシスから切り離してくれたビザンツ初期の業績は、「人間の本質」「人間本性」などという概念に典型的な仕方でまとわりつくあらゆる偏見、制約、硬化、制度や権力との結びつきに対して、私たちが抵抗し、アンチテーゼを立てるときのよりどころを与えてくれた。この語りがたい根拠に名前を与え、固定してくれた。旧約聖書は人間の祖先アダムが、あらゆるものに名前を与えたと語っている。あるものに名を与えるということは、そのものを人びとの目に見えるようにさせ、その意味で存在を与えることに通じる。たとえ、その名が、必然的にまた固定化・硬化・抑圧に導くとしても、このヒュポスタシス＝ペルソナという名自身のうちに、じつは固定化を防ぐ内容が含まれていたはずで、事実それは、しばしば、自分のもたらした硬化を自分の力でうちから破る原動力をも提供して来た。ヨーロッパの歴史はそれを示していると思う。それゆえ、私は名づけが硬化や限定や狭隘化を呼びこむ必然性をもつとしても、その名づけを祝福したいと思う。

アンナから出発して、私は遠くさまよったようにみえる。しかし、これらすべてのことを、私はアンナと共に、また他のさまざまな友人たちと共に考えていた。その中でアンナという人がひときわ私の心に近かったのは、彼女がとくに輪郭するどく、いきいきと自己を表現できる人であったからに違いない。彼女は核心をつく、鋭利なことばをもっていた。日本の社会習慣である形式的な丁寧さや、距離をおくことばづかいを、彼女は「空虚なことば」と言って憎んでいた。それでいて、時どきヨーロッパへ帰る彼女が、その地の友人たちのあまりの直截さや議論好きに少々うんざりするさまは、まことにおかしく、愉快だった。

厭味だったり、腹立たしかったりすることももちろんよくあったが、そういったことを含めて、明晰に表現される心のかたちを見る快さが彼女とのつきあいにはあった。とくに、多くのものに向ってしばしば爆発する怒りが、怒りを抑圧しがちなこの国の風土のうちでは快かった。あらゆるものに憤り、批判的で、しかし自分のほんとうの思いと、他人のそれへの深い尊重の気持と、それに表現を与える日常的な努力が彼女にはあった。

――たとえそれが、世間の通念からは、どんなに途方もないものであろうと、断固として――。それはやはりヨーロッパの心性であった。ヨーロッパの心性には、カテゴリーを破る力が日本より強いような気がする。それは、カテゴリーを破ることを善しとする考え方の伝統の水脈が、見えかくれしながらも脈々とつづいているからであろう。そして、その破るものを明確にし、ことばを与えようとするギリシア以来の志向も。この二つは、ヨーロッパの文化の中で私の好むものである。

ただし、ことばが多少とも過不足なしに伝わるには、共に過す長い時間と、ことば以前の交流が必要なのは、どの人間関係でも同じである。ロゴスはいつも受肉している。自然や建物や衣裳などについての共通の笑いとけなしと楽しみ、数かずの旅と食事、めざめるやいなや語り出す、奇妙に筋道の通った夢の数かず、晩年にはうったえることの多かった身体的不快と、その間のオアシスのようないっときの寛解。しかし何よりも私たちを結びつけたのは、たぶん彼女の人に対する反応の敏感さだった。彼女は、よきにつけ、あしきにつけ、きわめてするどく、時には過剰に、人に反応した。外見、物言い、考え方、感じ方、等々の細部に。それをなだめたり、笑ったり、分析したり、怒ったりするという体験が、私たちに深く共通の場をつくったような気がする。

ことばへの過度の依存も、人間への過度の敏感さも、見方によっては病いであるかもしれない。それは彼女個人の歴史から生まれたものだったろうか。あるいは、ヨーロッパに特徴的な病いであるのだろうか。それともそれは、西洋の文化と東洋の文化の間に立ち、男社会と女社会の間に立つことを余儀なくされた、裸の人間の過敏さだったろうか。おそらく、そのすべてだったのだろう。私が彼女に出会ったのも、この奇妙に抽象的な「間」の空間の中でだった。しかし、この空間を歩いている人の数は少なくない。そのことが社会全体に、いつかポジティヴな変化をもたらすことを、私は望まずにはいられない。

アンナはきらめく瞬間が多く、しかし苦痛も多い生を送った。アイディアと好奇心に満ちた精神の活力とかかわりなく、身体がむしばまれていくのが、精神が最後までいきいきと希みに満ちていただけに、なおさら痛ましかった。目にみえるような浸蝕の原因の一つに、女性や異邦人への、有形無形の複雑な圧迫があったことはたしかで、そういったものへの怒りもまた、私をこの千五百年も前の古い時代への旅に誘った。この意味でも彼女に導かれたこの書が、人の生き方に興味をもつ誰かの心に、何かを伝えられるだろうか？　「千五百年とはねえ。あんたは学者の悪口を言いながら、やっぱり学者風のかたくるしい書き方から抜けられないね」とアンナは笑うだろうか？

それでも、私は彼女に言うだろう。「しかし、アンナ、私が書きたかったのは、あなたが知りすぎるほど知っていたことだ。つまり、いちばん私的で、個人的で、いきいきと真実なこと、したがってまたとらえようもなく繊細で無定形なもの、そういったものへの感覚だけが、ほんとうの普遍、つまりほんとうのことば、概念、組織、制度を生むことができるということを。そしてもちろん、そういう繊細で無定形なものたちは、普遍に支えをもとめるのだが、普遍なものはいつも両刃の剣だということを。それは生命を抑え、殺す傾向をつねにもっている。その二つのたえまないあらがいの中で私たちは生きるしかないのだし、その中で普遍のつくるかたちにできるだけ生命を与え、またはつくりかえるのが私たちみんなのなすべきことなのだろう。あなたはどうしてこの戦いから、そんなに早く身をひいてしまったのか？」と。

最後にしばらくの時をいっしょに過したのは、彼女が死ぬ一年ほど前、桜が満開のころ、京都の松ヶ崎の彼女の家でだった。午前の陽光をいっぱいにあびて、少し荒れた日本風の庭の、とび石の間に置いた寝椅子の上で私はひなたぼっこをしていた。どこかからまだ沈丁花の香りもただよい、背のひくい笹やつつじの植え込みの間には、草の新しい緑が芽を出していた。

いつものように昼近くなって起きてきたアンナは、朝食のオートミールの椀を片手に、大きな木のさじで中味を口にはこびながら、縁側の沓脱ぎ石をおりてきた。そしていつものように、いきなり話しだした、「――おそろしい夢を見た。こわい女の人が死にかかった猫を抱いていた。よく見ると、猫は灰色の布でぐるぐる巻かれた、エジプトのミイラだった。しかし猫は、内臓を抜かれて布で緊縛されながらもまだ生きていた。絶望的に鳴き、うめいていた。あれは私の母だ。そして猫は私だ——」。

アンナの母、S夫人は、賢い人だった。とくべつ学問をした人ではなかったが、神学や政治を論じて倦むことがなかった。C通り十番地の彼女の家は、若い学者の卵たちのサロンのおもむきを呈していた。アンナは思想や理論への興味を、たぶん母親からうけついだ。S夫人はアンナを溺愛していた。しかしアンナに言わせると、それはあくまでも条件つきの愛だったという。「賢く、聡明であるときだけ、母は私を愛した。私は母を喜ばせるためにたくさんのことをし、そして私の中の生命を殺した——」。それは半分は本当だったかもしれない。アンナの、母への消しようもなくアンビヴァレントな感情と、抑圧や束縛への強い反発は、たしかにどこかでつながっていた。そのアンビヴァレンスは、彼女の愛した仕事へも向うことがあった。でも、あなたは、あなたの猫をもっと生かせなかったろうか？　それは大方はあなたのせいではない。でも、ほんの少しは、あなたのせいでもなかったろうか？　ミイラは永生のためにつくられるという。それがけっきょく死をもたらすのか永生をもたらすのか、誰が知るだろう。私が書きたかったのはただ、布でぐるぐる巻かれ、内臓を抜かれても、なお生きようとする猫の物語なのだ。そうした猫はどうかしたら、時にその灰色の布をちぎってしまうことさえあるのではないだろうか？

注

序章　カテゴリー

(1) アリストテレス『ニコマコス倫理学』五巻二章―四章、加藤信朗訳、全集第一三巻、岩波書店、一九七三年。

(2) たとえば荒井献『イエスとその時代』岩波新書、一九七四年、四三頁。

(3) E. Lévinas, *Difficile liberté*, Paris, 1963.(内田樹訳『困難な自由』国文社、一九八五年、一〇八頁)

第一章　いくつかの日付

(1) 後述、第三章1(2)「教会政治と教理」を参照。

(2) E. Gibbon, *The History of the Decline and Fall of the Romman Empire*, London, 1776-1788.(中野好之訳『ローマ帝国衰亡史』巻八、筑摩書房、一九九一年、一一三頁)

(3) 同。

(4) 同、一一五頁。エウテュケースは、カルケドン公会議の当面の敵であった、単性説の論者である。コンスタンチノポリスの修道院長。マニ教徒とギボンが言うのは、単性説は肉体を低く見る傾向があるからだろう。

（5） アリストテレス『ニコマコス倫理学』一巻三章 1094 b 13–25. 加藤信朗訳、全集第一三巻、岩波書店、一九七三年。

（6） たとえば F. Tinnefeld, *Die Frühbyzantinische Gesellschaft*, München, 1977, Kap. 4.

（7） Eusebius, *Vita Constantini*, IV, 22, ed., F. Winkelmann, Berlin, 1975.

（8） *Ibid*.

（9） *Ibid*., I, 44.

（10） H. G. Beck, Das Modell Byzanz, in: *Bayrische Akademie der Wissenschaften, Phil.- hist.*, Kl., Sitzungsberichte, 1974.（渡辺金一訳『ビザンツ世界の思考構造』岩波書店、一九七八年、一四頁）

（11） Diels-Kranz, *Die Fragmente der Vorsokratiker* I, Weidmann, 1974[17], 28 B 7.

（12） アリストテレス『形而上学』A 6, 1987 b 14–29; Z 2, 1028 b 18–32. 出隆訳、全集第一二巻、岩波書店、一九六八年。

（13） たとえば同『形而上学』Z 2, 1028 b 16.

（14） Plotinus, *Enneades* V, 1, 8.（田中美知太郎・水地宗明・田之頭安彦訳、全集第三巻、中央公論社、一九八七年）

（15） これがネオプラトニズムの核心を形成したことについては、古典的な E. R. Dodds の論文がくわしく論じている（The Parmenides of Plato and the Orgine of Neoplatonic "One", in: *Classical Quarterly* 22, 1928, pp. 129–142; cf. K. M. Sayre, *Plato's Late Ontology*, Princeton, 1983）。

(16) アリストテレス、前掲『形而上学』Z 2, 1028 b 21 seq.

(17) E. R. Dodds, Numenius and Ammonius, dans: *Entretiens de la Fondation Hardt* V, Genève, 1960, pp. 4–32.

(18) H. Lewy, A. J. Festugière 等。

(19) *The Cambridge History of Later Greek and Early Medieval Philosophy*, Cambridge U. P., 1970, p. 300.

(20) Philon of Alexandria, *De Congressu eruditionis gratia*, 133–134.(訳は J. Daniélou, *Philon d'Alexandrie*, Paris, 1958 を多く参照した。)

(21) Id., *De Somniis* 1, 184.

(22) Id., *De Posteritate Caini* 13–15.

(23) A. Grillmeier, *Christ in Christian Tradition*, vol. 1, Atlanta, 1975, p. 555 seq.

(24) アリストテレス、前掲『形而上学』Z 3, 1028 b 34–1029 a 35.

(25) Athanasius, *Oratio* I, 22; III, 65.

(26) Id., *Expositio fidei* 2.

(27) Id., *Oratio* I, 39.

(28) Cf. P. Hadot, *Porphyre et Victorinus*, Paris, 1968.

(29) Marius Victorinus, *Adversus Arium* IV, 15.(*Sources Chretiennes* 68)

(30) *Ibid.*, I, 53, 9–26.

(31) *Ibid.*, IV, 19, 4 seq.

(32) Cf. Basilius, *Epist.*, 125, 1; 38, 2; 38, 4 etc. (St. Basile, *Lettres*, vol. 1, vol. 2, Paris, 1957–1961)

(33) Gregorius of Nyssa, *Ad Ablabium quod non sit tres dii*, in: J. P. Migne (ed.), Patrologia Graeca 45, 115–136.

(34) たとえば Thomas Aquinas, *Summa Theologiae* I, q. 40, a. 1–3.

(35) Plotinus, *op. cit.*, VI, 1. プロティノス、前掲書、第四巻。

(36) *Ibid.*

(37) *Ibid.*, VI, 2, 2. 前掲書、第四巻。

(38) *Ibid.*, VI, 2, 19. 同。

(39) *Ibid.*, VI, 2, 21. 同。

(40) *Ibid.*

(41) たとえば Gregorius of Nazianz, *Oratio*, 31. (*Sources Chretiennes* 250)

(42) プロチヌスも、有と動と静の緊密な一性を精力的に説いている。「〈動〉は〈有〉の生命であるから〈有〉のエネルゲイア（現実活動）であり、その点で〈有〉と密接に結びついているのである。そして〈静〉も、（動とともに）〈有〉に直接はいり込んでいるのである」(*Enneades*, VI, 2, 13. 前掲書、第四巻)。

(43) Gregorius of Nazianz, *op. cit.*, 31, 26.

(44) *Ibid.*

(45) Plotinus, *op. cit.*, IV, 3, 2–4. 前掲書、第三巻。

(46) Cf. Dodds, op. cit.

(47) アウグスチヌス『三位一体論』XV, 27. 中沢宣夫訳、東大出版会、一九七五年(訳は一部変えさせていただいたところがある)。

(48) Thomas Aquinas, *op. cit.*, I, q. 29, a. 4, c.

(49) Cf. J.N.E. Kelly, *Early Christian Creeds*, London, 1973.

第二章　ヒュポスタシスとペルソナ

(1) たとえばアウグスチヌス『三位一体論』V, 14; XV, 17, 29. 中沢宣夫訳、東大出版会、一九七五年。

(2) 同 V, 14.

(3) オリヴィエ・クレマン『東方正教会』冷牟田修二・白石治朗訳、文庫クセジュ、白水社、一九七七年、一七頁。

(4) V・ロースキィ『キリスト教東方の神秘思想』宮本久雄訳、勁草書房、一九八六年、九二頁、ド・レニョンよりの引用。

(5) 同、九六頁。

(6) ドストエーフスキイ『カラマーゾフの兄弟』第二巻、米川正夫訳、岩波文庫、一九五七年、二九九頁。

(7) K. Clark and M. Holquist, *Mikhail Bakhtin*, 1984.(川端香男里・鈴木晶訳『ミハイル・バフチーンの世界』せりか書房、一九九〇年、一七七頁)

(8) 同、一七九頁。

(9) ミハイル・バフチーン『ドストエフスキー論の改稿によせて』伊東一郎訳、著作集八巻、新時代社、一九八八年、二四四—二五〇頁。

(10) E. Lévinas, *Le temps et l'autre*, Paris, 1948.（原田佳彦訳『時間と他者』法政大学出版局、一九八六年、一〇頁）

(11) P. Aubin, *Plotin et le christianisme*, Paris, 1992, p. 147.

(12) A. J. Festugière, *La révélation d'Hermes Trismégiste* IV, Gabalda, 1954, p. 4.

(13) Plotinus, *Enneades* V, 5, 3; VI, 6, 13; VI, 3, 10 etc.（田中美知太郎・水地宗明・田之頭安彦訳、全集第三巻、第四巻、中央公論社、一九八七年）

(14) *Ibid.*, V, 4, 2, 35. 同、第三巻。

(15) *Ibid.*, VI, 7, 40. 同、第四巻。

(16) Thomas Aquinas, *Summa Theologiae* III, q. 17, a. 2, ad 3.

(17) Aubin, *op. cit.*, p. 143.

(18) アウグスチヌス前掲『三位一体論』V, 8, 10.

(19) クレマン前掲書、七二頁。

(20) 同、八一頁。

(21) Plotinus, *op. cit.*, VI, 6; VI, 1, 29 etc. 前掲書、第四巻。

(22) *Ibid.*, II, 9, 1; VI, 6, 9 etc. 前掲書、第二巻、第四巻。

(23) Diels-Kranz, *Die Fragmente der Vorsokratiker*, Weidmann, 1974^{17}, 28, B 10, B 19.

(24) *Ibid.*, 22, B 10, B 112; 31, A 73; 82, B 11a.

(25) *Ibid.*, I, p. 476; II, p. 258.

(26) *Ibid.*, 44, B 21.

(27) *Ibid.*, 68, B 146.

(28) S. Burnet, *Early Greek Philosophy*, London, 1930[4].

(29) Plotinus, *op. cit.*, III, 8 etc. 前掲書、第二巻。

(30) Proclus, *In Platonis Timaeun Commentarii* I, 4c seq., Leigzig, 1903.

(31) Thomas Aquinas, *op. cit.*, I, q. 29, a. 1, ad 4.

(32) M. Nédoncelle, Prospon et persona dans l'antiquité classique, dans: *Revue des sciences religieuses* 22, 1948, pp. 277–299.

(33) S. Schlossmann, *Persona und Prosopon im Recht und im christlichen Dogma*, 1906.

(34) Nédoncelle, *op. cit.*, p. 282.

(35) アウグスチヌス、前掲『三位一体論』VII, 4, 7.

第三章　カルケドン公会議——ヨーロッパ思想の大いなる転換点

(1) アウグスチヌスとヴォルシアヌスの往復書簡(Epistula, 135. 2; 136. 1, 2 etc. dans: *Oeuvres complètes*, vol. 5, Paris, 1870)。

(2) アウグスチヌスの後期の諸著作、とくに *De natura et gratia, De gratia et libero arbitrio, De praedestinatione sanctorum* 等々の反ペラギウス論争書を参照。

(3) Origenes, *De Principiis* II, 6 etc. (*Sources Chretiennes* 252); *Contra Celsum* I, 32–38; II, 23; IV, 15 seq.; III, 41. (*Sources Chretienne* 132, 136)

(4) Id., *Contra Celsum* III, 41.

(5) Id., *De Principiis* II, 6, 3. (*Sources Chretiennes* 157)

(6) Id., *In Joh.* 32, 318 etc. (*Die Griechischen christlichen Schriftsteller* X, Leipzig, 1903)

(7) Id., *De Principiis* II, 6, 3 etc. (*Sources Chretiennes* 252)

(8) *Ibid.*, II, 6, 6.

(9) A. von Harnack, *Lehrbuch der Dogmengeschichte* II, Tübingen, Nachdr, 1990, p. 324.

(10) 「ヨヴァアヌスへの信仰告白」。Lietzmann, *Apollinaris von Laedicea und seine Schule*, 1904, p. 250 seq.

(11) 同。

(12) Harnack, *op. cit.*, II, p. 341.

(13) ネストリウスの教説の再構成は、近年、長足の進歩をとげている。J. A. McMuckin, The Christology of Nestorius of Constantinople, in: *Patristic & Byzantine Review* 7, 1988.

(14) Harnack, *op. cit.*, II, p. 351.

(15) G. L. Prestige, *Fathers and Heretics*, London, 1940.

(16) Denzinger 5002 seq.「教皇シクストゥス三世へのヨハネスの書簡」より。

(17) P. Gray, *The Defence of Chalcedon in the East*, Leiden, 1979, p. 19; E. Hardy, *Christian Egypt*, N. Y., 1952, p. 115.

(18) K. Ter-Merkerttschian, E. Ter-Minassianz (Ed.), *Timotheus Aelurus. Widerlegung der auf der Synode zu Chalcedon festgeszten Lehre*, Leipzig, 1908.

(19) *Severi Antiochi Orationes ad Nephalium*, éd. J. Lebon, Louvain, 1949.

(20) *Severi Antiochi Philalethes*, éd. A. Sanda, Beyrout, 1928.

(21) *Severi Antiochi Liber Contra impium Grammaticum* 3 vols, éd. J. Lebon, Louvain, 1929–38.

(22) *Severi Antiochi ac Sergii Grammatici Epistulae Mutae*, éd. J. Lebon, Louvain, 1949.

(23) Philoxenns, *De Trinitate et Incarnatione*, éd. A. Vaschalde, Paris-Rom, 1907.

(24) *Philoxeni Mabbugensis Dissertationes decem*, éd. M. Brière, Paris, 1927.

(25) J. Lebon, La christologie du monophysite syrien, in: *Das Konzil von Chalcedon* I, ed. A. Grillmeier, Würzburg, 1951, p. 450.(この項は、この論文に多くを負っている。)

(26) Epistula 236 ad Amphilochum 6; J. P. Migne (ed.), Patrologia Graeca 32, 884.

(27) たとえば *Severi Antiochi Liber contra impium Grammaticum* 2, 3; 2, 26; 2, 33 etc.

(28) *Ibid.*, 2, 1; 2, 2; 2, 3.

(29) *Ibid.*, 3, 14.

(30) *Ibid.*

(31) *Ibid.*, 2, 21.

(32) Epistula 2 ad Sergium, éd. J. Lebon, version latine p. 82; *Severi Antiochi Liber contra impium Grammaticum* 2, 30 etc.

(33) Epistuia 2 ad Sergium, pp. 80, 93.
(34) *Ibid.*, pp. 82, 83.
(35) *Ibid.*, p. 105.
(36) モエレールはヨハネス・グラマティクスにあったとし(*Le chalcédonisme*, p. 173)、グレイはちがうとする(Gray, *op. cit.*, p. 125)。
(37) *Epistula 1 ad Sergium*, p. 59.
(38) *Ibid.*, p. 54.
(39) *Ibid.*, p. 52.
(40) *A Collection of letters of Severus of Antioch*, ed. E. W. Brooks, P. O. 12, 2; 14, 2, Paris, 1915, 1919.
(41) Cf. A. Vasilief, *Justin The First*, Cambridge Mass., 1950.
(42) Cf. V. Schurr, *Die Trinitätslehre des Boethius*, Paderborn, 1935, p. 147 seq.; Gray, *op. cit.*, p. 49 etc. および Johannes Maxentius の著作(E. Schwartz (ed.), *Acta Concilliorum Oecumenicorum* IV, 2, 1914)参照。ただし、Davis などは、かれら自身が単性説との妥協・宥和の意図を持っていたと解釈する。このあたりは微妙である。
(43) Cf. Schurr, *op. cit.*; Gray, *op. cit.*
(44) *Collectio Avellana*, ed. O. Guenther, CSEL vol. 35, Prag, 1895–1898, ep. 191.
(45) J. Maxentius, *Dialogi contra Nestorianos*, Schwartz, *op. cit.*, p. 42.
(46) E. Schwartz (ed.), *Drei dogmatische Schriften Justinians*, München, 1939.

(47) Fulgentius, *Epistula* 6, in: J. P. Migne (ed.), Patrologia Latina 67, 921-928.

(48) Gray, *op. cit.*, p. 705; L. D. Davis, *The First Seven Ecumenical Councils*, Minnesota, 1983, p. 246.

(49) ナツィアンツのグレゴリウスによって助祭に任ぜられ、のちエジプトで修道生活を送った。修道者の教師とみなされた。

(50) A. Guillaumont, Évagre et les anathématismes antiorigénistes de 553, in: *Studia Patristica* III, Berlin, 1961.

(51) Gray, *op. cit.*, p. 63 seq.

(52) J. Meyendorff, *Christ in Eastern Christian Thought*, N. Y., 1975, pp. 34-39.

第四章　キリスト教的な存在概念の成熟

(1) Ch. Moeller, Le chalcédonisme et le néo-chalcédonisme en Orient de 451 à la fin du VIe siécle, in: *Das Konzil von Chalcedon* I, ed. A. Grillmeier, Würzburg, 1951, pp. 638-720.

(2) J. N. D. Kelly, *Early Christian Doctrines*, London, 1960.

(3) Leontius of Byzantium, *Contra Nestorianos et Eutychianos*, in: J. P. Migne (ed.), Patrologia Graeca (P. G.) 86-I, 1297 D etc.

(4) D. B. Evans, *Leontius of Byzantium*, Washington, 1970, p. 24, comm. 6.

(5) ただし、トマスはペルソナとヒュポスタシスを区別して使っている。ペルソナという語は「理性的本性を持つ」ヒュポスタシスに与えられる名であって、ヒュポスタシスより狭い意味を持つことになる(cf. Thomas Aquinas, *Summa Theologiae*, I, q. 40, a. 3)。しかしこれは、私たちの扱っている時代の用法ではない。

(6) Diels-Kranz, *Die Fragmente der Vorsokratiker* I, Weidmann, 1974[17], 59 B 17(Simpl. Phys. 163, 18).(山本光雄訳『初期ギリシア哲学者断片集』岩波書店、一九五八年、六四頁)

(7) Diels-Kranz, *op. cit.*, I, 59 B 1.(Simpl. Phys. 155, 23) 同、六五頁。

(8) P. Hadot, *Porphyre et Victorinus*, Paris, 1968, p. 241 seq.

(9) プラトン『パルメニデス』129 D–E. 田中美知太郎訳、全集第四巻、岩波書店、一九七五年。

(10) プラトン『ソピステス』251 D–E. 藤沢令夫訳、全集第三巻、岩波書店、一九七六年、番号づけは筆者。

(11) 同、295 E.

(12) 同、253 C–D.

(13) E. L. Fortin, The Definitio Fidei of Chalcedon and Its Philosophical Sources, in: *Studia Patristica* V, Berlin, 1955, p. 491.

(14) Plotinus, *Enneades* V, 5, 10.(田中美知太郎・水地宗明・田之頭安彦訳、全集第三巻、中央公論社、一九八七年)

(15) *Ibid.*, V, 5, 9. 同。

(16) *Ibid.*, V, 5, 10. 同。

(17) *Ibid.*, VI, 2, 3; V, 3, 5 etc. 同、第三巻、第四巻。

(18) *Ibid.*, IV, 7, 8(2). 同、第三巻。

(19) Cf. *ibid.*, IV, 3, 26. 同。

(20) *Ibid.*, I, 1, 4 etc. 同、第一巻。

(21) *Ibid.*, IV, 3, 26; III, 5, 6; IV, 5, 7 etc. 同、第二、第三巻。

(22) *Ibid.*, IV, 3, 22. 同、第三巻。

(23) H. Dörrie, Porphyrios "Symmikta Zetemata", in: *Sammlung Zetemata* 20, München, 1959, pp. 12–13.

(24) Plotinus, *Enneades*, IV, 2, 1 etc. 前掲書、第三巻。

(25) P. Gray, *The Defence of Chalcedon in the East*, Leiden, 1979, p. 122.

(26) M. Richard, Léonce de Jérusalem et Léonce de Byzance, dans: *Mélanges de science religieuse* 1, pp. 35–88.

(27) Thomas Aquinas, *Summa Theologiae*, I, q. 29, a. 1, c.

(28) *Ibid.*, III, q. 17, a. 2, c.

(29) 広田栄太郎『近代訳語考』東京堂、一九六九年、三一八頁。

(30) サバスは、六世紀パレスチナのケドロン渓谷の修道院長で、全パレスチナ修道士たちの総帥ともいうべき人だった。

(31) Cf. Evans, *op. cit.*

(32) *Contra Nestorianos et Eutychianos*, in: P. G. 86–I, 1273 A–1276 C.

(33) *Ibid.*, 86–I, 1276 D–1277 C.

(34) Leontius of Jerusalem, *Adversus Nestorianos*, in: P. G. 86–I, 1560 A 8–B 3: 1561 C 3 seq.

(35) *Contra Nestorianos et Eutychianos*, in: P. G. 86–I, 1277 D.

(36) F. Loofs, J. P. Junglas, V. Grumel, Ch. Moeller 等。

(37) *Contra Nestorianos et Eutychianos*, in: P. G. 86–I, 1288 D.

(38) Gray, *op. cit.*, p. 99, 103; L. D. Davis, *The First Seven Ecumenical Councils*, Minnesota, 1983, p. 247; Evans, *op. cit.*, ch. 4.

(39) *Contra Nestorianos et Eutychianos*, in: P. G. 86–I, 1285 A.

(40) とくにA. Guillaumont, *Les Kephalaia Gnostica d'Évagre le pontique et l'histoire d'origénisme chez les Grecs et chez les Syriens*, Paris, 1962.

(41) Davis, *op. cit.*, p. 246; Gray, *op. cit.*, p. 64.

(42) たとえばGray, *op. cit.*, p. 102(Gray はEvans, Guillaumont に依拠している); Evans, *op. cit.*, ch. 4 に詳論される。

(43) アウグスチヌス『八十三雑問題』第四十六問。

(44) *Epilysis*, in: P. G. 86–II, 1945 A.

(45) *Ibid.*

(46) *Ibid.*, 1945 C.

(47) S. Otto, *Person und Subsistenz*, München, 1968, pp. 66–78.

(48) Richard, *op. cit.*, pp. 45, 58.

(49) Evans, *op. cit.*, ch. 5.

(50) *Adversus Nestorianos*, in: P. G. 86–I, 1421 A.
(51) *Ibid.*, 1485 B.
(52) *Ibid.*, 1485 C–D.
(53) *Ibid.*, 1432 A.
(54) *Ibid.*, 1488 C–1489 A.
(55) *Ibid.*, 1512 AB.
(56) Moeller, *op. cit.*, p. 702, n. 22 の emendatio に依る。
(57) *Adversus Nestorianos*, in: P. G. 86–I, 1485 C–D.
(58) *Ibid.*, 1485 B.
(59) Ch. Moeller, Textes monophysites de Léonce de Jérusalem, in: *Ephemerides Theologicae Lovanienses* 27 (1951), p. 475.
(60) *Adversus Nestorianos*, in: P. G. 86–I, 1561 D.
(61) *Ibid.*, 1492 B.

第五章　個の概念・個の思想

(1) A. von Harnack, *Lehrbuch der Dogmengeschichte* II, Tübingen, 1909–1990, p. 405.
(2) *Ibid.*, p. 407.
(3) Th. Boman, *Das hebräische Denken im Vergleich mit dem Griechischen*, 1956. (植田重雄訳『ヘブライ人とギリシャ人の思惟』新教出版社、一九五九年、一〇八頁)

（4）たとえば、Thomas Aquinas, *Summa Theologiae* I, q. 29, a. 1, c.

あとがき

書き終ってはじめて気づいたことがあった。この本の構成は、数年前講義で扱ったボエチウスの『哲学の慰め』に、まったく意識せずに影響されていた。「導き手」の設定にしても、具体的なことから思想的なことへ入っていくやり方にしても。ダンテの『神曲』が『慰め』の流れをひいているのはよく知られたことだが、そうしてみると(この連想はおこがましいかぎりだとしても)、これはこれで、私なりのちっぽけな「ヨーロッパ文化の胎内めぐり」でもあるのかもしれなかった。だとしたらそれは現代では同時に、日本文化の胎内めぐりでもあるのではないだろうか。

ヨーロッパ自身の内部でも、またどの文化圏の内部でも、伝統との対決はいつも大きな課題であろう。いくつもの伝統が交錯する近代から現代への時代に、日本は百年以上前から、表面では完璧なまでにヨーロッパ文明を受け容れてきた。しかし、その内面をも自分のものにするのは、頑なに拒んできたような気がする。そのこと自体は、一つの選択としてみとめられてよいだろう。しかし、ヨーロッパ文明の形式を、「和魂」という内容で満たそうという明治以来の試みは、少なくともその粗雑で政治的な形については、一九四五年に大きな挫折を味わった。それ以後のなしくずしの欧米化は、ひどく皮相的なものではなかったろうか？　ヨーロッパ文明の形態を生み、支えた「洋魂」への洞察はきわめて表層的なものにとどまり、他方「和魂」への情熱もなく、私たちはもっぱら魂のない文明を享受してきたような気がする。それが必ずしも人の心を満たすものではないことが表面化してきた現在、自分の心のありかを探るためには、すでに私たちのものになっているこの文明を生んだ人間的希求の、もともとのあり方を一瞥することも、何かの役にはたつのではないだろうか。

歴史的背景の叙述については、注で言及したギボン、デイヴィス、グレイ、グリルマイヤー、ルボンなどに多くを負っている。そのほか F. Young, *From Nicaea to Chalcedon*, London, 1983 も参考にした。

この本ができるまでには、数多くの方がたのお世話になった。原稿の一部を読んで貴重な助言を与えて下さった、同僚の畠中美菜子、岩田靖夫の両教授にまずお礼を申し上げたい。また、私の日常生活をあらゆる面で支えて下さった亀井正子さんなしには、この本は生まれなかったろう。私のつたない講義につきあって下さった、東北大学国際文化研究科その他の学生諸氏にもお礼を申し述べたいと思う。博士課程の佐野恵子さんには、注の作成などのお手伝いをいただいた。亡父の年若い友人であられた田村義也氏が、すすんで装丁の労をとって下さった。二代にわたる御好意に厚く御礼申し上げる。
病弱でひんぱんにしかも長期に中断する執筆を、超人的な忍耐で見守って下さった、編集部の中川和夫さんに心からの感謝を申し上げたい。

一九九六年一月六日

著　者

解説　かけがえのない「個」への導きの書

山本芳久

現代の「古典」

坂口ふみ『〈個〉の誕生——キリスト教教理をつくった人びと』は、我が国における古代中世哲学研究が生み出した名著であり、刊行後四半世紀を経て今や「古典」の域に達したと言ってもよい書物である。

「キリスト教教理」という特殊なテーマを取り扱った書物で、この書物ほど多くの読者の関心を呼び起こし、キリスト教の信仰の有無を超えて広く読み継がれてきた書物は他にないと言っても過言ではないであろう。

キリスト教の「信仰」の立場から、「キリスト教教理」の歴史を紹介したり、掘り下げて分析したりした書物はたくさんある。だが、キリスト教の「信仰」に依拠するのではなく、あくまでも「哲学」の探求者として、キリスト教が生み出したテクストをここまで深く解読し、「現代」と接続させることに成功した書物は、管見の限り、他には存在しない。

キリスト教の信仰を持たない日本人が西洋思想と接するさいに取られる一つのやり方として、キリスト教的な側面には深入りしないで、宗教色の薄いより「普遍的」な側面に焦点を当てて研究を進めていくというやり方がある。

だが、著者はそのようなやり方は採用しない。キリスト教の聖書や神学が生み出した複雑な諸概念の森の奥深くへと踏み込み、一見非常に特殊なキリスト教の「教義論争」のただなかから、普遍的な洞察をえぐり出そうと試みているのが、『〈個〉の誕生』という書物なのである。

そして、本書を類書のない名著としているのは、よい意味でのエッセイ的な筆致である。古代ギリシアから西洋中世に、そして東方キリスト教と西方キリスト教の両方に及ぶ驚くべき広い学識を背景としつつも、本書は、学術論文の体裁は取っていない。学者が学術論文の体裁を取らずに書物を執筆するさいには、しばしば、一般読者向けの「わかりやすさ」ということが念頭に置かれている。だが、本書のエッセイ的なスタイルは、そのような意味での「わかりやすさ」に基づいたものではない。この書物には、このようなスタイルで書かれざるをえなかった強い必然性がある。

そのことは本書の中心部におけるキリスト教教理についての本格的な哲学的分析が、著者の親友である「アンナ」についての極めて私的な思い出を語る「序章　カテゴリー」と「おわりに」によって挟み込まれている本書の基本的な構造からも明らかである。

「おわりに」のなかで、著者は次のように述べている。

アンナ、私が書きたかったのは、あなたが知りすぎるほど知っていたことだ。つまり、いちばん私的で、個人的で、いきいきと真実なこと、したがってまたとらえようもなく繊細で無定形なもの、そういったものへの感覚だけが、ほんとうの普遍、つまりほんとうのことば、概念、組織、制度を生むことができるということを。

（三七五―三七六頁）

このような仕方で、最も私的で個人的なことを通じてこそ捉えられうる普遍とはどのようなものだろうか。この短い解説では、その点に焦点を絞りながら、本書の存在意義について考察してみたい。

教理論争と現代との「接続」

著者の私的な思い出に基づいているからこその生き生きとした普遍的な洞察に満ちている本書は、解説を書いている私自身にとっても、私的であり同時に普遍的な重要性を帯びた思い出を呼び起こしてくれる書物である。

本書が一九九六年の春に刊行されたことをいち早く私に教えてくださったのは、東京大学を退官されたばかりの坂部恵先生であった。古今東西の思想に通じておられた坂部先生は、『ペルソナの詩学』(岩波書店、一九八九年)の著者でもあり、『〈個〉の誕生』の中心概念でもある「ペルソナ(人格)」概念についても、古代におけるその誕生から、西洋近代とりわけカントにおける展開、そして和辻哲郎の人格論など、日本の近代哲学における展開まで含めて、その重要性を熟知しておられた。

その坂部先生が、大学院でトマス・アクィナスを研究し始めていた私にくださった励ましの言葉は、「中世哲学を、近現代の哲学との対話という広い土俵へと引っ張り出してください」というものであった。キリスト教との強い結びつきのもとに研究されがちな「中世哲学」という分野は、哲学研究のなかでも特殊なものとみなされることが多く、他の時代や他の分野を研究している研究者の関心とは切り離された孤立的な営みとなりがちだが、そのようになってしまうともったいないので、中世哲学の秘めている優れた洞察を、より広い開かれた土俵のなかで展開し直してくださいというのがそのアドバイスの趣旨であった。

そして、そのような励ましの言葉を私に語ってくださったさいに、「つい最近刊行されたばかりの坂口ふみさんの『〈個〉の誕生』という本などは、まさにそのための手がかりを与えてくれる書物だと思う」と付言してくださったのである。本書刊行からさほど時間が経たない時期の私的な会話のなかでのコメントではあるが、このコメント以上に的確に本書の存在意義を捉えたコメントを私は知らない。
本書は、古代末期のキリスト教の教理論争を背景に生まれてきた古代末期から中世にかけてのキリスト教的な神学・哲学という、一般読者にはほとんど無縁とも思われる分野を、現代を生きる一人ひとりの生と接続させてくれる稀有な書物なのである。

「個」の思想の原点としてのイエス

「カテゴリー」と題された本書の序章においてまず読者が出会うのは、キリスト教の原点である「イエス」についての魅力的な叙述である。著者によると、「既成のものを否定しつつもおおらかに温かい」(二〇—二一頁)精神を有していたイエスが最も大切な教えとして説いたのは、「心をつくし、精神をつくして、あなたの神である主を愛しなさい」という「神への愛」と「隣人を自分のように愛しなさい」という「隣人愛」であった。

ここまでは、極めて典型的なイエスについての理解だと言えよう。だが、この二つの愛についての説明のなかで、本書における「個」の思想を予告する独自の解釈が示されていく。著者は次のように述べている。

「隣人」とは何だろう。そこには何の条件もない。あらゆる属性、地位、身分、能力等々の区別は捨象されている。おそらく、目がみえること、耳が聞こえること、四肢が揃っていること、また、伝統的に人間の本質だとされている理性さえも、それがもし単なる論議や計測の能力ならば、条件とはされていない。隣人の唯一の条件は、私に近いということ、私が関わるということである。(二二一―二二二頁)

このような著者の解釈は、イエスがさまざまな譬《たと》え話を使って説いた「隣人愛」が孕《はら》み持っていた可能性を極限まで突き詰めたものと言えよう。

著者の解釈に触れて私がすぐに思い浮かべるのは、「ルカ福音書」の十章において紹介されている有名な「善きサマリア人のたとえ」である。「わたしの隣人とは誰ですか」とイエスに尋ねたユダヤ人の律法学者に対して、イエスは一つの譬え話を語る。強盗に襲われたユダヤ人が倒れている道を一人の「祭司」が通りかかるが、助けずに道の向こう側を通って行ってしまう。次に一人の「レビ人(下級の聖職者)」が通りかかるが、この人も同様に道の向こう側を通って行ってしまう。他方、最後に通りかかった一人の「サマリア人」は、憐れに思い、自ら介抱したうえ、宿に連れていき、宿の主人に介抱をお願いする。異民族と混血していたがゆえにユダヤ人から差別されいかがわしいものとみなされていたサマリア人こそが、民族という「カテゴリー」を超えてユダヤ人を助けたこの物語を語ってから、イエスは、律法学者に問いを投げかける。「あなたは、この三人のうち、強盗に襲われた人に対して、隣人となったのは、誰だと思うか」と。何らかの「カテゴリー」に基づいて、「ここまでは隣人だが、ここから先は隣人ではない」と境界をはっきりさせるというやり方をイエスは採用しない。「隣人」とはそのように客観的な仕方で第三者的に定義されるようなものではない。そうではなく、「隣人になる」という主体的な決断によってこそ、はじめて「隣人」というものが真の意味で生まれ出てくるのである。

著者は「善きサマリア人のたとえ」については何も言及していないが、このたとえを念頭に置くと、イエスの説いた「隣人愛」に関する著者の解釈がいかに説得力に満ちたものであるかが明らかになるであろう。それと同時に、イエスが語っていることに基づきつつも、イエスが明示的に語っていることを超えて、著者は「あらゆる人間の属性を超えた根底」にある「関係性」重視の思想を展開していく。「愛し愛されるという、関わり合うという、可能性」(三四頁)を軸に、イエスに由来する「個」と「個」の関係性の思想を著者は本書において徹底的に解き明かしているのである。

本書が主に取り扱っているのは、日本でも比較的よく知られている「西方」のキリスト教ではなく、「東方」のキリスト教であり、「東方」のキリスト教と「西方」のキリスト教の思想構造の対比も行なわれている。だが、本書を一種の「比較文化論」として理解してしまうと、著者の関心の中心から大きく逸れてしまうだろう。

著者が試みているのは、特定の時代、特定の地方、特定の宗教、特定の言語における一つの特殊な思想の紹介ではない。「アポリナリス」「キュリルス」「セヴェルス」「レオンチウス」といった、キリスト教にある程度馴染みのある人でさえほとんど聞いたことのない思想家のテクストの分析を通じて著者が浮き彫りにしようとしているのは、そういった「時代」とか「場所」とか「宗教」とか「言語」といった諸々の「属性」の「根源」に厳然と存在する「個」の真相／深層なのである。

「自存するものである関係」

本書は、ニカイア公会議とカルケドン公会議という二つの公会議を軸とした四世紀から六世紀にかけてのキリスト教思想史に定位しながら、「個」の問題を軸とする存在論的・形而上学的問題を論じたものである。

本書のカバーしている広大な領域のなかに含まれるそれぞれのテーマについては、日進月歩で研究が進められており、それらの新研究によって補われるべき点、修正されるべき点は多々出てきうるだろう。

だが、本書は、そのような観点から見ても、決して「古い」著作ではない。本書におけるさまざまな思想家についての論述は、テクストに基づいた手堅いものであると同時に、極めて挑戦的なものでもあり、現在においても、それぞれの思想家について深く考察していくための出発点たりうるものであり続けている。

たとえば、十三世紀を代表する神学者であるトマス・アクィナスの三位一体論のうちには、「父」と「子」と「聖霊」という神の「位格《ペルソナ》」とは「自存するものである関係(relatio ut subsistens)」であるという謎めいた言明が見出される。普通に考えるかぎり、「関係」というものは、「自存する」すなわち自分の力で自立して存在するものではない。なぜならば、「関係」というものは、自立して存在する「実体」があってはじめて存在するものであり、「実体」に依存してはじめて存在しうるものだからである。

そうであるにもかかわらず、トマスは、神のペルソナについて、「自存するものである関係」という謎めいた記述を与える。トマスの三位一体論の軸となるこの言明についてささやかながら理解を進めていくための最初の手がかりを私が得たのは、トマスについての研究書からではなく、『〈個〉の誕生』における次のような論述からであった。

キリスト教の神は、ナツィアンツのグレゴリウスが言ったように、一神ではない。異にして同なる三者の関係の神である。交わりなしには存在しない神であり、西方のトマスもまた言うように交わりが、関係がすなわち実体であり存在である神であった。（一四七頁）

この世界の根源にある「神」は、孤独な存在ではない。この世界の創造後にはじめて「神」とこの世界との「関係」が成立するのではない。一なる「神」自身のうちに、永遠的な「関係」が含みこまれている。東方のギリシア語では「ヒュポスタシス」、西方のラテン語では「ペルソナ」という言葉で捉えられてきた「父」と「子」と「聖霊」という神の「位格《いかく》」が、「他」からの自立性ではなく、「他」との関係性をこそ本質とした存在であること、いや、むしろ、「他」との関係性のただなかにおいてこそ自立性を維持し続ける存在であるということを、著者は、「ヒュポスタシス」や「ペルソナ」という言葉の発生現場にまで遡って丹念に捉え直しているのである。

さらに、著者は、「ヒュポスタシス」や「ペルソナ」という言葉によって捉えられてきた神の「位格」についてのこのような微妙な在り方を、単に「神」についての話として済ませるのでなく、「人間」の「個」の話、すなわち「人格」の話として次のように展開していく。

三位一体のヒュポスタシス＝ペルソナはカパドキア以来変わることなくまさに交流性、関係性によって定義されつづけた。人間の核心をなすものも、そのようなものの似姿なのである。（三五八頁）

人間が「神の似姿」であるというのは、旧約聖書以来受け継がれてきた、聖書の、そしてキリスト教の根本的な人間観であるが、著者は、人間が単に「神の似姿」であるのではなく、「三位一体の神の似姿」である点に着目しつつ、人間存在の徹底的な関係性を剔抉《てっけつ》しているのである。

和辻哲郎以来繰り返し指摘されてきたように、人間とは、「人と人との間《あいだ》」であり、人と共にあることによってはじめて真の意味で人であることが可能な存在である。また、反対に、真の意味で人であることによってはじめて人と共にあることのできる存在でもある。我が国においても和辻の人間論・人格論において展開されてきた「関係性」としての「人格」の根源にまで遡る論を、著者は、古代末期の教理論争へと遡行することによって展開することに成功しているのである。

「非交流性（非共通性）」が可能にする「交流」

このような観点から注目に値するのは、本書の末尾近くにおいて紹介される、十二世紀の神学者であるサン・ヴィクトルのリカルドゥスによる神の「ペルソナ」の定義である。それは、「神的本性の非共通的存在」という定義である。

一見難解なこの定義を著者は実に明快に読み解いている。そのさい著者が特に着目しているのは、「非共通的」という概念である。「非共通的」と訳されているのは、インコムニカビリス(incommunicabilis)というラテン語の形容詞であり、名詞ではインコムニカビリタス(incommunicabilitas)という語になり、「非共通性」または「非交流性」と訳される。in という接頭辞は否定を意味するものであるから、この語はコミュニカチオ(communicatio)の否定を意味する語である。

単語の形からも明らかなように、ラテン語の communicatio は英語の communication のもととなる語であり、「交流」とか「共有」などと訳される。それゆえ、一見すると、incommunicabilitas は、他との「交流」の可能性の否定を意味するものであるようにも見える。

だが、事態はむしろ正反対なのである。著者は次のように述べている。

実はコミュニカチオの可能性の否定というのは、非交流性ではなく、非共通性である。普遍者ではないということである。〔中略〕インコムニカビリス(非共通的・非交流的)なるこのものは、交流そのものを成り立たせ、交流によってはじめて在りはじめるものであった。(三五七―三五八頁)

著者がこの大部の書物を執筆することによって捉え、表現しようとしたのは、まさにこの「インコムニカビリスなるこのもの」なのである。それは、友人アンナのかけがえのない、取り替えの効かない核をなしていた何ものかであり、アンナとの交流を日々深めていた著者自身のかけがえのない核をなしている何ものかであり、また、読者一人ひとりの中核にある「交流そのものを成り立たせ、交流によってはじめて在りはじめるもの」なのである。そしてそのかけがえのない何ものかは、他者との交流のただなかにおいてこそありありと感得されてくるものなのである。

教理論争の歴史をテーマとした本書の一見抽象的な論述を通じて、読者は、自らの、そして自らにとってかけがえのない一人ひとりの具体的な他者のうちにあるこのインコムニカビリスなる何ものかのありありとした感触に触れることになる。キリスト教の教理論争というものが、そしてその原点にあるイエスの教えというものが教えてくれる一人ひとりの他者のかけがえのなさへの「気づき」に導いてくれるまさにかけがえのない書物として、キリスト教の教理論争やイエスの教えに触れたことのない人にこそおすすめしたいまさに珠玉の一書である。

（やまもと・よしひさ／西洋中世哲学・イスラーム哲学
東京大学大学院総合文化研究科教授）

本書は一九九六年三月、岩波書店より刊行された。
岩波現代文庫への収録に際し、解説を追加した。

〈個〉の誕生 ―キリスト教教理をつくった人びと

2023年1月13日　第1刷発行
2024年6月14日　第3刷発行

著　者　坂口《さかぐち》ふみ

発行者　坂本政謙

発行所　株式会社 岩波書店
〒101-8002 東京都千代田区一ツ橋 2-5-5

案内 03-5210-4000　営業部 03-5210-4111
https://www.iwanami.co.jp/

印刷・精興社　製本・中永製本

© Fumi Sakaguchi 2023
ISBN 978-4-00-600460-6　　Printed in Japan

岩波現代文庫創刊二〇年に際して

二一世紀が始まってからすでに二〇年が経とうとしています。この間のグローバル化の急激な進行は世界のあり方を大きく変えました。世界規模で経済や情報の結びつきが強まるとともに、国境を越えた人の移動は日常の光景となり、今やどこに住んでいても、私たちの暮らしは世界中の様々な出来事と無関係ではいられません。しかし、グローバル化の中で否応なくもたらされる「他者」との出会いや交流は、新たな文化や価値観だけではなく、摩擦や衝突、そしてしばしば憎悪までをも生み出しています。グローバル化にともなう副作用は、その恩恵を遥かにこえていると言わざるを得ません。

今私たちに求められているのは、国内、国外にかかわらず、異なる歴史や経験、文化を持つ「他者」と向き合い、よりよい関係を結び直してゆくための想像力、構想力ではないでしょうか。

新世紀の到来を目前にした二〇〇〇年一月に創刊された岩波現代文庫は、この二〇年を通して、哲学や歴史、経済、自然科学から、小説やエッセイ、ルポルタージュにいたるまで幅広いジャンルの書目を刊行してきました。一〇〇〇点を超える書目には、人類が直面してきた様々な課題と、試行錯誤の営みが刻まれています。読書を通した過去の「他者」との出会いから得られる知識や経験は、私たちがよりよい社会を作り上げてゆくために大きな示唆を与えてくれるはずです。

一冊の本が世界を変える大きな力を持つことを信じ、岩波現代文庫はこれからもさらなるラインナップの充実をめざしてゆきます。

（二〇二〇年一月）

岩波現代文庫［学術］

G445-446
ねじ曲げられた桜（上・下）
―美意識と軍国主義―
大貫恵美子

桜の意味の変遷と学徒特攻隊員の日記分析を通して、日本国家と国民の間に起きた「相互誤認」を証明する。〈解説〉佐藤卓己

G447
正義への責任
アイリス・マリオン・ヤング
岡野八代
池田直子 訳

自助努力が強要される政治の下で、人びとが正義を求めてつながり合う可能性を問う。ヌスバウムによる序文も収録。〈解説〉土屋和代

G448-449
ヨーロッパ覇権以前（上・下）
―もうひとつの世界システム―
J・L・アブー＝ルゴド
佐藤次高ほか訳

近代成立のはるか前、ユーラシア世界は既に一つのシステムをつくりあげていた。豊かな筆致で描き出されるグローバル・ヒストリー。

G450
政治思想史と理論のあいだ
―「他者」をめぐる対話―
小野紀明

政治思想史と政治的規範理論、融合し相克する二者を「他者」を軸に架橋させ、理論の全体像に迫る、政治哲学の画期的な解説書。

G451
平等と効率の福祉革命
―新しい女性の役割―
G・エスピン＝アンデルセン
大沢真理監訳

キャリアを追求する女性と、性別分業に留まる女性との間で広がる格差。福祉国家論の第一人者による、二極化の転換に向けた提言。

2024. 5

岩波現代文庫[学術]

G452
草の根のファシズム
―日本民衆の戦争体験―
吉見義明
戦争を引き起こしたファシズムは民衆が支えていた――従来の戦争観を大きく転換させた名著、待望の文庫化。〈解説〉加藤陽子

G453
日本仏教の社会倫理
―正法を生きる―
島薗進
日本仏教に本来豊かに備わっていた、サッダルマ(正法)を世に現す生き方の系譜を再発見し、新しい日本仏教史像を提示する。

G454
万民の法
ジョン・ロールズ
中山竜一訳
「公正としての正義」の構想を世界に広げ、平和と正義に満ちた国際社会はいかにして実現可能かを追究したロールズ最晩年の主著。

G455
原子・原子核・原子力
―わたしが講義で伝えたかったこと―
山本義隆
原子・原子核について基礎から学び、原子力への理解を深めるための物理入門。予備校での講演に基づきやさしく解説。

G456
ヴァイマル憲法とヒトラー
―戦後民主主義からファシズムへ―
池田浩士
史上最も「民主的」なヴァイマル憲法下で、ヒトラーが合法的に政権を獲得し得たのはなぜなのか。書き下ろしの「後章」を付す。

2024.5

岩波現代文庫［学術］

G457
現代《いま》を生きる日本史
須田努
清水克行

縄文時代から現代までを、ユニークな題材と最新研究を踏まえた平明な叙述で鮮やかに描く。大学の教養科目の講義から生まれた斬新な日本通史。

G458
小国
―歴史にみる理念と現実―
百瀬宏

大国中心の権力政治を、小国はどのように生き抜いてきたのか。近代以降の小国の実態と変容を辿った出色の国際関係史。

G459
〈共生〉から考える
―倫理学集中講義―
川本隆史

「共生」という言葉に込められたモチーフを現代社会の様々な問題群から考える。やわらかな語り口の講義形式で、倫理学の教科書としても最適。「精選ブックガイド」を付す。

G460
〈個〉の誕生
―キリスト教教理をつくった人びと―
坂口ふみ

「かけがえのなさ」を指し示す新たな存在論が古代末から中世初期の東地中海世界の激動のうちで形成された次第を、哲学・宗教・歴史を横断して描き出す。〈解説〉山本芳久

G461
満蒙開拓団
―国策の虜囚―
加藤聖文

満洲事変を契機とする農業移民は、陸軍主導の強力な国策となり、今なお続く悲劇をもたらした。計画から終局までを辿る初の通史。

2024.5

岩波現代文庫［学術］

G462
排除の現象学
赤坂憲雄

いじめ、ホームレス殺害、宗教集団への批判――八十年代の事件の数々から、異人が見出され生贄とされる、共同体の暴力を読み解く。時を超えて現代社会に切実に響く、傑作評論。

G463
越境する民
近代大阪の朝鮮人史
杉原達

暮しの中で朝鮮人と出会った日本人の外国人認識はどのように形成されたのか。その後の研究に大きな影響を与えた「地域からの世界史」。

G464
越境を生きる
ベネディクト・アンダーソン回想録
ベネディクト・アンダーソン
加藤剛訳

『想像の共同体』の著者が、自身の研究と人生を振り返り、学問的・文化的枠組にとらわれず自由に生き、学ぶことの大切さを説く。

G465
我々はどのような生き物なのか
―言語と政治をめぐる二講演―
ノーム・チョムスキー
福井直樹
辻子美保子編訳

政治活動家チョムスキーの土台に科学者としての人間観があることを初めて明確に示した二〇一四年来日時の講演とインタビュー。

G466
ヴァーチャル日本語 役割語の謎
金水敏

現実には存在しなくても、いかにもそれらしく感じる言葉づかい「役割語」。誰がいつ作ったのか。なぜみんなが知っているのか。何のためにあるのか。〈解説〉田中ゆかり

2024.5

岩波現代文庫[学術]

G467
コレモ日本語アルカ？
―異人のことばが生まれるとき―
金水　敏

ピジンとして生まれた〈アルヨことば〉は役割語となり、それがまとう中国人イメージを変容させつつ生き延びてきた。〈解説〉内田慶市

G468
東北学／忘れられた東北
赤坂憲雄

驚きと喜びに満ちた野辺歩きから、「いくつもの東北」が姿を現し、日本文化像の転換を迫る。「東北学」という方法のマニフェストともなった著作の、増補決定版。

G469
増補 昭和天皇の戦争
―「昭和天皇実録」に残されたこと・消されたこと―
山田　朗

平和主義者とされる昭和天皇が全軍を統帥する大元帥であったことを「実録」を読み解きながら明らかにする。〈解説〉古川隆久

G470
帝国の構造
―中心・周辺・亜周辺―
柄谷行人

『世界史の構造』では十分に展開できなかった「帝国」の問題を、独自の「交換様式」の観点から解き明かす、柄谷国家論の集大成。佐藤優氏との対談を併載。

G471
日本軍の治安戦
―日中戦争の実相―
笠原十九司

治安戦(三光作戦)の発端・展開・変容の過程を丹念に辿り、加害の論理と被害の記憶からその実相を浮彫りにする。〈解説〉齋藤一晴

2024. 5

岩波現代文庫[学術]

G472
網野善彦対談セレクション 1 日本史を読み直す
山本幸司編

日本史像の変革に挑み、「日本」とは何かを問い続けた網野善彦。多彩な分野の第一人者たちと交わした闊達な議論の記録を、没後二〇年を機に改めてセレクト。(全二冊)

G473
網野善彦対談セレクション 2 世界史の中の日本史
山本幸司編

戦後日本の知を導いてきた諸氏と語り合った、歴史と人間をめぐる読み応えのある対談六篇。若い世代に贈られた最終講義「人類史の転換と歴史学」を併せ収める。

G474
明治の表象空間(上) ―権力と言説―
松浦寿輝

学問分類の枠を排し、言説の総体を横断的に俯瞰。近代日本の特異性と表象空間のダイナミズムを浮かび上がらせる。(全三巻)

G475
明治の表象空間(中) ―歴史とイデオロギー―
松浦寿輝

近代の言説から既存の学問分類の枠を排し横断的に俯瞰。新たな輪郭線を描き出す。中巻では、進歩史観、システム、天皇制を論じる。

G477
シモーヌ・ヴェイユ
冨原眞弓

その三四年の生涯は「地表に蔓延する不幸」との闘いであった。比類なき誠実さと清冽な思索の全貌を描く、ヴェイユ研究の決定版。

2024.5